U1012540

尹邦志　释读

勝鬘經

勝鬘寶窟　释读

佛典新讀

图书在版编目(CIP)数据

胜鬘经;胜鬘宝窟释读/尹邦志释读. —上海:上海古籍出版社, 2020.6
(佛典新读)
ISBN 978-7-5325-9644-7

Ⅰ.①胜… Ⅱ.①尹… Ⅲ.①大乘—佛经—研究 Ⅳ.①B942.1

中国版本图书馆 CIP 数据核字(2020)第 096391 号

佛典新读
胜鬘经 胜鬘宝窟释读
尹邦志 释读
上海古籍出版社出版、发行
(上海瑞金二路 272 号 邮政编码 200020)
(1) 网址: www.guji.com.cn
(2) E-mail: guji1@guji.com.cn
(3) 易文网网址: www.ewen.co
上海展强印刷有限公司印刷
开本 890×1240 1/32 印张 16 插页 5 字数 422,000
2020 年 6 月第 1 版 2020 年 6 月第 1 次印刷
印数: 1—1,020
ISBN 978-7-5325-9644-7
B·1157 定价: 69.00 元
如有质量问题,请与承印公司联系
电话: 021-66366565

目　录

胜 鬘 宝 窟

释读说明

一

《胜鬘经》和《胜鬘宝窟》对佛法内容的介绍，就像一部高度清晰的影视作品，不仅有恢宏的视野，而且每一个细节都恰到好处，在美感之外，也让人对佛法的真实性有直观的感受。一经一论，都有一种力量，引导人返璞归真，清净爽朗。

佛和佛弟子讲经说法，都有具体的缘起，有特定的过程。内容非常具体，不仅涉及深奥道理的探讨，也有具体人物的言行举止、心理活动、各种表情的生动刻画——有时是虔诚肃穆，有时是喜上眉梢，有时是涕泪悲泣。因此，我们阅读佛经，第一印象往往觉得是在看一个文学剧本。只不过，与一般的剧本不同，佛经往往更着力刻画的是精神启发、心灵感悟的历程。

胜鬘夫人是佛陀时代的人，多部佛经中提到她。她的母亲是佛陀堂弟摩诃男的养女末利夫人。末利嫁给古印度拘萨罗国波斯匿王，生下此女，举国欢庆。她长大后成为阿踰阇国王后。波斯匿王夫妇初信佛法不久，便写信向胜鬘称扬佛陀的功德。胜鬘聪慧利根，一览来信，即便开悟，并感佛降临空中，加持胜鬘，演说大乘无上妙法，使阿踰阇国中七岁以上男女都欢喜信受。

胜鬘夫人在这部经中所演佛法，可分为 15 个部分。她依据自己的领悟，首先赞颂佛的法身、解脱、般若功德，以及其他无尽功德（如来真实义功德章第一章），皈依于佛，发起菩提心；接下来，在佛的面前受戒，立下十大誓言（十受章），发三大弘愿（三愿章）。然后，胜鬘夫人讲述了摄受正法后出现的一切德行（摄受正法章），将大乘、小乘佛法导归一乘（一乘章），声闻、缘觉乘皆入大乘，得如来法身。后面的第六至十三章（无边圣谛章、如来章、法身章、空义隐覆真实章、一谛章、一依章、颠倒章、自性清净章），述说的都是大乘佛教究竟了义的道理。以上可算是胜鬘夫人的正式说法，说完之后，需要劝人相信，如法修持，真正进入大乘道，成为荷担如来家业的人（真子章）。对于无信仰者、外道，则以王权加以教化、规约（胜鬘狮子吼章）。综上，归纳此经所说各项法义，是断一切疑，入一乘道。

此经梵本已佚，但在其他梵文论书中还存在片断，日本人宇井伯寿已收集成书。目前所知的汉译本，除了本书所选的求那跋陀罗译本外，还有《历代三宝记》中北凉昙无谶译的《胜鬘经》一卷（早佚），唐菩提流志等译的《胜鬘夫人会》（《大宝积经》卷119）。藏译本有胜友等译本二卷，编入藏文《大宝积经》里。日译本有宝幢会所编《藏汉和三译合璧：胜鬘经　宝月童子所问经》。英译本见韦曼等所著《胜鬘皇后狮子吼——佛典如来藏学说》。对中国佛教影响最深的，无疑是求那跋陀罗译本。

求那跋陀罗（394—468年）是对禅宗及整个中国佛教影响深远的佛学大师。求那跋陀罗，意译“功德贤”，中天竺人，精通五明，广研天文、书算、医方、咒术等学。出家后博通三藏，得雅号“摩诃衍”（大乘）。于刘宋元嘉十二年（435年）经狮子国（斯里兰卡）来到广州，宋文帝遣使远迎，请他从事译经工作。南朝名士颜延之、彭城王刘义康和南谯王刘义宣等，都事以师礼。他所翻译的《杂阿含经》、《大法鼓经》、《胜鬘经》、《楞伽经》、《相续解脱经》和《无量寿经》等，至今仍然是佛教界非常流行的经典。

《出三藏记集》卷九所录法慈《胜鬘经序》评价求那跋陀罗的翻译：“字句虽质而理妙玄博”，既忠实于原本，又义理宏博，准确、全面地传播了印度禅法。因此，他的翻译得到了达摩、慧可等人的认可，中国禅宗在很长一个时期内都以求那跋陀罗为第一代祖师。

此经的著名注疏有慧远《胜鬘经义记》（缺下卷）、吉藏《胜鬘宝窟》六卷、窥基《胜鬘经述记》二卷。敦煌发现的古写本中有亡名的“义记”、“挟注”及昭法师疏1卷。日本有圣德太子疏、唐明空私钞的《胜鬘经疏义私钞》六卷，普寂《显宗钞》三卷等。在这些注疏中，吉藏大师的《胜鬘宝窟》是当之无愧的翘楚。

嘉祥吉藏大师（549—623年），俗姓安，是汉传佛教三论宗的祖师、中印佛学的集大成者，备受历代王室敬重。吉藏一生中屡遭战乱，刻意搜集各地散乱的佛教经论文疏，善加保藏，战事结束后加以整理。因此，他的著述涉猎广泛，注引赅博。从隋唐以来，《胜鬘宝窟》等吉藏的著作就陆续流入朝鲜和日本，被广泛研究和翻译、刻印。

吉藏主要继承印度大乘空宗的基本思想，将龙树、提婆等印度大师的思想中国化，并在此基础上创立了中国佛教三论宗。然而《胜鬘经》是讲“如来藏”的，吉藏以二谛、中道加以解释，其“中道佛性论”，在《胜鬘宝窟》中得到了详细的阐发。因此，可以说《胜鬘宝窟》的思想内容是具有独特性的，对于关心汉传佛教教义和修持方法的人，诚为宝贵。此外，藏传佛教的格鲁派也以中观思想为主，也涉及对“如来藏”的认识。要对二者加以比较、会通，读《胜鬘宝窟》是一条捷径。

二

当代读者要想全面、准确地理解大乘佛教的全部内容，读《胜鬘经》和《胜鬘宝窟》是一条捷径。《胜鬘经》短小精悍，只有一卷，一万字，可谓言近旨远。《胜鬘宝窟》有十多万字，篇幅适中，内容上则高屋建瓴、体系严整、论证精密、文字优美，富有哲理性、知识性和趣味性。

20世纪的佛学泰斗印顺法师以“平等义”、“究竟义”、“摄受义”来解说《胜鬘经》。受其启发，我们以平等义、究竟义、融摄义、微妙义来说明《胜鬘经》和《胜鬘宝窟》的“高清”的特色。

先说平等义。在世界历史上的众多宗教中，佛教对平等的提倡可以追溯到释迦牟尼创教之时。佛陀所处的时代，印度实行严格的种姓制度。这既是社会不平等的现实，也是宗教不平等的反映。佛陀以他的慈悲，平等摄纳不同社会阶层的人作为弟子，宣扬众生平等的教义，不仅利益人天，而且惠及六道生灵。因此，佛教获得了全印度的尊重。

大乘佛法有一名句："一切众生皆得成佛。"这是极深刻、极伟大的。六道中轮转的一切众生都可以成佛，这一教义，体现了佛法真正的大平等，究竟的真平等。印顺法师在其《胜鬘经讲记》中，从人类修行者的角度，归纳了三种平等，这是我们最容易理解的。

（1）出家与在家："像本经的胜鬘夫人，就是在家居士，她能说非常深奥、圆满、究竟的法门。若说大小乘有什么不同，可以说：小乘以出家者为重，大乘以现居士身为多。维摩居士，中国的学佛者，都是知道的，他是怎样的方便度众生呀！考现存的大乘经，十之八九，是以在家菩萨为主的，说法者不少是在家菩萨，而且也大多为在家者说。向来学佛者，总觉得出家胜过在家，然从真正的大乘说，胜过出家众的在家众，多得很。"

印顺法师还讲了一个故事。有一次，文殊与迦叶同行，文殊请迦叶在前，说你已具戒、证果了；迦叶转请文殊先行，说你早已发菩提心领导众生了！结果是文殊先行。发菩提心的大乘学者，虽是在家众，也是被尊敬的。佛在印度示现出家相——丈六老比丘，是适应印度的时代文明而权巧示现的，不是佛的真实相。如佛的真实身——毗卢遮那佛，不是出家而是在家相的。不以出家众为重，而说出家与在家平等，为大乘平等的特征之一。

(2) 男子与女人：世俗上，男女平等是一种现代思想。然而，胜鬘夫人说法，开显了男女平等的真义。佛法一开始就主张男女平等，大小乘是一样的。如《宝积经》中的胜鬘会、妙慧童女会、恒河上优婆夷会，《大集经》中的《宝女品》，《华严经》中善财童子所参访的休舍优婆夷、慈行童女、师子嚬呻比丘尼等善知识，《法华经》的龙女，《维摩诘经》的天女等，是从来与男众平等的。摩诃波阇波提比丘尼被称为"大丈夫"，可见大丈夫是不拘形迹的。

(3) 老年与少年：无论是中国传统还是佛教传统，都以老为尊。小乘佛法中就有了"沙弥虽小不可轻"之意，但到大乘佛法中，才充分开显出来。胜鬘夫人为波斯匿王及末利夫人的爱女，年纪很轻，宏通大乘法教，引导七岁以上的童男童女都信修佛法。从青年弘扬大法、一切青年修学佛法来看，显示了大乘佛法的青年老年平等，决不轻视少年。

再说究竟义。大乘佛法所说的平等，不是普遍降低标准，就像一些文学作品中所说的"人都有动物性"，而是要求普遍地升华、普遍地究竟圆满。经中对"一乘"的阐述、对人人皆具"如来藏"的阐述，为这种究竟的平等提供了理论的基础、实现的途径。

“一乘”是究竟的，所以能够摄受一切人，摄受一切法。摄受正法，在修学佛法的立场说，极为重要。众生平等，究竟说都有佛性，也就具有了成佛之因，可以追求圆满。但是，仅此还不够，必须要“摄受佛法”，去实践，去体验，才能身心合一，达成所愿，完成究竟的如来功德。胜鬘夫人一闻佛的无量功德，就欲见佛；见佛即归依生信。紧接着，就是发大愿，修正行，一切都从实践中来。

三

如果说“平等义”和“究竟义”体现了《胜鬘经》和《胜鬘宝窟》的“高”，那么，立足“一乘”，言简意赅地全面论述大乘、小乘的思想，将纷繁复杂的义理脉络、各个细节，尤其是其间相互融摄的错综关系交代得清清楚楚，令人叹为观止，则体现了经论之“清”。

接着来说融摄义。吉藏大师在解说《胜鬘经》时，处处明“通别”、辨“同异”，将十五章经内涵上的相互融摄关系和盘托出，并由此而与众多经论所表述的整个佛法贯通起来，有助于读者迅速了解大乘佛法，并触类旁通。所谓“通”，是指经中某一个部分所阐述的内容不仅可以融摄全部《胜鬘经》的内涵，而且是整个大乘佛法的纲要。

所谓“别”，指的是这一部分具有独立性、特殊性。“同异”也是这样的。对于某个教义，经中的其他部分，或者其他的经论注疏中有或同或异的理解，并由此生发出或同或异的修行方法，需要加以辨别。

明通别。例如，对于《胜鬘经》的主题，作者先引了著名的慧远大师的说法：此经有十五章，前十四章讲自利行，最后一章讲利他行。吉藏大师驳难：这样一来，“自利”和“利他”就各自独立了。《胜鬘经》最后一章是《胜鬘师子吼章》，这一章的标题也是全经的标题，佛说“今以此胜鬘师子吼经嘱汝”，付嘱的不是一章经，而是一部经。由此可知，“胜鬘师子吼”这一章的内容可以用来概括全经。同理，经题中的“一乘”、“大方便”等义理也可以分别用来概括一部经；十五章的每一章的标题都可以分别用来概括这一部经。因此，《胜鬘经》若舒之，有十五章，若卷之，则归乎“一乘”。《维摩经》，一名《不思议解脱经》，不但其中的《不思议品》讲解“不思议解脱”，一部经无处不讲“不思议解脱”。这就揭示出，经题中的各个部分、经文中的各个章节的内涵，各自都可以概括为全经的主题。它们又你中有我，我中有你，互相辉映、互相融摄、互相圆成、互相证明。其内涵的丰富性也就一目了然了。这让我们想起华严宗对《华严经》的解释，揭示的也是各部分的相融相摄，犹如“因陀罗帝网”。有人说，不读《华严》，不知佛教之富贵。其实，《胜鬘经》又何尝不是如此？

辨同异。作者主张，《胜鬘经》以“一乘”为宗。然而，天台宗解释《法华经》，也说以“一乘”为宗。这不禁让人发问：同是一乘，讲一部经就够了，为什么要分开说呢？吉藏大师解释：佛法是深奥的，佛讲“般若”一法，就分了五个时期。“一乘”无二，何妨两部经来说？又，真理虽然是唯一，然而转势说法，故有多门。如对不同的病人变化饮食口味。又，广略、有无互现。《胜鬘经》略说一乘，《法华》广明之。《胜鬘经》中有分段生死、变易生死等教义，《法华》中没有选说；同样，《法华》中有许多内容，此经也没有涉及。就针对的听众来说，《法华》为先修小乘、后学大乘的人说，《胜鬘经》为不别修小乘的直往菩萨说。通过这样的辨别，读者对于涉及全体佛法的种种道理，就如同掌中纹路一样，一目了然了。

其次再来说微妙义。经中在叙述缘由时提到了一个人——末利夫人。一般的注疏者可以一带而过。然而吉藏大师却在此不吝笔墨，详细引述了一个故事。这不仅仅是增强注疏的可读性，而是别有深意。

末利，也叫“摩利”，是花名。江南有中寺安法师，多闻博识，说此花色白而形小，中国没有，只在翻译中保留了“末利”这个名字。末利夫人，本名黄头，因为波斯匿王从末利园得到，所以叫末利。经中说，她本是舍卫城内耶若达家守园之婢。一天获得了食物，去守园子，路值如来入城乞食。黄头见佛相好具足，发信敬心：“我奉献饮食，或见哀受。”于是求佛接受供养，佛默许了。施食时，末利发愿：“愿脱去婢使的低贱身份，成为帝王夫人。”那天恰好波斯匿王出城游猎，天气暑热，远远看见黄头所守之园，树木郁郁葱葱，就骑马奔来。马快，在随从的前面就先到了。黄头见了，赶忙迎接，扶下马来，引至凉处，敷衣请坐，随其所需，巧称王心。王问：“你是谁家之女？”黄头实答。众人到后，波斯匿王遣使人唤出耶若达，命令他开价。耶若达本想无偿奉献，波斯匿王解释：为了尊重夫人，不可如此。耶若达于是索要千两金，王立即给付。命令人以香汤洗浴，穿上华丽的衣服，与王同辇，载回王宫。波斯匿王极其宠爱这位夫人，她在五百夫人中得为第一。

通过这个故事，阐述了“供养佛”的功德，可令人心想事成，无比殊胜。不仅为下文波斯匿王信佛、阐扬佛的功德作了铺垫，也使全经第一章胜鬘夫人赞叹佛的真实第一义功德有了一个照应。作者巧用细节，着意铺排，使经文中的深奥义理高度清晰，无处不显，无处不明，无不真实可信。

四

胜鬘夫人讲法的核心是“一乘”，涉及了一乘和三乘的关系。

古代所说的“乘”，相当于今天所说的“车”，比喻佛的教法能把人从充满痛苦的此岸世界载运到涅槃彼岸。佛法中，有的地方说五乘：人乘、天乘、声闻乘、缘觉乘、菩萨乘。《胜鬘经》中还说到“四乘”：人天乘、声闻乘、缘觉乘、菩萨乘。有的地方说三乘：声闻乘、缘觉乘、菩萨乘（或大乘）。现在说一乘，是区别于三乘（五乘）。顾名思义，不同的“乘”，对应着不同的教法，以及修行相应的教法所获得的成就，即果位。我们简单列举如下：

（1）人天乘：十善

即不行十种恶：不杀生、不偷盗、不邪淫、不妄语、不两舌、不恶口、不绮语、不贪、不嗔、不痴。

（2）声闻乘：四谛

四圣谛	苦　谛（迷的果，即苦果）	世间的因果	
	集　谛（迷的因，即苦因）		
	灭　谛（悟的果，即乐果）	出世间的因果	
	道　谛（悟的因，即乐因）		

(3) 缘觉乘：十二因缘

十二因缘示意图

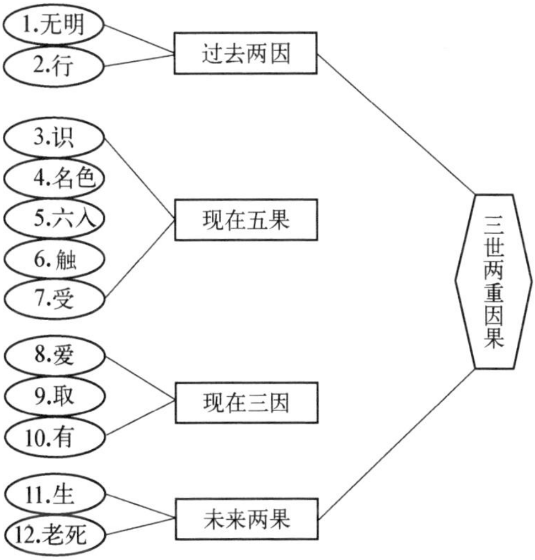

(4) 菩萨乘：六度

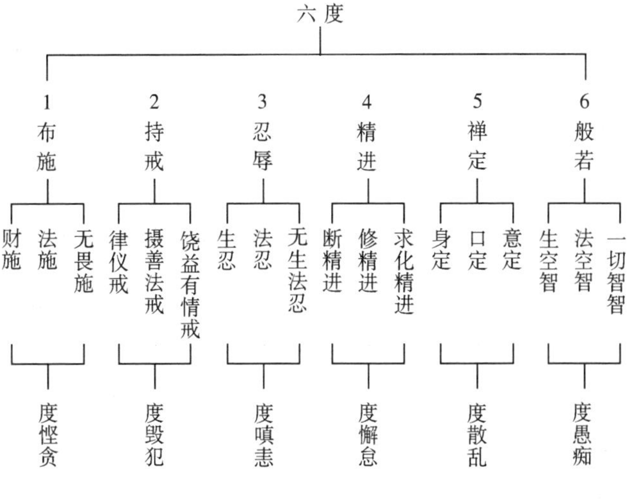

如上所述，《胜鬘经》从 15 个方面阐述了一乘佛法的独特内涵。为了行文简便，我们对这 15 个方面不再一一展开，主要介绍其中的两个内容，说明一乘的独特性。

首先说分段生死和变易生死。《胜鬘经》中说：

> 言阿罗汉、辟支佛观察解脱四智究竟得苏息处者，亦是如来方便，有余、不了义说。何以故？有二种死，何等为二？谓分段死、不思议变易死。分段死者，谓虚伪众生。不思议变易死者，谓阿罗汉、辟支佛、大力菩萨意生身，乃至究竟无上菩提。二种死中，以分段死故，说阿罗汉、辟支佛智“我生已尽”；得有余果证故，说“梵行已立”；凡夫人天所不能办、七种学人先所未作、虚伪烦恼断故，说“所作已办”。阿罗汉、辟支佛所断烦恼更不能受后有故，说“不受后有”，非尽一切烦恼，亦非尽一切受生故，说“不受后有”。

分段生死，是指轮回六道的众生有形体的生死，寿命的长短。果报有分分段段的差异，所以叫分段生死。变易生死，是断了见思惑的阿罗汉等圣者之生死。《胜鬘宝窟》解释说有三种变易生死：第一，“无复色形区别、寿期短长，但以心神念念相传，前变后易也”。这是凡圣都要经受的痛苦。第二，“三乘所得法身，神化自在能变易，故名变易”。这是圣有凡无的。第三，“证得真实法身，隐显自在，名为变易。变易非死，但此变易，犹为无常死法所随，名变易死”。这是大乘菩萨所有，小乘所无的。吉藏指出，《胜鬘经》所说的是第二种。

小乘人虽然从分段生死中解脱了，但没有解脱变易生死。修行人在登菩萨地前是凡夫，受分段身。入初地后是变易生死大力菩萨。初地以上一切菩萨受生，无碍自在，如心如意，名意生身。意有三义：一遍到，二速疾，三无碍，因此叫意生身。也在变易生死中。只有到了佛地，才尽了生死，真正得涅槃。因此，声闻、缘觉所谓的“涅槃”，是佛的方便说法，不是真正的涅槃。所获得的智慧尚不究竟，应当进一步修习一乘教法。

其次，声闻、缘觉所断烦恼也不彻底：

> 是阿罗汉、辟支佛所不能断烦恼有二种。何等为二？谓住地烦恼，及起烦恼。住地有四种。何等为四？谓见一处住地、欲爱住地、色爱住地、有爱住地。此四种住地，生一切起烦恼。起者，刹那心刹那相应。世尊！心不相应，无始无明住地。世尊！此四住地力，一切上烦恼依种，比无明住地，算数譬喻所不能及。世尊！如是无明住地力，于有爱数四住地，无明住地其力最大。譬如恶魔波旬于他化自在天色、力、寿命、眷属、众具自在殊胜，如是无明住地力，于有爱数四住地，其力最胜，恒沙等数上烦恼依，亦令四种烦恼久住。阿罗汉、辟支佛智所不能断，唯如来菩提智之所能

断。如是，世尊！无明住地，最为大力。

五住地烦恼中，见一处住地通于三界，属于见惑。欲爱住地、色爱住地、有爱住地属于思惑，分别对应于欲界、色界、无色界。这些都是枝末烦恼。无明住地则属于根本烦恼。阿罗汉、辟支佛、最后身菩萨的智慧能够断除枝末烦恼，只有佛才能断除根本烦恼。他们对无明住地不知不觉，应断者不断、不究竟。因此，他们的解脱也不是真正彻底的解脱，而是“有余过解脱”；他们所得的清净，也是“有余清净”；所成就的功德，也是“有余功德”，非一切功德。因此，唯有一乘法才是究竟的。

五

佛陀说法，有方便之法，有真实究竟之法。舍方便而归究竟，所以要说一乘。

佛教经论中所说的“方便”有两种：一、相对于般若而言。二、相对于真实而言。前者也可以称为“方便智”，通达真如之智为般若，通达权道之智为方便。权道是利益他人的手段、方法。依此释，则大小乘一切佛教，概称为方便。本论作者嘉祥吉藏在他的另一部著作《法华义疏》中说：

一者就理教释之，理正曰方，言巧称便。即是其义深远，其语巧妙，文义合举，故云方便。此释通于

> 大小。二者众生所缘之域为方，如来适化之法称便。盖欲因病授药，藉方施便，机教两举，故名方便。此亦通于大小。

意思是有两种方便智：(1) 方，方正之理，便，巧妙言辞。(2) 方，众生的方域；便，教化的方法：接应不同的众生，要用不同的方法。

对真实而释，则究竟旨归为真实，假设暂废为方便。这里的“方便”，又名善巧，或名善权，即入于真实能通之法。如《胜鬘宝窟》中说：“大方便者，谓权用也。”依此释，则小乘为入大乘之门，小乘叫做方便教；三乘为一乘而设者，三乘是方便教。

一乘真实，其他各乘是方便，这是《胜鬘经》和《胜鬘宝窟》中宣扬的观点：

> 如《法华》云：“三世诸佛略明五乘，广则八万法藏。虽有广略不同，而意唯为显一理，教乎一人。”故《譬喻品》云：“诸有所说，皆为无上菩提，悉为化菩萨故。今当复以譬喻更明此义。”更明此义者，更明唯有一理，唯教一人。故知若法若譬若语若默，诸有所作，为明一乘。《法华》既尔，此经亦然。

一乘与三乘的关系，不同的经典和不同的宗派有不同的说法。唯识宗根据《解深密经》，立“三乘真实一乘方便”的教旨。他们认为众生有五种种性，决定了他们修行的五种归宿。就像有什么种子，就开什么样的花、结什么样的果。这五种性是：（1）定性声闻，（2）定性缘觉，（3）定性菩萨。三者种性（种子）有定性，因而成就也就被决定了，该得什么果位最后就得什么，不会改变。（4）不定种性，有四种情况：一、菩萨、声闻不定，可成佛果，也可能成罗汉。二、菩萨、缘觉不定，可成佛果，或者辟支佛果。三、声闻、缘觉不定，或成罗汉，或成辟支佛。四、声闻、缘觉、菩萨不定，他们有罗汉果、辟支佛、佛果三种种子。（5）无性，无三乘的无漏种子，只能获得人天果报。其中，“不定种性”的人是《法华经》等经典所说的“一乘教”教化、劝诱的对象，因此，“一乘教”是方便教，三乘教是真实教。此五性各别之法门，为唯识一宗之眼目，以与华严、天台等一乘家对抗。玄奘、慈恩于此，最为尽力。宋《高僧传四·窥基传》载，玄奘对窥基说：“五性宗法，唯汝流通，他人则否。”可见一斑。

天台、华严等宗的大师们则认为，一切众生，本无五性之别，悉有佛性，一性平等，都能由佛乘而成佛。三乘各别，是对于“权机”所假立的方便。从《胜鬘宝窟》来看，三论宗也是这样看的。

《法华经·方便品》说：“十方佛土中，唯有一乘法，无二亦无三，除佛方便说”；“诸佛如来，以方便力，于一佛乘，分别说三”；“唯此一事实，余二则非真。”这些经文都是说，一乘是真实，三乘是方便。

《胜鬘经》说：“一乘即是第一义乘。”《胜鬘宝窟·上》说：

> 至道无二，故称为一，运用自在，目之为乘。依《法华论》，此大乘修多罗有十七种名，第十四名“一乘经”，以此法门显示如来无上菩提究竟之体、破二乘非究竟故。此以究竟果德名曰一乘。

《方便品》所说，即开会三乘之别执，悉归趣于平等，等使一切众生成佛道。从这里看，唯识宗“三乘真实一乘方便”的教旨，与此不同。《胜鬘经》、《法华经》所立之说，是一切众生，本无五性之别，唯一佛性，一性平等。以前说三乘各别，不过为对于权机假说的方便罢了。因此，《法华经》中，释迦牟尼解释说，原来对三乘之人分别说了三乘法，现在告诉大家，那些都是方便，应该归于一佛乘。《法华经·譬喻品》把三乘比喻为门外三车：羊车、鹿车、牛车，分别比喻声闻乘、缘觉乘、大乘。《华严经》中，佛也对于十地大菩萨，广说一乘法。华严宗的祖师智俨在《孔目章》中说：一乘之义，分别有二：一、正乘，二、方便乘，正乘如《华严经》所说，方便乘有十义。

六

佛法的演说，讲究对机说法。《胜鬘宝窟》中说：

> 此经为直往菩萨说。阿踰阇国，谓无生国。此国常说无生，常有学大乘人习无生观，故为之直说一乘使成佛也。

菩萨，从来源来说有两种：一、直往菩萨，二、回小入大菩萨。二者的差别，就是修不修声闻、缘觉乘的法，是直接还是间接进入佛道。

既然如此，直接说一乘法就可以了，为什么经文中还要辨别三乘呢？这是为了让一乘人认识真实和方便。知道佛的真实境界，就没有退路，直进不回。认识了方便法门，就能够很好地利益众生。

七

修行道路，一般是以顿悟和渐修来划分的。《胜鬘经》的修行道路是怎么样的呢？《胜鬘宝窟》引用了前人的观点，来加以解说：

> 南土人云："教有三种：一、顿教，二、渐教，三、

无方不定教。顿教，谓《华严》之流。渐教，从趣鹿苑乃至涅槃，五时次第，目之为渐。三、无方之教，出前二种之外，即《胜鬘》尊经是也。故此经过《大品》，包《法华》，与《涅槃》齐极，虽以一乘为体，而显言常住，故得与《涅槃》理同。虽说一体三归，而以一乘为致，故包《法华》之说。既义适两教，故属无方。又是别应于机，非双林[①]之说，故异《涅槃》。”立三教者云：“《楞伽》、《法鼓》及以此经，并属无方之教。……”

据此，则此经法门非顿非渐，亦顿亦渐，属于“无方不定教”，是圆满的教言。

顿教与渐教，通常有两种解释：（1）凡历劫修行方出生死之法，名为渐教。顿成顿悟佛果之法，名为顿教。《楞伽经》说：“譬如明镜顿现一切无相色像，如来净除一切众生自心现流亦复如是。”善导《般舟赞》说：“《璎珞经》中说渐教，万劫修功证不退。《观经》、《弥陀经》等说，即是顿教菩萨藏。一日七日专称佛，命断须臾生安乐。”（2）从所对机缘来说，对未成熟的众生，初说小乘，渐次说大乘，为渐教。对顿悟之机直说大法，此为顿教。印顺法师在《胜鬘经讲记》中有专门的一节《论顿渐》：

① 娑罗双树之林，释迦牟尼佛入灭之处。

一、顿教与渐教：顿渐的教判，是刘宋时慧观法师所提出的。佛初说华严大教，是顿教；此后，渐引众机，从阿含、般若、到涅槃等，是渐教。顿渐二教，以大乘为究竟，而约说法的方式说。据此而论本经，不是最初说，所以不是顿。胜鬘夫人初见佛即悟入究竟一乘，作师子吼，也不能说是渐教。所以古人称本经为偏方不定教，为后来天台宗判顿、渐、秘密、不定化仪四教所本。约说教的顿渐说，本经是属于非顿非渐的不定教。

二、顿悟与渐悟：古代判本经为顿悟门，因为胜鬘夫人久处宫闱，一见佛闻法，即能深悟究竟一乘。但胜鬘夫人怎样会顿悟的呢？如本经中说："我久安立汝，前世已开觉。""胜鬘已亲近百千亿佛，能说此义。"这可见胜鬘夫人也不是一步登天的，还是因久劫修学，才会一闻顿悟的。由此，从学者的修学说，佛法是渐而非顿的。学佛，切不可好高骛远，为顿教圆教等好听的词句所欺。尽他说即身成佛，当下成佛，一切还要问自己。只要脚踏实地，发心修学，功到自然成就。佛法中或说即身成佛等，是专为懈怠众生说的。有些人听了要久劫熏修，就畏难而退，所以说：即生可以成办，摄引他发心向佛。如好高骛远而夸顿说圆，那是图侥幸而贪便宜的腐败种子！

> 三、顿入与渐入：修学大乘法，有二条路：一、最初即发菩提心，顿入大乘，名直往菩萨。二、先发小乘心，或证小乘果，然后回心向大，这是迂回曲入，名渐入大乘。一乘法中，直往的顿入大乘，如华严；经小乘而渐入大乘的，如法华。但从所入的唯一大乘法门说，并无不同。本经是属于顿教直往大乘的。不但胜鬘如此，化七岁以上的童男童女学大乘法，也都不经小乘的曲径。大抵，古代依出家众而开发到一乘，回小而向大，经中即有次第渐学的文证。如从在家众而开发到大乘，即是直往大乘。中国的佛教，形迹上，根本没有学小乘法的，都自以为大乘。所以应直以大乘佛法为教，不必先学小乘；直依大乘经论而趣向大乘，即是顿入。但是否能顿悟，那就要问自己，有否夙习三多（见《般若经》）、五事具足（见《解深密经》）了！①

可见，印顺法师对本经的判别是这样的：从“教”来说，是“不定教”。从“悟”来说，虽是“顿悟”，但印顺法师强调顿悟之前也需要渐修。从“入”来说，是“顿入”。

我们把《胜鬘经》15 章的内容看作一个修行次第，对它的“圆满”的特征加以分析。修行者必须先了解佛的功德，故先“叹佛”，发菩提心。既发菩提心，接下来就是

---

① 释印顺，《胜鬘经讲记》，页 18—20，台北：正闻出版社，1999。

开始修菩萨行。菩萨行以止恶为本，因此要受戒。受戒是“止善”，接下来就要修“行善”，因此发“大愿”。有了大愿，就“摄受正法”。从此一愿，生出诸多佛法，要摄多归一，应明究“一乘”。一乘所以究竟，乃是因为究明圣谛，故应明了“无边圣谛”。无边圣谛即说“如来藏”。如来藏显现，即是“法身”。法身不离如来藏，佛知所藏是其真实，能藏是空，即是“空义隐覆真实”。所覆即是“一谛”，灭谛。灭谛可以依凭，故知依如来藏有生死是真实，不依藏有生死名为颠倒，不应“颠倒真实”。如此则“自性清净心”自然显露，烦恼隐覆自然消灭。能信此法，堪绍佛业，为“佛真子”。若不信此法，则是外道种子、非法恶人，必须降伏，故有“胜鬘师子吼章”。

一《叹如来第一义真实功德》	叹佛——发菩提心		起说方便	正说
二《不思议大受》	受戒	修菩萨行	起说方便	正说
三《一切愿摄大愿》	发愿	修菩萨行	起说方便	正说
四《说不思议摄受正法》	广大出生	乘行	正说	正说
五《说入一乘》	无二收入	乘行	正说	正说
六《说无边圣谛》		乘境	正说	正说
七《说如来藏》	无量谛	乘境	正说	正说
八《说法身》	无量谛	乘境	正说	正说
九《说空义隐覆真实》	无量谛	乘境	正说	正说
十《说一谛》		乘境	正说	正说
十一《说常住安隐一依》	灭谛	乘境	正说	正说
十二《说颠倒真实》	灭谛	乘境	正说	正说
十三《说自性清净心隐覆》	灭谛	乘境	正说	正说
十四《说如来真子》	劝信	劝信护法		
十五《说胜鬘夫人师子吼》	摧伏	劝信护法		

另一方面，从图中的板块划分来看，则此经横说竖说，都是在说无作灭谛，在说人人本具的“自性清净心”，而且是“直说”的。因此，若能清净无住，袒露此心，即是圆满。

八

最后再交代一下整理和注解工作。

一、版本的选择。《胜鬘经》选用流传较广的保存在《大正藏》中的求那跋陀罗译本，并列出菩提流支译本，供读者参考。《胜鬘宝窟》选用《大正藏》的版本。经、疏均保留《大正藏》本部分校记，而将校记形式改为通行格式；但为了明确和醒目，仍保留其校本的简称，即：宝永元年刊忠校宗教大学藏本简称“【原】本”，镰仓时代写宗教大学藏本简称“【甲】本”，弘安七年写法隆寺藏本简称“【乙】本”。对于《大正藏》本中仅注明版本文字的细微差异、对理解文义没有实际帮助的校记，为避免繁琐，不加采用。这样，读者基本上可以看到原著的面貌，以及版本的异同。而底本明显的错讹、脱漏则据校本直接改正，不另出校记。又，《大正藏》本另有少量表示推测的校注，如“‘×’恐当作‘×’”之类，此亦酌情保留，仅在其前加“原注:”，以示区别。

二、章段的划分。《胜鬘经》的章段未保留《大正藏》中的原样，而是根据《胜鬘宝窟》作了调整。《胜鬘宝窟》原文未分出章节段落，注解时根据注者的理解划分章节段落，并加了标题。因为每章的内容详略不同，分出的层次也有区别。目的是能够使眉目清晰，有助于理清逻辑顺序，同时不伤害原有的文风。

三、标点。《胜鬘宝窟》此前未见有标点整理本出版，此次与两种《胜鬘经》译本一道，加以标点，以便阅读。

四、注解。分为简注和释评。简注包括少数生僻字的注音、异体字的说明、佛教术语的解释，还有少量的背景知识介绍。为简便起见，简注与校记排在一起，合称“校注”。释评的作用是为了提炼一段文字的大意，或提示前后文的照应，另有少量的评论。

胜　鬘　经

胜鬘经序①

释慧观作

《胜鬘经》者，盖方广②之要略，超升之洪轨。欲其为教也，创基覆篑③而云峰已构，冲想一兴而渊悟载豁，言踰常训，旨越旧篇。故发心希圣而神仪曜灵，归无别章而叹德斯备，诚感声发而尊号响集；然后勒心切戒，旷志僧那，善摄靡遗，大乘斯御；驰轮幽辙，长驱永路，期运克终，诞登玄极。玄极无二，故万流归一。故曰三乘皆入一乘，所谓究竟第一义乘。[1]“一”诚无辩而义有区分，名由义生，故称谓屡转。三五之兴，盖由此也。尔其奥也，穷无始之前以明解惑之本，究来际之末④扫泥洹之妙。文寡义丰，弥纶群籍，宇宙不足以拟其广，太虚不能以议其量。渊兮其不可测也，廓兮其不可极也！将求本际之源、追反流之极者，必至于此焉。

［校注］

① 选自《出三藏记集》卷9（CBETA，T55，No. 2145，p. 67）。

据说《胜鬘经》有三个译本，慧观所作的序、吉藏所作的《胜鬘宝窟》所据为求那跋陀罗译本。唐武后时，菩提留志三藏所译《大宝积经》第四十八会，名《胜鬘夫人会》，为此经异译。据说东晋安帝时，昙无谶三藏曾译《胜鬘经》，名为《胜鬘师子吼一乘方便经》，已经失传。

释慧观，俗姓崔，清河人。十岁时就以知识渊博、见解精辟驰名。弱冠之年（20 岁）出家，四处游方、学习佛法。后来师事慧远法师。听闻鸠摩罗什入关的消息后，北上投入门下。当时人称赞："通情则生（道生）、融（道融）为上首，精难则观（慧观）、肇（僧肇）第一。"他著的《法华宗要》受到罗什高度称赞，并要求他在江汉之间弘通。罗什去世后荆州将司马休之为他建立高悝寺，使佛法大弘于荆楚。后来回到京都，驻锡道场寺。七十一岁圆寂。传世著作颇多。

② 方广，《胜鬘宝窟》中说："方广者是大乘经之通名也。……理正为方，文富为广。又一乘无德不包曰广，离于偏称方。古注云：真解无偏为方，理包无限称广也。"

③ 篑，kuì，盛土的筐子。"创基覆篑而云峰已构"，意思犹如"才一发心即成菩提"，表示教义圆满。下一句意思相似。

④ 疑此处脱落"而"字。

［释评］

［1］从"发心希圣"到这里，是对经文各章（尤其是前五章）内容的概括；以下是赞叹；后面一段叙述译经情况。从这一句话来看，慧观和吉藏一样，都把"一乘"判为《胜鬘经》的主题。他们可以作为三论宗推崇"一乘"的代表。《续高僧传》中说慧可在达摩处"从学六载，精究一乘"，可见禅宗对"一乘"的推崇。其他，天台、华严、慈恩各宗推崇"一乘"，各有文证，不烦列举。

司徒彭城王，殖根遐劫，龙现兹生，依迹上台，协赞皇极，而神澄世表，志光玄猷。闻斯幽典，诚期愈旷。凡厥道俗，莫不响悦。请外国沙门求那跋陀罗①，手执正本，口宣梵音，山居苦节，通悟息心。释宝云②译为宋语，德行诸僧慧严③等一百余人，考音详义，以定厥文。大宋元嘉十三年，岁次玄枵，八月十四日，初转梵轮，讫于月终。公乃广写云布，以泽未洽。将兴后世，同往高会道场。故略叙法要，以染同慕之怀云尔。

［校注］

① 求那跋陀罗（功德贤），中印度人，受尊为“天竺三藏”。他经锡兰、广州而来到华夏，刘宋元嘉年间于今江苏丹阳翻译了《胜鬘经》。

② 宝云，西凉州人，晋隆安初年，远游西域，与法显、智严前后相随。他对天竺诸国所有的灵异、音字诂训，无不了解。回长安后，随禅师佛驮跋陀罗修习禅道。后住道场寺译经。见梁僧佑《高僧传》。

③ 慧严，姓范，豫州人。博晓诗书，十六岁出家，精炼佛理。后来跟随鸠摩罗什受学。宋高祖很敬重他，文帝因他而确立对佛教的信心。他与慧观、谢灵运等为《大涅槃经》加了品目，改了文过于质的地方。宋元嘉二十年（443 年）卒于东安寺，寿八十一岁。

胜鬘师子吼一乘大方便方广经

宋中印度三藏求那跋陀罗译

如来真实义功德章第一

如是我闻：一时，佛住舍卫国祇树给孤独园。时，波斯匿王及末利夫人信法未久，共相谓言："胜鬘夫人是我之女，聪慧利根，通敏易悟，若见佛者，必速解法，心得无疑。宜时遣信，发其道意。"夫人白言："今正是时。"王及夫人与胜鬘书，略赞如来无量功德。即遣内人名旃提罗，使人奉书至阿踰阇国，入其宫内，敬授胜鬘。胜鬘得书，欢喜顶受，读诵受持，生希有心，向旃提罗而说偈言：

"我闻佛音声，　　世所未曾有；
所言真实者，　　应当修供养。
仰惟佛世尊，　　普为世间出；
亦应垂哀愍，　　必令我得见。"
即生此念时，　　佛于空中现。

普放净光明，　　显示无比身。
胜鬘及眷属，　　头面接足礼。
咸以清净心，　　叹佛实功德：
“如来妙色身，　　世间无与等！
无比不思议，　　是故今敬礼。
如来色无尽，　　智慧亦复然，
一切法常住，　　是故我归依。
降伏心过恶，　　及与身四种，
已到难伏地①，　　是故礼法王。
知一切尔焰②，　　智慧身自在，
摄持一切法，　　是故今敬礼。
敬礼过称量，　　敬礼无譬类，
敬礼无边法，　　敬礼难思议！
哀愍覆护我，　　令法种增长；
此世及后生，　　愿佛常摄受！”
“我久安立汝，　　前世已开觉，
今复摄受汝，　　未来生亦然。”
“我已作功德，　　现在及余世；
如是众善本，　　唯愿见摄受！”

［校注］

①难伏地，佛地的异名。无其他强力足以降伏佛，故称为难伏地。此句，宝积本作“到不思议地”。

② 尔焰，又作“尔炎”，意为“所知”、“境界”、“智母”、“智境”。参见《胜鬘宝窟》的解释。

尔时，胜鬘及诸眷属，头面礼佛，佛于众中即为授记[①]：“汝叹如来真实功德，以此善根，当于无量阿僧祇劫天人之中为自在王，一切生处常得见我，现前赞叹如今无异。当复供养无量阿僧祇佛，过二万阿僧祇劫当得作佛，号普光如来、应、正遍知。彼佛国土，无诸恶趣、老病衰恼不适意苦，亦无不善恶业道名；彼国众生色力寿命、五欲众具，皆悉快乐，胜于他化自在诸天；彼诸众生纯一大乘，诸有修习善根众生皆集于彼。”

［校注］

① 授记，佛对发心的众生将来必当作某佛的预言。

胜鬘夫人得受记时，无量众生、诸天及人愿生彼国，世尊悉记皆当往生。

十受章第二

尔时，胜鬘闻受记已，恭敬而立，受十大受：“世尊！我从今日乃至菩提，于所受戒不起犯心。世尊！我从今日乃至菩提，于诸尊长不起慢心。世尊！我从今日乃至菩提，于诸众生不起恚心。世尊！我从今日乃至菩提，于他身色及外众具不起疾[①]心。世尊！我从今日乃至菩提，于内外法不起悭心。世尊！我从今日乃至菩提，不自为己受畜财物，凡有所受悉为成熟贫苦众生。世尊！我从今日乃至菩提，不自为己行四摄法，为一切众生故，以不爱染心、无厌足心、无罣碍心，摄受众生。世尊！我从今日乃至菩提，若见孤独幽系疾病，种种厄难困苦众生，终不暂舍，必欲安隐，以义饶益，令脱众苦，然后乃舍。世尊！我从今日乃至菩提，若见捕养、众恶律仪及诸犯戒，终不弃舍。我得力时，于彼彼处见此众生，应折伏者而折伏之，应摄受者而摄受之。何以故？以折伏、摄受故令法久住。法久住者，天人充满，恶道减少，能于如来所转法轮而得随转。见是利故，救摄不舍。世尊！我从今日乃至菩提，摄受正法，终不忘失。何以故？忘失法者则忘大乘，忘大乘者则忘波罗蜜，忘波罗蜜者则不欲大乘。若菩萨不决定大乘者，则不能得摄受正法欲，随所乐入，永不堪任越凡夫地。我见如是无量大过，又见未来摄受正法菩萨摩诃萨无量福利，故受此大受。

[校注]

① 疾，妒忌。

“法主世尊！现为我证，唯佛世尊现前证知！而诸众生善根微薄，或起疑网，以十大受极难度故。彼或长夜非义饶益，不得安乐。为安彼故，今于佛前说诚实誓：我受此十大受，如说行者，以此誓故，于大众中当雨天花，出天妙音。”

说是语时，于虚空中，雨众天花，出妙声言：“如是，如是！如汝所说，真实无异！”彼见妙花及闻音声，一切众会疑惑悉除，喜踊无量，而发愿言：“恒与胜鬘常共俱会，同其所行。”世尊悉记一切大众如其所愿。

三愿章第三

尔时胜鬘复于佛前发三大愿，而作是言：“以此实愿安隐无量无边众生，以此善根于一切生得正法智，是名第一大愿。我得正法智已，以无厌心为众生说，是名第二大愿。我于摄受正法，舍身、命、财，护持正法，是名第三大愿。”

尔时，世尊即记胜鬘三大誓愿：“如一切色悉入空界，如是菩萨恒沙诸愿，皆悉入此三大愿中，此三愿者真实广大。”

摄受章第四

尔时，胜鬘白佛言：“我今当复承佛威神，说调伏大愿，真实无异。”

佛告胜鬘：“恣听汝说。”

胜鬘白佛：“菩萨所有恒沙诸愿，一切皆入一大愿中，所谓摄受正法。摄受正法，真为大愿。”

佛赞胜鬘：“善哉！善哉！智慧方便甚深微妙，汝已长夜殖诸善本，来世众生久种善根者，乃能解汝所说。汝之所说摄受正法，皆是过去、未来、现在诸佛已说、今说、当说。我今得无上菩提，亦常说此摄受正法。如是我说，摄受正法所有功德不得边际，如来智慧辩才亦无边际。何以故？是摄受正法有大功德有大利益。”

胜鬘白佛：“我当承佛神力，更复演说摄受正法广大之义。”

佛言：“便说。”

胜鬘白佛：“摄受正法广大义者，则是无量，得一切佛法，摄八万四千法门。譬如劫初成时，普兴大云，雨众色雨及种种宝。如是摄受正法，雨无量福报及无量善根之雨。

“世尊！又如劫初成时，有大水聚，出生三千大千界藏及四百亿种种类洲。如是摄受正法，出生大乘无量界藏，一切菩萨神通之力，一切世间安隐快乐，一切世间如意自在，及出世间安乐劫成，乃至天人本所未得，皆于中出。

“又如大地持四重担。何等为四？一者大海，二者诸山，三者草木，四者众生。如是摄受正法善男子善女人，建立大地，堪能荷负四种重任，喻彼大地。何等为四？谓离善知识、无闻非法众生，以人天善根而成熟之；求声闻者授声闻乘；求缘觉者授缘觉乘；求大乘者授以大乘。是名摄受正法善男子善女人建立大地，堪能荷负四种重任。世尊！如是摄受正法善男子善女人建立大地，堪能荷负四种重任，普为众生作不请之友，大悲安慰、哀愍众生，为世法母。

"又如大地有四种宝藏。何等为四？一者无价，二者上价，三者中价，四者下价，是名大地四种宝藏。如是摄受正法善男子善女人建立大地，得众生四种最上大宝。何等为四？摄受正法善男子善女人，无闻非法众生，以人天功德善根而授与之；求声闻者授声闻乘；求缘觉者授缘觉乘；求大乘者授以大乘。如是得大宝众生，皆由摄受正法善男子善女人得此奇特希有功德。世尊！大宝藏者，即是摄受正法。

"世尊！摄受正法，摄受正法者，无异正法，无异摄受正法，正法即是摄受正法。世尊！无异波罗蜜，无异摄受正法，摄受正法即是波罗蜜。何以故？摄受正法善男子善女人，应以施成熟者以施成熟，乃至舍身支节将护彼意而成熟之。彼所成熟众生建立正法，是名檀波罗蜜。

"应以戒成熟者，以守护六根，净身口意业，乃至正四威仪，将护彼意而成熟之。彼所成熟众生建立正法，是名尸波罗蜜。

“应以忍成熟者，若彼众生骂詈[①]、毁辱、诽谤、恐怖，以无恚心、饶益心，第一忍力乃至颜色无变，将护彼意而成熟之。彼所成熟众生建立正法，是名羼提波罗蜜。

［校注］

① 詈（lì），编造缺点或罪状，加以责骂。

“应以精进成熟者，于彼众生不起懈心，生大欲心，第一精进，乃至若四威仪，将护彼意而成熟之。彼所成熟众生建立正法，是名毗梨耶波罗蜜。

“应以禅成熟者，于彼众生以不乱心、不外向心，第一正念乃至久时所作、久时所说终不忘失，将护彼意而成熟之。彼所成熟众生建立正法，是名禅波罗蜜。

“应以智慧成熟者，彼诸众生问一切义，以无畏心而为演说，一切论、一切工巧，究竟明处，乃至种种工巧诸事，将护彼意而成熟之。彼所成熟众生建立正法，是名般若波罗蜜。

“是故世尊！无异波罗蜜，无异摄受正法，摄受正法即是波罗蜜。

“世尊！我今承佛威神，更说大义。”

佛言：“便说。”

胜鬘白佛："摄受正法摄受正法者，无异摄受正法，无异摄受正法者。摄受正法善男子善女人，即是摄受正法。何以故？若摄受正法善男子善女人，为摄受正法，舍三种分。何等为三？谓身、命、财。善男子善女人舍身者，生死后际等，离老病死，得不坏常住、无有变易、不可思议功德如来法身。舍命者，生死后际等，毕竟离死，得无边常住不可思议功德，通达一切甚深佛法。舍财者，生死后际等，得不共一切众生、无尽无减、毕竟常住、不可思议具足功德，得一切众生殊胜供养。世尊！如是舍三分善男子善女人，摄受正法，常为一切诸佛所记，一切众生之所瞻仰。

"世尊！又善男子善女人摄受正法者，法欲灭时，比丘、比丘尼、优婆塞、优婆夷，朋党争讼，破坏离散。以不谄曲、不欺诳、不幻伪，爱乐正法，摄受正法入法朋中。入法朋者，必为诸佛之所授记。世尊！我见摄受正法如是大力，佛为实眼实智，为法根本、为通达法、为正法依，亦悉知见。"

尔时，世尊于胜鬘所说摄受正法大精进力，起随喜心："如是，胜鬘！如汝所说。摄受正法大精进力，如大力士少触身分，生大苦痛。如是，胜鬘！少摄受正法，令魔苦恼；我不见余一善法令魔忧苦，如少摄受正法。又如牛王形色无比，胜一切牛；如是大乘少摄受正法，胜于一切二乘善根，以广大故。又如须弥山王端严殊特，胜于众山；如是大乘舍身、命、财，以摄取心摄受正法，胜不舍身、命、财初住大乘一切善根，何况二乘？以广大故。是故胜鬘！当以摄受正法，开示众生、教化众生、建立众生。如是胜鬘！摄受正法如是大利、如是大福、如是大果。胜鬘！我于阿僧祇阿僧祇劫说：'摄受正法功德义利，不得边际。'是故摄受正法，有无量无边功德。"

一乘章第五

佛告胜鬘："汝今更说一切诸佛所说摄受正法！"

胜鬘白佛："善哉，世尊！唯然受教。"即白佛言："世尊！摄受正法者是摩诃衍①。何以故？摩诃衍者，出生一切声闻、缘觉，世间、出世间善法。世尊！如阿耨大池出八大河。如是摩诃衍出生一切声闻、缘觉，世间、出世间善法。世尊！又如一切种子皆依于地而得生长。如是一切声闻、缘觉，世间、出世间善法，依于大乘而得增长。是故世尊！住于大乘摄受大乘，即是住于二乘摄受二乘，一切世间、出世间善法。

［校注］

① 摩诃衍，这里用的是音译，意为"大乘"。

“如世尊说六处。何等为六？谓正法住、正法灭、波罗提木叉[①]、毗尼[②]、出家、受具足[③]。为大乘故说此六处。何以故？正法住者，为大乘故说，大乘住者即正法住。正法灭者，为大乘故说，大乘灭者即正法灭。波罗提木叉、毗尼，此二法者，义一名异。毗尼者即大乘学。何以故？以依佛出家而受具足，是故说大乘威仪戒是毗尼、是出家、是受具足。是故阿罗汉无出家受具足。何以故？阿罗汉依如来出家受具足故。阿罗汉归依于佛，阿罗汉有恐怖。何以故？阿罗汉于一切无行怖畏想住，如人执剑欲来害己，是故阿罗汉无究竟乐。何以故？世尊！依不求依。如众生无依，彼彼恐怖，以恐怖故则求归依。如阿罗汉有怖畏，以怖畏故依于如来。

［校注］

① 波罗提木叉，又作“婆罗提木叉”、“钵喇底木叉”，即别解脱戒。参阅《胜鬘宝窟》中的注解。

② 毗尼，新译为“毗奈耶”，是“律”的梵名。律，有善治（贪嗔痴）、调伏（身口意）之义。

③ 具足戒，为比丘、比丘尼当受的戒。比丘为二百五十戒，比丘尼为五百戒（实为三百四十八戒）。这些数量，只是标示最紧要的，如《大智度论》说：“尼受戒法，略则五百，广说八万。僧则略有二百五十，广亦同尼律仪。”得戒的精神，一切时一切处不犯，为具足。

“世尊！阿罗汉、辟支佛有怖畏，是故阿罗汉、辟支佛有余生。法不尽故，有生，有余；梵行不成，故不纯；事不究竟故，当有所作；不度彼故，当有所断。以不断故，去涅槃界远。何以故？唯有如来、应、正等觉得般涅槃，成就一切功德故，阿罗汉、辟支佛，不成就一切功德。言得涅槃者，是佛方便。唯有如来得般涅槃，成就无量功德故。阿罗汉、辟支佛成就有量功德，言得涅槃者，是佛方便。唯有如来得般涅槃，成就不可思议功德故。阿罗汉、辟支佛成就思议功德，言得涅槃者，是佛方便。唯有如来得般涅槃，一切所应断过，皆悉断灭，成就第一清净。阿罗汉、辟支佛有余过，非第一清净，言得涅槃者，是佛方便。唯有如来得般涅槃，为一切众生之所瞻仰，出过阿罗汉、辟支佛、菩萨境界。是故阿罗汉、辟支佛去涅槃界远。

“言阿罗汉、辟支佛观察解脱四智究竟得苏息处者，亦是如来方便有余不了义说。何以故？有二种死。何等为二？谓分段死、不思议变易死。分段死者，谓虚伪众生。不思议变易死者，谓阿罗汉、辟支佛、大力菩萨意生身，乃至究竟无上菩提。二种死中，以分段死故，说阿罗汉、辟支佛智‘我生已尽’；得有余果证故，说‘梵行已立’；凡夫、人天所不能办，七种学人先所未作，虚伪烦恼断故，说‘所作已办’；阿罗汉、辟支佛所断烦恼，更不能受后有故，说‘不受后有’。非尽一切烦恼，亦非尽一切受生故，说不受后有。

“何以故？有烦恼是阿罗汉、辟支佛所不能断。烦恼有二种。何等为二？谓住地烦恼及起烦恼。住地有四种。何等为四？谓见一处住地、欲爱住地、色爱住地、有爱住地。此四种住地，生一切起烦恼。起者，刹那心刹那相应。世尊！心不相应无始无明住地。世尊！此四住地力，一切上烦恼依种，比无明住地，算数譬喻所不能及。

“世尊！如是无明住地力，于有爱数四住地，无明住地其力最大。譬如恶魔波旬于他化自在天，色、力、寿命、眷属、众具、自在殊胜。如是无明住地力，于有爱数四住地，其力最胜，恒沙等数上烦恼依，亦令四种烦恼久住。阿罗汉、辟支佛智所不能断，唯如来菩提智之所能断。如是世尊！无明住地最为大力。

“世尊！又如‘取’缘有漏业因而生‘三有’。如是无明住地缘无漏业因生阿罗汉、辟支佛、大力菩萨三种意生身。此三地，彼三种意生身生及无漏业生，依无明住地，有缘，非无缘。是故三种意生及无漏业，缘无明住地。

“世尊！如是有爱住地数四住地，不与无明住地业同，无明住地异，离四住地。佛地所断，佛菩提智所断。何以故？阿罗汉、辟支佛，断四种住地，无漏不尽，不得自在力，亦不作证。无漏不尽者，即是无明住地。

“世尊！阿罗汉、辟支佛、最后身菩萨，为无明住地之所覆障故，于彼彼法不知不觉。以不知见故，所应断者不断、不究竟。以不断故，名有余过解脱，非离一切过解脱；名有余清净，非一切清净；名成就有余功德，非一切功德。以成就有余解脱、有余清净、有余功德故，知有余苦、断有余集、证有余灭、修有余道，是名得少分涅槃。得少分涅槃者，名向涅槃界。若知一切苦、断一切集、证一切灭、修一切道，于无常坏世间、无常病世间，得常住涅槃；于无覆护世间、无依世间，为护为依。何以故？法无优劣故得涅槃，智慧等故得涅槃，解脱等故得涅槃，清净等故得涅槃。是故涅槃一味、等味，谓解脱味。

"世尊！若无明住地不断不究竟者，不得一味、等味，谓明、解脱味。何以故？无明住地不断、不究竟者，过恒沙等所应断法，不断、不究竟。过恒沙等所应断法不断故，过恒沙等法应得不得、应证不证。是故无明住地积聚，生一切修道断烦恼、上烦恼。彼生心上烦恼、止上烦恼、观上烦恼、禅上烦恼、正受上烦恼、方便上烦恼、智上烦恼、果上烦恼、得上烦恼、力上烦恼、无畏上烦恼。如是过恒沙等上烦恼，如来菩提智所断。一切皆依无明住地之所建立，一切上烦恼起，皆因无明住地，缘无明住地。世尊！于此起烦恼，刹那心刹那相应；世尊！心不相应无始无明住地。

"世尊！若复过于恒沙如来菩提智所应断法，一切皆是无明住地所持所建立。譬如一切种子皆依地生、建立、增长，若地坏者彼亦随坏。如是过恒沙等如来菩提智所应断法，一切皆依无明住地生、建立、增长；若无明住地断者，过恒沙等如来菩提智所应断法，皆亦随断。如是一切烦恼、上烦恼断，过恒沙等如来所得一切诸法，通达无碍一切智见，离一切过恶，得一切功德。法王法主，而得自在，登一切法自在之地。如来、应、等正觉正师子吼：'我生已尽，梵行已立，所作已办，不受后有。'是故世尊以师子吼依于了义，一向记说。

"世尊！不受后有智有二种。谓如来以无上调御降伏四魔，出一切世间，为一切众生之所瞻仰，得不思议法身。于一切尔焰地得无碍法自在，于上更无所作。无所得地十力勇猛，升于第一无上无畏之地，一切尔炎无碍智观不由于他，不受后有智师子吼。

"世尊！阿罗汉、辟支佛度生死畏，次第得解脱乐，作是念：'我离生死恐怖，不受生死苦。'世尊！阿罗汉、辟支佛观察时，得不受后有，观第一苏息处涅槃地。世尊！彼先所得地，不愚于法、不由于他，亦自知得有余地，必当得阿耨多罗三藐三菩提。何以故？声闻、缘觉乘皆入大乘。大乘者即是佛乘，是故三乘即是一乘。得一乘者得阿耨多罗三藐三菩提。阿耨多罗三藐三菩提者即是涅槃界，涅槃界者即是如来法身，得究竟法身者则究竟一乘。无异如来、无异法身，如来即法身；得究竟法身者，则究竟一乘。究竟者即是无边、不断。

“世尊！如来无有限齐时住，如来、应、等正觉后际等住。如来无限齐大悲，亦无限齐安慰世间。无限大悲、无限安慰世间，作是说者是名善说如来。若复说言无尽法、常住法，一切世间之所归依者，亦名善说如来。是故于未度世间、无依世间，与后际等，作无尽归依、常住归依者，谓如来、应、等正觉也。

“法者即是说一乘道，僧者是三乘众。此二归依非究竟归依，名少分归依。何以故？说一乘道法，得究竟法身，于上更无说一乘法身。三乘众者有恐怖，归依如来求出，修学向阿耨多罗三藐三菩提，是故二依非究竟依，是有限依。

“若有众生，如来调伏，归依如来得法津泽，生信乐心归依法、僧，是二归依。非此二归依是归依如来，归依第一义者是归依如来。此二归依第一义，是究竟归依如来。何以故？无异如来，无异二归依。如来即三归依。何以故？说一乘道。如来四无畏成就师子吼说，若如来随彼所欲而方便说，即是大乘，无有三乘。三乘者入于一乘，一乘者即第一义乘。”

无边圣谛章第六

“世尊！声闻、缘觉初观圣谛，以一智断诸住地；以一智四断、知、功德、作证，亦善知此四法义。世尊！无有出世间上上智四智渐至及四缘渐至，无渐至法是出世间上上智。

“世尊！金刚喻者是第一义智。世尊！非声闻、缘觉不断无明住地，初圣谛智是第一义智。世尊！以无二圣谛智断诸住地。世尊！如来、应、等正觉，非一切声闻、缘觉境界。不思议空智，断一切烦恼藏。世尊！若坏一切烦恼藏究竟智，是名第一义智。初圣谛智非究竟智，向阿耨多罗三藐三菩提智。

“世尊！圣义者，非一切声闻、缘觉，声闻、缘觉成就有量功德，声闻、缘觉成就少分功德，故名之为圣。圣谛者，非声闻、缘觉谛，亦非声闻、缘觉功德。世尊！此谛如来、应、等正觉初始觉知，然后为无明壳藏世间开现演说，是故名圣谛。圣谛者，说甚深义，微细难知，非思量境界。是智者所知，一切世间所不能信。何以故？此说甚深如来之藏。如来藏者，是如来境界，非一切声闻、缘觉所知。如来藏处，说圣谛义。如来藏处甚深故，说圣谛亦甚深，微细难知，非思量境界，是智者所知，一切世间所不能信。

“若于无量烦恼藏所缠如来藏不疑惑者，于出无量烦恼藏法身亦无疑惑。于说如来藏、如来法身、不思议佛境界及方便说，心得决定者，此则信解说二圣谛。如是难知难解者，谓说二圣谛义。何等为说二圣谛义？谓说作圣谛义、说无作圣谛义。说作圣谛义者，是说有量四圣谛。何以故？非因他能知一切苦、断一切集、证一切灭、修一切道。是故世尊！有有为生死、无为生死。涅槃亦如是，有余及无余。说无作圣谛义者，说无量四圣谛义。何以故？能以自力知一切受苦、断一切受集、证一切受灭、修一切受灭道。如是八圣谛，如来说四圣谛。如是四无作圣谛义，唯如来、应、等正觉事究竟，非阿罗汉、辟支佛事究竟。何以故？非下、中、上法得涅槃。何以故？如来、应、等正觉，于无作四圣谛义事究竟，以一切如来、应、等正觉，知一切未来苦、断一切烦恼上烦恼所摄受一切集、灭一切意生身、除一切苦灭作证。世尊！非坏法故，名为苦灭。所言苦灭者，名无始无作、无起无尽、离尽常住、自性清净，离一切烦恼藏。”

法身章第七

“世尊！过于恒沙不离、不脱、不异、不思议佛法成就，说如来法身。”

如来藏章第八

“世尊！如是如来法身不离烦恼藏，名如来藏。”

空义隐覆真实章第九

“世尊！如来藏智是如来空智。世尊！如来藏者，一切阿罗汉、辟支佛、大力菩萨，本所不见，本所不得。

“世尊！有二种如来藏空智。世尊！空如来藏，若离、若脱、若异一切烦恼藏。世尊！不空如来藏，过于恒沙不离、不脱、不异、不思议佛法。世尊！此二空智，诸大声闻能信如来。一切阿罗汉、辟支佛空智，于四不颠倒境界转。是故一切阿罗汉、辟支佛，本所不见、本所不得。一切苦灭，唯佛得证，坏一切烦恼藏，修一切灭苦道。”

一谛章第十

“世尊！此四圣谛，三是无常，一是常。何以故？三谛入有为相，入有为相者是无常。无常者是虚妄法。虚妄法者，非谛、非常、非依。是故苦谛、集谛、道谛，非第一义谛，非常、非依。一苦灭谛，离有为相。离有为相者是常。常者，非虚妄法。非虚妄法者，是谛、是常、是依。是故灭谛是第一义。

“不思议是灭谛，过一切众生心识所缘，亦非一切阿罗汉、辟支佛智慧境界。譬如生盲不见众色，七日婴儿不见日轮，苦灭谛者亦复如是，非一切凡夫心识所缘，亦非二乘智慧境界。凡夫识者，二见颠倒；一切阿罗汉、辟支佛智者，则是清净。边见者，凡夫于五受阴，我见、妄想、计著，生二见，是名边见，所谓常见、断见。见诸行无常，是断见，非正见；见涅槃常，是常见，非正见。妄想见故，作如是见。于身诸根分别思惟，现法见坏，于有相续不见，起于断见，妄想见故；于心相续愚暗，不解不知，刹那间意识境界，起于常见，妄想见故。此妄想见，于彼义若过若不及，作异想分别，若断若常。颠倒众生，于五受阴，无常常想、苦有乐想、无我我想、不净净想。一切阿罗汉、辟支佛净智者，于一切智境界及如来法身，本所不见。或有众生，信佛语故，起常想、乐想、我想、净想，非颠倒见，是名正见。何以故？如来法身是常波罗蜜、乐波罗蜜、我波罗蜜、净波罗蜜。于佛法身，作是见者，是名正见。正见者，是佛真子，从佛口生，从正法生，从法化生，得法余财。”

一依章第十一

“世尊！净智者，一切阿罗汉、辟支佛智波罗蜜。此净智者虽曰净智，于彼灭谛，尚非境界，况四依智？何以故？三乘初业，不愚于法。于彼义当觉当得，为彼故，世尊说四依。世尊！此四依者，是世间法。世尊！一依者，一切依止，出世间上上第一义依，所谓灭谛。”

颠倒真实章第十二

“世尊！生死者依如来藏，以如来藏故，说本际不可知。世尊！有如来藏故说生死，是名善说。世尊！生死，生死者，诸受根没，次第不受根起，是名生死。世尊！死生者，此二法是如来藏。世间言说故，有死有生，死者谓根坏，生者新诸根起，非如来藏有生有死。如来藏者离有为相，如来藏常住不变。是故如来藏是依、是持、是建立。世尊！不离、不断、不脱、不异、不思议佛法。世尊！断脱异外有为法依持、建立者，是如来藏。

“世尊！若无如来藏者，不得厌苦乐求涅槃。何以故？于此六识及心法智，此七法刹那不住、不种众苦，不得厌苦乐求涅槃。世尊！如来藏者，无前际，不起不灭法，种诸苦，得厌苦乐求涅槃。

“世尊！如来藏者，非我、非众生、非命、非人。如来藏者，堕身见众生、颠倒众生、空乱意众生，非其境界。”

自性清净章第十三

“世尊！如来藏者，是法界藏、法身藏、出世间上上藏、自性清净藏。此性清净如来藏，而客尘烦恼、上烦恼所染，不思议如来境界。何以故？刹那善心非烦恼所染，刹那不善心亦非烦恼所染。烦恼不触心，心不触烦恼，云何不触法，而能得染心？世尊！然有烦恼，有烦恼染心，自性清净心而有染者，难可了知。唯佛世尊实眼实智，为法根本、为通达法、为正法依，如实知见。”

胜鬘夫人说是难解之法问于佛时，佛即随喜：“如是如是！自性清净心而有染污，难可了知。有二法难可了知，谓自性清净心难可了知，彼心为烦恼所染亦难了知。如此二法，汝及成就大法菩萨摩诃萨乃能听受，诸余声闻，唯信佛语。”

真子章第十四

“若我弟子随信增上者，依明信已随顺法智，而得究竟。随顺法智者，观察施设根意解境界，观察业报，观察阿罗汉眼，观察心自在乐禅乐，观察阿罗汉、辟支佛、大力菩萨圣自在通。此五种巧便观成就。于我灭后未来世中，我弟子随信增上，依于明信随顺法智，自性清净心彼为烦恼染污而得究竟，是究竟者入大乘道因。信如来者，有是大利益，不谤深义。”

尔时，胜鬘白佛言：“更有余大利益，我当承佛威神复说斯义。”

佛言：“更说。”

胜鬘白佛言：“三种善男子善女人，于甚深义离自毁伤，生大功德、入大乘道。何等为三？谓若善男子善女人自成就甚深法智；若善男子善女人成就随顺法智；若善男子善女人于诸深法不自了知，仰惟世尊，非我境界，唯佛所知，是名善男子善女人仰惟如来。除此诸善男子善女人已，诸余众生，于诸甚深法，坚著妄说，违背正法，习诸外道腐败种子者，当以王力及天、龙、鬼神力而调伏之。”

尔时，胜鬘与诸眷属顶礼佛足。佛言：“善哉，善哉，胜鬘！于甚深法方便守护，降伏非法善得其宜，汝已亲近百千亿佛，能说此义。”

胜鬘章第十五

尔时世尊放胜光明普照大众，身升虚空，高七多罗树，足步虚空，还舍卫国。时，胜鬘夫人与诸眷属，合掌向佛，观无厌足，目不暂舍。过眼境已，踊跃欢喜，各各称叹如来功德，具足念佛，还入城中，向友称王称叹大乘。城中女人七岁已上，化以大乘。友称大王亦以大乘化诸男子，七岁已上举国人民皆向大乘。

尔时，世尊入祇桓林，告长老阿难，及念天帝释，应时帝释与诸眷属忽然而至，住于佛前。尔时，世尊向天帝释及长老阿难，广说此经。说已，告帝释言：“汝当受持读诵此经。憍尸迦！善男子善女人于恒沙劫修菩提行，行六波罗蜜，若复善男子善女人听受读诵乃至执持经卷，福多于彼，何况广为人说？是故，憍尸迦！当读诵此经，为三十三天分别广说。”复告阿难：“汝亦受持读诵，为四众广说。”

时，天帝释白佛言：“世尊！当何名斯经？云何奉持？”

佛告帝释：“此经成就无量无边功德，一切声闻、缘觉不能究竟观察知见。憍尸迦！当知此经甚深微妙大功德聚，今当为汝略说其名，谛听，谛听，善思念之！”时，天帝释及长老阿难白佛言：“善哉，世尊！唯然受教。”佛言：“此经‘叹如来真实第一义功德’，如是受持。‘不思议大受’，如是受持。‘一切愿摄大愿’，如是受持。‘说不思议摄受正法’，如是受持。‘说入一乘’，如是受持。‘说无边圣谛’，如是受持。‘说如来藏’，如是受持。‘说法身’，如是受持。‘说空义隐覆真实’，如是受持。‘说一谛’，如是受持。‘说常住安隐一依’，如是受持。‘说颠倒真实’，如是受持。‘说自性清净心隐覆’，如是受持。‘说如来真子’，如是受持。‘说胜鬘夫人师子吼’，如是受持。

“复次，憍尸迦！此经所说，断一切疑，决定了义，入一乘道。憍尸迦！今以此说胜鬘夫人师子吼经付嘱于汝，乃至法住，受持读诵，广分别说。”

帝释白佛言：“善哉，世尊！顶受尊教。”

时，天帝释、长老阿难，及诸大会，天、人、阿修罗、乾闼婆等，闻佛所说，欢喜奉行。

大宝积经卷第一百一十九
胜鬘夫人会第四十八

大唐三藏菩提流志奉诏译

如是我闻：一时，佛在舍卫国祇树给孤独园。时憍萨罗波斯匿王及末利夫人初证法已，共相谓言：“我女胜鬘，慈晤聪愍，多闻智慧，若见如来，于甚深法，速能解了，无诸疑惑。我今应当令善谕者发其诚信。”作是议已，王及夫人即便作书，称扬如来真实功德。时遣一使，名真提罗，奉持王书，诣无斗城，授胜鬘夫人。时胜鬘夫人发书寻绎，顶受忻庆，生希有心，向真提罗而说偈言：

“我闻如来声，　　世间颇难遇，
斯言若真实，　　当赐汝衣服。
若彼佛世尊，　　为利世间现，
必应见哀愍，　　令我睹真相。”
言念须臾顷，　　佛于虚空中，
现不思议身，　　普放大光明。
胜鬘及眷属，　　皆悉来集会，

合掌瞻仰礼，　　称赞大导师：
“如来妙色身，　　世间无与等！
无比不思议，　　是故今敬礼！
如来色无尽，　　智慧亦复然！
一切法常住，　　是故我归依！
善调心过恶，　　及与身四种，
到不思议地，　　故我今敬礼！
知诸尔炎法，　　智身无罣碍，
于法无忘失，　　故我今敬礼！
稽首过称量！　　稽首无伦等！
稽首法自在！　　稽首超思惟！
哀愍覆护我，　　令法种增长！
逮及最后身，　　常在如来前！
我所修福业，　　此世及余生，
由斯善根力，　　愿佛恒摄受！”

时胜鬘夫人说此偈已，及诸眷属一切大众，顶礼佛足。尔时，世尊即为胜鬘而说偈言：

“我昔为菩提，　　曾已开示汝，
今复值遇我，　　及来世亦然。”

说此偈已，即于会中授胜鬘夫人阿耨多罗三藐三菩提记：“汝今称叹如来殊胜功德，以此善根，当于无量阿僧祇劫天人之中为自在王，诸所受用，皆悉具足，所生之处，常得遇我，现前称叹，如今无异。复当供养无量无数诸佛世尊，过二万阿僧祇劫，当得作佛，号曰普光如来、应、正等觉。彼佛国土，无诸恶趣、衰老、病苦，亦无不善恶业道名。其中众生形色端严，具五妙境，纯受快乐，蔽于他化自在诸天。彼诸众生皆趣大乘，诸有如是学大乘者悉来生彼。”时胜鬘夫人得授记已，无量天人心怀踊跃，咸愿往生彼佛世界。是时世尊皆与授记：“当生彼国。”

时胜鬘夫人闻佛记已，于如来前合掌而立，发十弘誓，作如是言：“世尊！我从今日乃至菩提，于诸受戒不起犯心。世尊！我从今日乃至菩提，于诸师长不起慢心。世尊！我从今日乃至菩提，于诸众生不起恚心。世尊！我从今日乃至菩提，于诸胜己及诸胜事，不起妒心。世尊！我从今日乃至菩提，虽有少食，不起悭心。世尊！我从今日乃至菩提，不自为己受畜财物，凡有所受，为济贫苦有情之类。世尊！我从今日乃至菩提，不求恩报行四摄事，无贪利心、无厌足心、无限碍心，摄受众生。世尊！我从今日乃至菩提，见诸众生无有依怙、幽系疾恼、种种危厄，终不舍离，必愿安隐，以善饶益，令免众苦。世尊！我从今日乃至菩提，若见一切诸恶律仪、毁犯如来清净禁戒，凡我所摄城邑聚落，应调伏者而调伏之，应摄受者而摄受之。何以故？以调伏摄受故则正法久住，正法久住故天人充满、恶道减少，能令如来法轮常转。世尊！我从今日乃至菩提，摄受正法，终不忘失。何以故？忘失正法则忘大乘，忘大乘者则忘波罗蜜，忘波罗蜜者则舍大乘。若诸菩萨有于大乘不决定者，摄受正法则不坚固，便不堪任超凡夫境，则为大失。

“世尊！现在未来摄受正法诸菩萨等，具足无边广大利益。发斯弘誓，圣主世尊虽复证知，而诸有情善根微薄，或起疑网，以十弘誓难成就故。彼或长夜习不善法，受诸苦恼，为欲利益如斯众生，今于佛前发诚实誓。世尊！我今发此十弘誓愿，若实不虚，于大众上当雨天花、出天妙音。”胜鬘夫人于如来前作斯言已，时虚空中即雨天花、出天妙音，叹言：“善哉！胜鬘夫人！如汝所说，真实无异。”尔时众会既睹斯瑞，无诸疑惑，生大欢喜，同声唱言：“愿与胜鬘夫人所生之处，同其愿行。”时佛世尊悉记大众如其所愿。

尔时，胜鬘夫人复于佛前发三弘愿：“以兹愿力利益无边诸有情类。第一愿者，以我善根，于一切生得正法智。第二愿者，若我所生得正智已，为诸众生演说无倦。第三愿者，我为摄受护持正法，于所生身，不惜躯命。”尔时世尊闻斯愿已，告胜鬘言：“如一切色悉入空界，如是菩萨恒沙诸愿悉入兹愿。此三愿者，真实广大。”

尔时胜鬘夫人复白佛言：“世尊！今当承佛威神、辩才之力，欲说大愿，幸垂听许。”

佛言：“胜鬘！恣汝所说。”

胜鬘夫人言：“菩萨所有恒沙诸愿，一切皆入一大愿中。一大愿者，所谓摄受如来正法。如是摄受正法，真实广大。”

佛言：“善哉，胜鬘！汝久修习，智慧方便，甚深微妙。有能解了汝所说义，彼于长夜，植诸善本。如汝所说，摄受正法，皆是过去、未来、现在诸佛已说、今说、当说。我得无上正等菩提，亦复常以种种相说摄受正法。如是称扬摄受正法，所有功德无有边际，如来智慧亦无边际。何以故？是摄受正法有大功德、有大利益。”

时胜鬘夫人复白佛言：“世尊！我当承佛威神之力，更复演说摄受正法广大之义。”

佛言：“听汝所说。”

胜鬘夫人言：“摄受正法广大义者，为得无量一切佛法，乃至能摄八万行蕴。譬如劫初兴诸色云，雨众宝雨，如是摄受正法善根之云，能雨无量福报之雨。世尊！又如劫初大水之中，能生三千大千界藏及四百亿种种类洲。如是摄受正法，出生大乘无量界藏，并诸菩萨神通之力、种种法门，一切世间及出世间安乐具足，一切天人所未曾有。又如大地荷四重担。何等为四？一者大海，二者诸山，三者草木，四者众生。如是摄受正法诸善男子及善女人，堪能荷负四种重任，逾彼大地。何等为四？谓离善友、无闻非法诸有情类，以人天善根而成熟之，求声闻者授声闻乘，求独觉者授独觉乘，求大乘者授以大乘。是名摄受正法诸善男子及善女人，堪能荷负四种重任，逾彼大地。世尊！如是摄受正法善男子善女人等建立大地，堪能荷负四种重任，普为众生作不请友，大悲利益，哀愍有情，为世法母。又如大地是四种宝所生之处。何等为四？一者无价，二者上价，三者中价，四者下价。如是摄受正法善男子善女人建立大地，有情遇已，获四大宝，一切宝中最为殊胜。何等为四？谓诸有情遇斯善友，或有获得人天善根，有证声闻及辟支佛，或无上乘善根功德。是名摄受正法善男子善女人建立大地，有情遇已便能获得四种大宝。世尊！出大宝者，名为真实摄受正法。

“世尊！言摄受正法者，谓无异正法、无异摄受正法，正法即是摄受正法。世尊！无异波罗蜜、无异摄受正法，摄受正法即是波罗蜜多。何以故？摄受正法善男子善女人，应以施成熟者以施成熟，乃至舍身，随顺彼意而成熟之，令彼有情安住正法，是名施波罗蜜。应以戒成熟者，守护六根，净身语意，乃至威仪，随顺彼意而成熟之，令彼有情安住正法，是名戒波罗蜜。应以忍成熟者，若彼有情骂詈、毁辱、诽谤、扰乱，以无恚心及利益心、最上忍力，乃至颜色亦不变异，随顺彼意而成熟之，令彼有情安住正法，是名忍波罗蜜。应以精进而成熟者，于彼有情不起懈怠、下劣之心，起大乐欲、最上精进，于四威仪，随顺彼意而成熟之，令彼有情安住正法，是名精进波罗蜜。应以静虑而成熟者，于彼有情以无散乱成就正念，曾所作事终不忘失，随顺彼意而成熟之，令彼有情安住正法，是名静虑波罗蜜。应以智慧而成熟者，彼诸有情为利益故问诸法义，以无倦心而为演说一切诸论、一切明处乃至种种工巧之处，令得究竟，随顺彼意而成熟之，令彼有情安住正法，是名智慧波罗蜜。是故世尊！无异波罗蜜、无异摄受正法，摄受正法即是波罗蜜。”

时胜鬘夫人复白佛言：“世尊！我今承佛威神辩才之力，复说大义。”

佛言：“云何大义？”

“世尊！摄受正法者，无异摄受正法，无异摄受正法者，摄受正法善男子善女人，则是摄受正法。何以故？若摄受正法善男子善女人，为正法故舍身命财，如是人等以舍身故，证生死后际，远离老病，得不坏常，无有变易究竟寂静不可思议如来法身。以舍命故，证生死后际，永离于死，得无边常，成就不可思议诸善功德，安住一切佛法神变。以舍财故，证生死后际，超过有情，无尽无减，果报圆满，具不思议功德庄严，为诸有情尊重供养。世尊！舍身命财摄受正法善男子善女人等，为诸如来之所授记。

世尊！若善男子善女人，正法欲灭，有诸比丘、比丘尼、优婆塞、优婆夷，互相朋党起诸争讼，以不谄曲不欺诳心，爱乐正法、摄受正法入善朋中。入善朋者，必为诸佛之所授记。世尊！我见摄受正法有斯大力，如来以此为眼、为法根本，为引导法、为通达法。”

尔时，世尊闻胜鬘夫人所说摄受正法有大威力，叹言：“如是，如是！善哉，胜鬘！如汝所说，摄受正法大威德力，如大力士微触末摩，生大苦痛，更增重病。如是，胜鬘！假令少分摄受正法，令魔波旬痛切愁恼，悲号叹息，亦复如是。胜鬘！我常不见余一善法令魔愁恼，犹如少分摄受正法。胜鬘！譬如牛王形色端正，身量殊特，蔽于诸牛。如是，胜鬘！修大乘者设令少分摄受正法，即能蔽于声闻独觉一切善法。胜鬘！又如须弥山王高广严丽蔽于众山，如是，胜鬘！初趣大乘以饶益心不顾身命摄受正法，便能超过顾其身命久住大乘一切善根。是故，胜鬘！当以摄受正法开示教化一切有情。如是，胜鬘！摄受正法获大福利及大果报。胜鬘！我于无数阿僧祇劫称赞如是摄受正法所有功德，不得边际，是故摄受正法成就如是无量功德。”

佛告胜鬘：“汝今复应演我所说摄受正法，一切诸佛共所爱乐。”

胜鬘白言：“善哉，世尊！摄受正法者则名大乘。何以故？大乘者出生一切声闻独觉、世出世间所有善法。如阿耨达池出八大河，如是大乘出生一切声闻独觉、世出世间所有善法。世尊！又如一切种子、草木、丛林皆依大地而得生长，如是一切声闻独觉、世出世间所有善法，皆依大乘而得生长。是故，世尊！住于大乘摄受大乘，即住摄受声闻独觉、世出世间所有善法。如佛世尊所说六处，谓正法住、正法灭、别解脱、毗奈耶、正出家、受具足，为大乘故说此六处。所以者何？正法住者，为大乘说，大乘住者即正法住。正法灭者为大乘说，大乘灭者即正法灭。别解脱、毗奈耶，此之二法，义一名异。毗奈耶者即大乘学。所以者何？为佛出家而受具足，是故大乘戒蕴是毗奈耶，是正出家，是受具足。世尊！阿罗汉者无有出家及受具足。何以故？阿罗汉不为如来出家受具足故。阿罗汉有怖畏想，归依如来。何以故？阿罗汉于一切行住怖畏想，如人执剑欲来害己，是故阿罗汉不证出离、究竟安乐。世尊！依不求依，如诸众生无有归依，彼彼恐怖，为安隐故，求于归依。世尊！如是阿罗汉有恐怖故归依如来。是故阿罗汉及辟支佛，生法有余、梵行未立、所作未办、当有所断，未究竟故，去涅槃远。何以故？唯有如来、应、正等觉证得涅槃，成就无量不可思议一切功德，所应断者皆悉已断，究竟清净，为诸有情之所瞻仰，超过二乘、菩萨境界。阿罗汉等则不如是，言得涅槃，佛之方便。是故阿罗汉等去涅槃远。

“世尊说阿罗汉及辟支佛，观察解脱四智究竟得苏息者，皆是如来随他意语、不了义说。何以故？有二种死。何等为二？一者分段，二者变易。分段死者，谓相续有情。变易死者，谓阿罗汉及辟支佛、自在菩萨，随意生身乃至菩提。二种死中，以分段死说阿罗汉及辟支佛，生于‘我生已尽’之智。由能证得有余果故，生于‘梵行已立’之智。一切愚夫所不能作，七种学人未能成办，相续烦恼究竟断故，生于‘所作已办’之智。世尊！说生‘不受后有’智者，谓阿罗汉及辟支佛不能断于一切烦恼，不了一切受生之智。何以故？是阿罗汉及辟支佛有余烦恼不断尽故，不能了知一切受生。

“烦恼有二，谓住地烦恼及起烦恼。住地有四。何等为四？谓见一处住地、欲爱住地、色爱住地、有爱住地。世尊！此四住地，能生一切遍起烦恼。起烦恼者，刹那刹那与心相应。世尊！无明住地，无始时来心不相应。世尊！四住地力能作遍起烦恼所依，比无明地，算数譬喻所不能及。世尊！如是无明住地，于有爱住地，其力最大。譬如魔王色力威德及众眷属，蔽于他化自在诸天。如是无明住地蔽四住地，过恒沙数烦恼所依，亦令四种烦恼久住。声闻独觉智不能断，唯有如来智所能断。世尊！如是如是，无明住地其力最大。世尊！如取为缘，有漏业因，而生三有，如是无明住地为缘，无漏业因，能生阿罗汉及辟支佛、大力菩萨随意生身。此之三地随意生身及无漏业，皆以无明住地为所依处。彼虽有缘，亦能为缘。世尊！是故三种随意生身及无漏业，皆以无明住地为缘，同于有爱。

“世尊！有爱住地不与无明住地业同，无明住地异四住地。异四住地，唯佛能断。何以故？阿罗汉辟支佛断四住地，于漏尽力不得自在，不能现证。何以故？世尊言漏尽之增语，是故阿罗汉辟支佛及最后有诸菩萨等，为无明地所覆蔽故，于彼彼法不知不见。以不知见于彼彼法，应断不断、应尽不尽。于彼彼法不断不尽故，得有余解脱，非一切解脱；得有余清净，非一切清净；得有余功德，非一切功德。世尊！以得有余解脱非一切解脱，乃至有余功德非一切功德故，知有余苦、断有余集、证有余灭、修有余道。”

尔时胜鬘夫人复白佛言：“世尊！若复知有余苦、断有余集、证有余灭、修有余道，是名少分灭度，证少分涅槃，向涅槃界。若知一切苦、断一切集、证一切灭、修一切道，彼于无常败坏世间得证常寂清凉涅槃。世尊！彼于无护无依世间为护为依。何以故？于诸法中见高下者不证涅槃，智平等者、解脱等者、清净等者乃证涅槃。是故涅槃名等、一味。云何一味？谓解脱味。世尊！若无明地不断不尽，不得涅槃一味、等味。何以故？无明住地不断不尽故，过恒沙等一切过法，应断不断、应尽不尽。过恒沙等一切过法不断不尽故，过恒沙等诸功德法不了不证。是故无明住地与于一切所应断法诸随烦恼为生处故，从于彼生，障心烦恼、障止烦恼、障观烦恼、障静虑烦恼，如是乃至障三摩钵底加行智果证力无畏。所有过恒沙等一切烦恼，如来菩提、佛金刚智之所能断。诸起烦恼，一切皆依无明住地，无明住地为因缘故。世尊！此起烦恼，刹那刹那与心相应。世尊！无明住地从无始来心不相应。世尊！若复过恒河沙如来菩提、佛金刚智所应断法，一切皆是无明住地依持建立。譬如一切种子、丛林，皆依大地之所生长，若地坏者彼亦随坏。如是过恒沙等如来菩提、佛金刚智所应断法，一切皆依无明住地之所生长。若彼无明住地断者，过恒沙等如来菩提、佛金刚智所应断法，皆亦随断。如是过恒沙等所应断法，一切烦恼及起烦恼皆已断故，便能证得过恒沙等不可思议诸佛之法。于一切法而能证得无碍神通，得诸智见离一切过，得诸功德为大法王，于法自在，证一切法自在之地，正师子吼：'我生已尽、梵行已立、所作已办、不受后有。'是故世尊以师子吼，依于了义一向记说。

"世尊！不受后有智有二种。何谓为二？一者谓诸如来以调御力摧伏四魔，超诸世间，一切有情之所瞻仰；证不思议清净法身，于所知地得法自在，最胜无上更无所作，不见更有所证之地；具足十力，登于最胜无畏之地，于一切法无碍观察，正师子吼，不受后有。二者谓阿罗汉及辟支佛，得度无量生死怖畏，受解脱乐，作如是念：'我今已离生死怖畏，不受诸苦。'

"世尊！阿罗汉辟支佛如是观察谓不受后有，不证第一苏息涅槃。彼等于未证地不遇法故，能自解了：'我今证得有余依地，决定当证阿耨多罗三藐三菩提。'何以故？声闻独觉皆入大乘，而大乘者即是佛乘。是故三乘即是一乘。证一乘者得阿耨多罗三藐三菩提。阿耨多罗三藐三菩提者即是涅槃，言涅槃者即是如来清净法身。证法身者即是一乘。无异如来、无异法身，言如来者即是法身，证究竟法身者即究竟一乘，究竟一乘者即离相续。何以故？世尊！如来住时无有限量，等于后际。如来能以无限大悲、无限誓愿利益世间。作是说者是名善说。若复说言，如来是常、是无尽法、一切世间究竟依者，亦名善说。是故能于无护世间、无依世间与等后际，作无尽归依、常住归依、究竟归依者，谓如来、应、正等觉。法者是一乘道，僧者是三乘众，此二归依非究竟依，名少分依。何以故？说一乘道证究竟法身，于后更无说一乘道。三乘众者有恐怖故，归依如来求出修学，有所作故，向阿耨多罗三藐三菩提故。二依非究竟依，是有限依。若诸有情如来调伏，归依如来，得法津润，由信乐心归依于法及比丘僧，是二归依，由法津润信入归依。如来者非法津润信入归依，言如来者是真实依。此二归依以真实义，即名究竟归依如来。何以故？如来不异此二归依，是故如来即三归依。何以故？说一乘道、如来最胜、具四无畏、正师子吼。若诸如来随彼所欲，而以方便说于二乘即是大乘。以第一义无有二乘，二乘者同入一乘，一乘者即胜义乘。

"世尊！声闻独觉初证圣谛，非以一智断诸住地，亦非一智证四遍知诸功德等，亦非以法能善了知此四法义。世尊！于出世智，无有四智渐至渐缘。世尊！出世间智无渐至法，如金刚喻。世尊！声闻独觉以于种种圣谛之智断诸住地，无有出世第一义智。唯有如来、应、正遍知，非诸声闻独觉境界，以不思议空性之智，能破一切诸烦恼壳。世尊！破烦恼壳究竟之智，是名出世第一义智。初圣谛智非究竟智，是于趣向阿耨多罗三藐三菩提智。

"世尊！真圣义者即非二乘。何以故？声闻独觉唯能成就少分功德，名之为圣。世尊！言圣谛者，非诸声闻独觉之谛及彼功德。而此谛者，唯有如来、应、正等觉初始了知，然后为彼无明壳藏世间众生开示演说，故名圣谛。世尊！此圣谛者，甚深微妙、难见难了、不可分别、非思量境，一切世间所不能信。唯有如来、应、正等觉之所能知。何以故？此说甚深如来之藏。如来藏者是佛境界，非诸声闻独觉所行。于如来藏说圣谛义，此如来藏甚深微妙，所说圣谛亦复深妙，难见难了、不可分别、非思量境，一切世间所不能信，唯有如来、应、正等觉之所能知。若于无量烦恼所缠如来之藏不疑惑者，于出一切烦恼之藏如来法身亦无疑惑。

“世尊！若有于此如来之藏及佛法身不可思议佛秘密境心得究竟，于彼所说二圣谛义能信能了、能生胜解。何等名为二圣谛义？所谓有作及以无作。作圣谛者，是不圆满四圣谛义。何以故？由他护故，而不能得知一切苦、断一切集、证一切灭、修一切道，是故不知有为无为及于涅槃。世尊！无作谛者，是说圆满四圣谛义。何以故？能自护故，知一切苦、断一切集、证一切灭、修一切道。如是所说八圣谛义，如来但以四圣谛说。于此无作四圣谛义，唯有如来、应、正等觉作事究竟，非阿罗汉及辟支佛力所能及。何以故？非诸胜劣下中上法能证涅槃。云何如来于无作谛得事究竟？谓诸如来、应、正等觉，遍知诸苦，断诸烦恼及超烦恼所摄苦集，能证一切意生身蕴所有苦灭，及修一切苦灭之道。世尊！非坏法故名为苦灭。何以故？言苦灭者，无始无作、无起无尽、常住不动、本性清净、出烦恼壳。

“世尊！如来成就过于恒沙，具解脱智不思议法，说名法身。

“世尊！如是法身不离烦恼，名如来藏。

“世尊！如来藏者，即是如来空性之智。如来藏者，一切声闻独觉所未曾见亦未曾得，唯佛了知及能作证。世尊！此如来藏空性之智复有二种。何等为二？谓空如来藏，所谓离于不解脱智一切烦恼。世尊！不空如来藏，具过恒沙佛解脱智不思议法。世尊！此二空智，诸大声闻由信能入。世尊！如是一切声闻独觉空性之智，于四倒境攀缘而转，是故一切声闻独觉所未曾见亦未曾证。一切苦灭唯佛现证，坏诸烦恼修苦灭道。

“世尊！此四谛中，三谛无常，一谛是常。何以故？如是三谛入有为相，有为相者则是无常。言无常者是破坏法，破坏法者非谛非常非归依处。是故三谛以第一义非谛非常非归依处。世尊！一苦灭谛离有为相，离有为相则性常住，性常住者非破坏法，非破坏者是谛是常、是归依处。世尊！是故苦灭圣谛以胜义故，是谛是常是归依处。

“世尊！此苦灭谛是不思议，过诸有情心识境界，亦非一切声闻独觉智所能及。譬如生盲不见众色，七日婴儿不见日轮。苦灭谛者亦复如是，非诸凡夫心识所缘，亦非一切声闻独觉智之境界。凡夫识者谓二边见，一切声闻独觉智者名为净智。言边见者，于五取蕴执著为我，生异分别。边见有二。何者为二？所谓常见及以断见。世尊！若复有见生死无常、涅槃是常，非断常见，是名正见。何以故？诸计度者见身诸根受者、思者现法灭坏，于有相续不能了知，盲无慧目，起于断见。于心相续刹那灭坏，愚暗不了意识境界，起于常见。世尊！然彼彼义过诸分别及下劣见，由诸愚夫妄生异想颠倒执著，谓断谓常。

“世尊！颠倒有情于五取蕴，无常常想、苦为乐想、无我我想、不净净想。声闻独觉所有净智，于如来境及佛法身所未曾见。或有众生信如来故，于如来所起于常想、乐想、我想及于净想，非颠倒见，即是正见。何以故？如来法身是常波罗蜜、乐波罗蜜、我波罗蜜、净波罗蜜。若诸有情作如是见，是名正见。若正见者，名真佛子，从佛口生、从正法生、从法化生、得佛法分。世尊！言净智者，则是一切声闻独觉智波罗蜜。此之净智，于苦灭谛尚非境界，况苦灭谛！是四入流智之所行。何以故？三乘初业不愚法者，能于彼义当证当了。世尊！为何义故说四入流？世尊！此四入流是世间法。世尊！唯一入流，于诸入流为最为上，以第一义是为入流、是为归依、是苦灭谛。

“世尊！生死者依如来藏，以如来藏故说前际不可了知。世尊！有如来藏故得有生死，是名善说。世尊！生死者，诸受根灭，无间相续未受根起，名为生死。世尊！生死二法是如来藏，于世俗法名为生死。世尊！死者诸受根灭，生者诸受根起，如来藏者则不生不死、不升不坠、离有为相。世尊！如来藏者常恒不坏。是故，世尊！如来藏者与不离解脱智藏是依，是持，是为建立。亦与外离不解脱智诸有为法依、持、建立。世尊！若无如来藏者，应无厌苦乐求涅槃。何以故？于此六识及以所知如是七法，刹那不住，不受众苦，不堪厌离愿求涅槃。如来藏者，无有前际无生无灭，法受诸苦。彼为厌苦，愿求涅槃。世尊！如来藏者，非有我人众生寿者。如来藏者，身见有情、颠倒有情、空见有情，非所行境。世尊！如来藏者是法界藏、是法身藏、出世间藏、性清净藏。此本性净如来藏者，如我所解，纵为客尘烦恼所染，犹是不可思议如来境界。何以故？世尊！刹那刹那善不善心客尘烦恼所不能染。何以故？烦恼不触心，心不触烦恼。云何不触法而能得染心？世尊！由有烦恼有随染心。随烦恼染难解难了，唯佛世尊为眼、为智、为法根本、为尊、为导、为正法依，如实知见。”

尔时世尊叹胜鬘夫人言：“善哉，善哉！如汝所说。性清净心随烦恼染，难可了知。复次，胜鬘！有二种法难可了知。何等为二？谓性清净心难可了知，彼心为烦恼染亦难了知。如此二法，汝及成就大法菩萨乃能听受，诸余声闻由信能解。胜鬘！若我弟子增上信者，随顺法智，于此法中而得究竟。顺法智者，观根识境，观察业报，观罗汉眼观心自在爱乐禅乐，观声闻独觉圣神变通。由成就此五善巧观，现在未来声闻弟子因增上信随顺法智，善能解了性清净心烦恼所染而得究竟。胜鬘！是究竟者为大乘因。

汝今当知信如来者，于甚深法不生诽谤。”

尔时胜鬘夫人白佛言：“世尊！复有余义能多利益。我当承佛威神之力，演说斯事。”

佛言：“善哉！今恣汝说。”

胜鬘夫人言：“有三种善男子善女人，于甚深法离自毁伤，生多功德入大乘道。何等为三？若善男子善女人等，能自成就甚深法智，或有成就随顺法智，或有于此甚深法中不能解了，仰推如来，唯佛所知非我境界。除此三种善男子善女人已，诸余有情于甚深法，随已所取执著妄说，违背正法习诸外道。腐败种子，设在余方应往除灭。彼腐败者，一切天人应共摧伏。”

胜鬘夫人说是语已，与诸眷属顶礼佛足。时佛世尊赞言：“善哉，胜鬘！于甚深法方便守护，降伏怨敌善能通达。汝已亲近百千俱胝诸佛如来，能说此义。”

尔时世尊放胜光明普照大众，身升虚空，高七多罗量，以神通力足步虚空还舍卫城。时胜鬘夫人与诸眷属，瞻仰世尊目不暂舍，过眼境已欢喜踊跃，递共称叹如来功德，一心念佛还无斗城，劝友称王建立大乘。城中女人七岁已上化以大乘，友称大王亦以大乘化诸男子七岁已上，举国人民无不学者。

尔时世尊入逝多林，告尊者阿难及念天帝。时天帝释与诸眷属应念而至住于佛前。尔时世尊告帝释言：“憍尸迦！汝当受持此经演说开示，为三十三天得安乐故。”复告阿难：“汝亦受持，为诸四众分别演说。”时天帝释白佛言：“世尊！当何名斯经？云何奉持？”

佛告天帝：“此经成就无边功德，一切声闻独觉力不能及，况余有情！憍尸迦当知，此经甚深微妙大功德聚，今当为汝略说其名。谛听谛听，善思念之。”时天帝释及尊者阿难白言：“善哉，世尊！唯然受教。”

佛言：“此经赞叹如来真实功德，应如是持；说不思议十种弘誓，应如是持；以一大愿摄一切愿，应如是持；说不思议摄受正法，应如是持；说入一乘，应如是持；说无边谛，应如是持；说如来藏，应如是持；说佛法身，应如是持；说空性义隐覆真实，应如是持；说一谛义，应如是持；说常住不动寂静一依，应如是持；说颠倒真实，应如是持；说自性清净心烦恼隐覆，应如是持；说如来真子，应如是持；说胜鬘夫人正师子吼，应如是持。复次，憍尸迦！此经所说，断一切疑，决定了义，入一乘道。憍尸迦！今以所说胜鬘夫人师子吼经付嘱于汝，乃至法住，于十方界开示演说。”天帝释言：“善哉，世尊！唯然受教。”

时天帝释、尊者阿难，及诸大会天、人、阿修罗、健闼婆等，闻佛所说，皆大欢喜，信受奉行。

胜鬘宝窟

慧日道场沙门释吉藏撰

雕胜鬘宝窟叙

原夫所谓一乘①之大车者，则是法王之宝辂②也。是以万德珍琛，以校严其高广；四辩③铃铎，以县④列其旁边。栏楯总持⑤，幰⑥盖悲舍，禅綩以蓐⑦，寂枕以休。华缨䌽⑧垂，四来举足归仰之憙⑨；宝绳绞络，群黎宁有爱见之愆？傧则骈田奉崇，牛则腤臆般若。况夫家且富丰，不偏其施；乘岂穷匮，无量其筹。何其盛哉！何其伟哉！[1]然夫蒙庶，冠痴佩婴，常舞色味之宅；骖疑驾惑，长驱生死之原。至如饕餮荣声，安寤热焰镜像？胶黐⑩身世，未省漂草爨⑪茅。其靡识火坑，胡暇论宝辂？于焉我法王，自手擎四钵，而鹿园之教兹基；讫身卧双林，而象喻⑫之诰聿极。凡鸾音兴响、金彩移辉，皆无非悯其嚚⑬顽、凄其蒙瞍者矣。尔乃妙吉遍吉之诸髦，翊辅其化；西方东方之群杰，赞成其治。以故或恩或雠，皆是益物；遭叹遭呵，总为施权。要唯所以欲令辟痴冠、决婴佩，驾大辂、驱广衢者耳。[2]

［校注］

① 一乘，即成佛的唯一之教，也称为“一佛乘”。此句是说，一乘

教义是《胜鬘经》、《法华经》等大乘经典的主旨。

② 辂（lù），古代的一种大车，多指帝王所乘之车。

③ 四辩，又叫“四无碍智”、“四无碍辩”：(1) 法无碍，于教法无滞。(2) 义无碍，知教法所诠义理而无滞。(3) 辞无碍，诸方言辞，通达自在。(4) 乐说无碍，以前三种智为众生说法，快乐自在。

④ 县，通“悬”。

⑤ 总持，持善不失、持恶不使起，以念与定慧为体。

⑥ 幰（xiǎn），车上的帷幔。

⑦ 綩（wǎn），古时冠冕上的纽带。蓐（rù），陈草复生，引申为草垫子、草席。

⑧ 觯（duǒ），下垂。

⑨ 憙，同“喜”。

⑩ 胶黐（jiāo chī），即黐胶，用细叶冬青树皮制成的木胶，可以黏鸟。

⑪ 爨（cuàn），烧火做饭。

⑫《涅槃经》六说：“象喻佛性，盲喻一切无明众生。”《广弘明集》二十说：“手擎四钵，始乎鹿野之教；身卧双林，终于象喻之说。”

⑬ 嚚（yín），愚蠢而顽固、奸诈。

[释评]

[1] 这一段以一连串的比喻来赞颂“一乘”。先说它是佛陀（法王）的宝车，再以“车”的各个部分比喻佛陀的功德和成就。这些比喻参考了《法华经》的内容。

“一乘”的特点，这里说是“无量”。

[2]“一乘”是佛（法王）和菩萨（妙吉、遍吉）等人所说的各种

方便之法的指归。

兹有胜鬘夫人者，后宫维踪，本地谁得而测？柔淑乃质，慈悲宜应为殊。若夫踰阁信至之晨，虚空像现之日，寄缘兴教，托事契机。狐胆外魔，忽坏兰仪之宣吐；狮吼了义，无畏莲眸之照临。实似周朝乱臣之一人，宁匪祇园影响之巨擘？[1]其经号曰《胜鬘狮子吼一乘大方便大方广》也。夫狮子吼者，是一向记说①。自非厥理之终穷，谁获其说之决定？一乘也者，唯一佛乘，是为真实。大方便也者，为说种种，是云权巧。盖夫无乘而乘，乘无所乘，称之一乘；无运而运，运无所运，即是真运。唯其无所运，是以无所不运。唯其无所乘，是以无所不乘。其非若斯妙玄，指之言大方广，将以何称之者乎？[2]

[校注]

① 一向，决定性的（回答）。《俱舍论·十九》：“若作是问：‘一切有情，皆当死不？’应一向记：‘一切有情，皆定当死。’”

[释评]

[1] 胜鬘夫人是法身大士，其本来面目是不可测度的。她示现后宫之形、感佛显像、随缘说法，实在是大有功于佛门。

[2] 对经题逐字解释。

但至理幽渊，奉之难人，茫茫叹喟，译语古简，读者不进，往往惋嗟。唐初有嘉祥藏大师者，胄遐方而诞秀，协川岳而禀神。袭龙树①之芳猷，探鹫峰②之秘旨。论锋共迦旃③争锐，亮轶④秋蝉；智囊与舍利⑤竞储，丽譬春鸟。盖是灭后荃宰，法门英规者也。于是叹微言之已绝，伤颓风之不振，抗言动论，朱紫教理，发意吐语，泾渭指归。乃造疏若干卷，显此真诠以洞明；立言十万余，发兹玄旨而焕炳。未论深之者便开金藏，即亦翻之者真窥宝窟。庸非惊晓醉狂、指视宝辂者耶！[1]

［校注］

① 龙树，印度大乘佛教中观派（空宗）的奠基人。又译龙猛、龙胜。关于他的生平，鸠摩罗什所译的《龙树菩萨传》和其他一些佛教传记均有记载，但都不足征信。龙树原系西印度（一说南印度）婆罗门，受迦毗摩罗论师的影响改信佛教，后游南印度，接受了大众部学说，在原始佛教缘起说的基础上，发展了大乘缘起性空说。其核心部分是“缘起性空”、“二谛中道”和“八不”辩证模式。

② 古印度有一座山，山形似鹫，山中又多鹫，称为灵鹫山，略称灵山。传说释迦牟尼曾在山中居住和说法多年，灵鹫山往往成为佛的代名词。

③ 迦旃，“迦旃延”的略称，佛十大弟子中论议第一。

④ 轶，同“溢”。

⑤ 舍利弗，或译为“舍利子”，亦称“身子”，为佛十大弟子中智慧第一。

[释评]

[1] 赞叹《胜鬘宝窟》作者吉藏的智慧和著作，能超越语言，发明真诠。

然夫请流吾邦，固过万重之涛澜；传至今日，亦经千余之星霜。华夏既已归乌有之家，桑域未曾入回禄之手①。虽然，书写袭秘，未泽学教之干吭；精蓝宝藏，宁息慕古之延领！矧②且蒸湿恒虑，蟫③蚀讵防？兹某夙奉此经，心庶湛邃，曾获斯记，怀涣层冰。乃意既噵④“或里或田，何废书肆？”亦闻“若树若石，岂择枣梨？”于是躬自不量，窃企广布。屡事雠正，犹恐剩鲁鱼⑤之尘；仍命剞劂⑥，且喜免潦鹤⑦之瑾。所冀者，披奉男女，同共缔乎来缘，摄受仁贤，与俱驾乎一乘云尔。[1]元禄十六年季冬之吉沙门道空和南⑧叙。

[校注]

① 桑域，故国。回禄，火神的别名，指火灾。

② 矧（shěn），另外，况且，何况。

③ 蟫（yín），衣鱼，也称“蠹鱼”。昆虫，体长而扁，有银灰色细鳞，常在衣、书之中，吃糨糊、胶质物。

④ 噵，同“道”。

⑤ 鲁鱼亥豕，撰写或刻印过程中的文字错误。

⑥ 剞劂（jī jué），雕刻。

⑦ 水潦鹤，又称水老鹤、水白鹤、水白鹭。为珍奇难遇之鸟。

《毗奈耶杂事卷四十》载，一比丘于竹林园中说偈（大二四·四〇九下）：“若人寿百岁，不见水白鹤；不如一日生，得见水白鹤。”阿难告之佛陀所说：“若人寿百岁，不了于生死；不如一日生，得了于生死。”比丘转告其师，其师反谓阿难记忆有误，不可依信。以此转喻世人多忘失自身错误，反谓正说之教法有误。

⑧ 和南，即稽首。

[释评]

[1] 道空法师叙述其刊刻《胜鬘宝窟》的因缘和发心。

胜鬘玄意

此经言约义富，事远理深。岂止《胜鬘》之一经，乃总方等①之宗要。[1]余玩味既重，燧钻累年，捃②拾古今，搜捡经论，撰其文玄，勒成三轴。若少参圣旨，则福施群生，如其有差，请冥加授。[2]

［校注］

① 方，方正；等，平等。中道之理方正，众生与佛平等。因此，"方等"为一切大乘经的通名。又，天台等宗有五时判教："华严最初三七日，阿含十二方等八，二十二年般若谈，法华涅槃共八载。"从这个讲经的时段，可以判断"方等经"在大乘佛教中的地位。

② 捃（jùn），拾取，摘取，收集。

［释评］

［1］开门见山，直陈《胜鬘经》的地位。

［2］申明撰述仪节，以示严谨。佛教论著，一般开头要有敬语，如皈依（或顶礼）某某佛菩萨、功德回向某某等。

玄意有五：一释名题、二叙缘起、三辨宗旨、四明教不同、五论经分齐。[1]

[释评]

[1] 这五个部分中，“辨宗旨”又最重要：本论立“一乘”为宗。

一、释 名 门

就释名门，更开三别：一、立名意、二、明通别、三、正释名。

众经所以立名者。[1]然至理无名，圣人无名相中为众生故假名相说，欲令众生因此名相悟无名相。如悬峰可陟①，要假绳梯；至道寂寥，实由名相。盖是垂教之大宗，群圣之本意也。[2]又所以立名，令依名识法、因法起行、因行得解脱果。龙树呵五百部云：“不知佛意为于解脱故。”②《法华经》云：“如来所演经典，皆为度脱诸众生故。”[3]又所以立名者，至人说法，有略有广。略则一题之名，广则一部之教。演略为广，开一题成一部。括广为略，卷一部成一题也。[4]又为利根人，但标一题，犹如龙树入彼海宫，观经题目，便能悟解。为彼钝人，闻略题目未解，寻广文乃悟。又为钝根人不能具受广经，便③略持一题。为利根人堪能广持，故明一部。[5]又为欲简别，使众部不同，是故诸经各题名字，欲令众生因于众题，各解诸法，故明一部。[6]又欲分邪正教异、内外差别故，首题名字。若《韦陀》、《广主》，谓外道经名，

《般若》、《涅槃》，内教之称。亦如三坟五典，震旦俗书；大小二乘，天竺圣教。[7]以如是等众因缘故，是以圣教首题名也。

[校注]

① 陟（zhì），登高，晋升。

②《大智度论六十三》："是声闻人著声闻法佛法，过五百岁后，各各分别有五百部。从是以来，以求诸法决定相故。自执其法，不知佛为解脱故说法，而坚著语言。故闻说般若诸法毕竟空，如刀伤心。"

③ 便，【原】本作"使"。

[释评]

[1]"一乘"乘什么？中道佛性。佛性无名，方便垂教。以此解释经名，阐明全经要领。

[2] 立名原因之一：因名相而悟无名相。

[3] 立名原因之二：求解脱。

[4] 立名原因之三：说法有广略。

[5] 立名原因之四：针对不同的根器。

[6] 立名原因之五：简别部类。

[7] 立名原因之六：区别教内教外经论。

次明立名通别门者。[1]有人言："此经所明，章别十五，始从《叹佛》，终至《胜鬘师子吼章》。章虽十五，要分为二：前十四章是自利行，后一利他。今言'胜鬘师子吼'者，是第十五利他行。'一乘'、'大方便'及与'方广’，是前十四自利行也。所以不次第者，彼后一章，标人树德。标人在初，故前举之。一乘者，即是第五。‘一乘大方便’者，是初四章。‘方广’者，即是《无边圣谛》等章。如此分配，谓之别也。”① 今所明者，不同斯义。一、就此经难之，二、用《净名经》为类。一、以此经难者，若言后有《胜鬘师子吼章》即用为题者，后立经名中“今以此胜鬘师子吼经嘱汝”，亦应但付嘱一章经也。然后既通付一部，知今题“胜鬘师子吼”，亦通题一经。“胜鬘师子吼”既通一部，则“一乘”、“大方便”等义亦同然。引《净名》为类者，如《维摩经》，一名《不思议解脱》。然彼非但铭《不思议品》以为不思议解脱，乃是通名一部。故肇师言：“此经始自《净国》，终于《供养》，其文虽殊，不思议一也。”② 以彼类此，故知今言一乘，非唯名《一乘章》以为一乘。[2]

[校注]

① 慧远，《胜鬘经义记》，CBETA，0863a。

② 僧肇选，《注维摩诘经》，CBETA，0327b。僧肇（384，一说374—414年），东晋僧人，（今）陕西西安人。家贫曾以佣书为业。好老庄之学，但认为犹未尽善，后读支谦译《维摩经》而出家。东晋隆安二年（398年），鸠摩罗什至姑臧（今甘肃武威），肇不远千里，前往受业。弘始八年，助罗什译完《大品般若经》后，写成《般若无知论》，深得罗什赞赏。其思想以般若为中心，所著诸论，首推《物不迁论》。吉藏《大乘玄论》卷三称之为三论宗实际创始人。

[释评]

[1] 辨析全经主题和各章节内容之间的关系。

[2] 先破后立。

次明正释名门者，今就一题，作五双十义释之。言五双十义，初人法一双。题“胜鬘”，谓能说之人也；“师子吼”已下，明所说之法：谓人法一双。“师子吼”者，譬也；“一乘大方便方广”者，法也：谓法譬一双。“一乘”者，谓体实也；“大方便”者，谓权用也：谓体用一双。从“胜鬘师子吼”至“一乘大乘大方便”，谓一经之别名也；“方广”者，谓大乘经之通称也：谓通别一双。从“胜鬘”至“方广”，谓所诠之理也；“经”者，能诠之教：谓理教一双。盖是不二而二，故开五双。若二而不二，则十义无别，故下章云“无异摄受，无异正法”也。[1]

[释评]

[1] 以五对（十个）概念解释经题，揭示经文内涵、要义。

今次第释之。夫道不孤运，弘之由人。[1]斯乃法身大士，托质女形①，隐迹后宫，和光同俗，欲弘风靡之化，故现妃后之形，仰请于佛，阐扬大教，是以须题胜鬘之②人也。又所以题人者，一、佛自说，二、弟子说，三、诸天说，四、仙人说，五、化人说。今欲简异佛说，故题胜鬘也。又众经标题，大明二种：一者，佛所说经，多从法为称。弟子所说者，多从人立名。佛若从人，则诸部无别。今欲使诸部名别，故从法为名。弟子若从法，则有滥师说。今欲使师资义分，故从人。是以师从法，欲明法别；资从人，为明人异。但泛明从人，凡有四种：一、从能说人以受名，即如此释[3]经等。二、从所说人而立称，如《阿弥陀佛经》等。三、从能问人以立名，如《文殊问般若经》等。四、从所为人以立名，如《提谓经》等。今此经从能说之人立名，如前所明。又女人秽陋，兼以五碍三监[4]，遂能弘阐一乘，使七岁以上成佛，盖是世所希逢，宜须题[5]其盛威德。是以首题标其人名。

［校注］

① 女性听法、说法，大乘经中多有记载。如《大乘本生心地观经》说："复有十六大国王夫人：韦提希夫人、妙胜鬘夫人、甚可爱乐夫人、三界无比夫人、福报光明夫人、如意宝光夫人、末利夫人、妙德夫人。如是等夫人，殊胜妙颜夫人而为上首，已能善入无量正定，为度众生示现女身，以三解脱修习其心，有大智慧福德圆满，无缘大慈无碍大悲，怜愍众生犹如赤子，以本愿力得值世尊。为欲听法来诣佛所，瞻仰尊颜目不暂舍，以无量种人中上供奉献世尊，及以无数妙宝璎珞供养如来，各与若干百千眷属俱。"《大乘本生心地观经卷第一》，CBETA，0292c。

② 之，似当作"夫"。

③"释"字疑为衍文。

④ 五碍，五障的异名。《大智度论》："女人有五碍：不得作转轮

王、释天王、魔天王、梵天王、佛。”三监，从父母、从夫、从子，即三从。《法句譬喻经》：“我等禀形生为女人，从少至老为三事所监不得自由。”三监，下文写作“三滥”。

⑤ 题，【原】本作“显”。

[释评]

[1] 解释“人法一双”里的“人”。为什么经题中要特别标明“胜鬘”？有四个原因。

言“胜鬘”者，[1]外国名为“尸利摩罗”。“尸利”此翻名之为胜，“摩罗”名鬘。鬘谓华鬘。而言胜者，一释云：“鬘中之上，故云胜鬘。”胜鬘父母，借彼世间殊胜之鬘，以美其女，故号胜鬘也。又其人生时，人献首饰之华，故因事立称。波斯匿王①，为无儿息，祈神请福，后忽生一女。国民群寮，皆悉欢喜，各贡上宝华，雕丽珍饰。即从此事立名，故号胜鬘也。二云：“以女比华鬘，女胜于鬘，故曰胜鬘。”凡有二胜：一形胜，二德胜。形胜者，女貌绝伦，华鬘不并。如世云将华比面，则面胜于华也。德胜者，其女聪慧利根，通敏易悟，有胜世人，故云德胜。又波斯匿王唯生此女，王之爱惜，为光饰种胤，是女聪敏爱重，胜世宝雕饰于体，故云胜鬘。虽因世事为子立名，冥与德合。如彼纯陀父母所立名“解妙义”、维摩云“无垢称”、须菩提号曰“空生”，皆世俗立名，而冥与德合。大士亦尔，内备诸德而自庄严，如世华鬘用为首饰，故云“胜鬘”。《涅槃》云“德鬘优婆夷”，故知以众德为鬘也。古注云：“盖法身同事之美名，摄物之丽称也。”征之以事，四体唯首为尊，饰严首唯鬘为贵，比般若则证鉴居宗，晖照则备德兼美。斯乃借喻显实，故独标胜鬘者也。

[校注]

① 波斯匿王，中印度憍萨罗国国王，兼领有迦尸国，与摩竭陀国并列为佛陀时代的大强国。波斯匿王与佛陀同龄，曾和佛陀辩论而结成好友，视佛陀如师，在印度与频婆娑罗王同是护持佛教的两大国王。

[释评]

[1] 由胜鬘夫人的名字，显示她是“一乘”之人，因而说“一乘”之法。

此释意明，外譬有三：一者四体，二者有头，三者有鬘。庄严于头，合中，以因中诸行为四体，果地平等大慧为众德之最，故名为头。自平等大慧以外，余果地一切诸德，庄严此慧，故名为鬘也。馥法师①云：“胜鬘者，云大士以三乘为法身，二乘②冠其首饰。”此意明三乘之解，犹未端严，一乘之慧，方为妙极故也。《维摩经》云：“深心为华鬘。”竺道生注云：“鬘既为首鬘，束发使不乱也。”又释：“深心者，深入实相之心也。”所入实相，既其妙微，则彻理之心，心亦端严。端严之慧居众善之先，犹鬘之在首。问：华之与鬘有何异耶？答：《涅槃经》云："愿诸众生，皆得佛华三昧，七觉妙鬘，系其首头。"故华之与鬘，应是二物。若如《维摩》云"深心为华鬘"，则以华为鬘，应是一物。

［校注］

① 馥法师，即僧馥，梁代的释慧皎《高僧传》卷第七（义解四）"释慧观四"："时道场寺又有僧馥者，本澧泉人，专精义学，注《胜鬘经》。"CBETA，T50，0368b。《众经目录》中有"胜鬘经注解二卷（释僧馥）"。据推测，他是昙顺的弟子。昙顺则曾经师事鸠摩罗什和慧远。

② 二乘，疑应为"一乘"。

次论胜鬘住①。[1] 旧说皆云是法身②菩萨，但解法身不同。若依《智度论》，六地为肉身，七地③已上为法身。什④、肇注《净名》，大意亦尔。有人言："依《地经》及此经义，七地已前为色身，八地已上为法身。"⑤则胜鬘应是八地已上法身。又如《净名》天女辨屈身子⑥，旧多云是八地法身。今胜鬘盛说，不愧于此，故知是八地法身。依《法华论·解观世音品》云："知法界者，谓知法性。法性者，谓真如法身。"则初地便得法身。⑦又释"六根清净"中，地前菩萨是受于肉身，故经云"虽未得无漏法性之妙体"，则知登地便证法身。《摄论》等意亦尔。若依《涅槃经》，"其名曰德鬘优婆夷，位阶十地，安住不动，为众生故，现受女身。为王后者，欲母仪四海，德范六宫。先导之以俗礼，后引之入佛慧”，即五生[8]中，谓胜生身也。

［校注］

① 住，【原】本作“位”。

② 法身，佛的真身。法性宗、法相宗对“法身”的阐述各有不同。相宗《唯识论》认为有总相法身、别相法身。总相法身兼理智二法，以所证的真如与能照的真觉为法身，即总相法身是有为（智）与无为（理）一切功德法体性的所依，又成就庄严一切的功德法。别相法身，只是指清净法界的真如（理），为一切有为无为功德法的所依，不含摄有为的功德。若依性宗之义，则真如理性，有真实觉知之相，理智不二，真智也是法性。此理智不二法性隐而不显时，名为“如来藏”；积始觉之功，显其法性，名叫“法身”。即是说，以法性成身，故名法身。或说以法性显现的有为无为一切功德法成就庄严之身，故名法身。法性宗的说法，详见此经及此论。

③ 菩萨五十二位修行中，第五个十位名十地：(1) 欢喜地。菩萨既满初阿僧祇劫之行，初窥心性，破见惑证二空理，成就檀波罗蜜，生大欢喜，故名“欢喜地”；(2) 离垢地。菩萨断思惑，除毁犯之非，使身清净，成就戒波罗蜜，离一切垢，故名“离垢地”；(3) 发光地。菩萨灭无明暗，而得三明，成就忍波罗蜜，心光开发，故名“发光地”；(4) 焰慧地。菩萨于三十七道品，圆满具足，进而修习力无畏，不共佛法，远离懈怠，成就精进波罗蜜，使慧焰炽盛，故名“焰慧地”；(5) 极难胜地。菩萨为利益众生，外习诸技艺，内成就禅波罗蜜，极难制胜，故名“极难胜地”；(6) 现前地。菩萨住解脱法门，修空无相无

愿三昧，成就般若波罗蜜，使现前差别尽泯，故名“现前地”；(7) 远行地。菩萨断诸业果细现形相，起殊胜行，广化众生，成就方便波罗蜜，备远行资粮，故名“远行地”；(8) 不动地。菩萨住无生忍，断诸功用，身心寂灭，犹如虚空，成就愿波罗蜜，与涅槃心，湛然不动，故名“不动地”；(9) 善慧地。菩萨灭心相，证智自在，具足十力，于一切处非处，都清清楚楚，成就力波罗蜜，善运慧解，故名“善慧地”；(10) 法云地。菩萨广集无量道法，增长无边福智，悉知一切众生心行，依上中下根，为说三乘，成就智波罗蜜，有如大云，雨大法雨，故名“法云地”。

④ 什，即鸠摩罗什，据梁《高僧传》，其父是天竺人，出家后至龟兹国，与国王之妹婚配，生下罗什。罗什七岁时随母出家，遍游西域，博览群书，最擅长大乘。当时，苻坚派遣吕光征伐龟兹，将罗什迎到凉州。其后，后秦姚兴伐凉，将罗什迎入长安，以国师之礼礼敬。罗什在此译经三百八十余卷，秦弘始十一年圆寂于长安。

⑤《胜鬘宝窟》中不明出处的引文很多，以下不再一一注明。

⑥ 身子，即舍利弗。这个名字有两种解释。第一，吉藏《法华义疏》说：“从母立名，母以眼似舍利鸟眼，故名母名舍利，其母于众女人中聪明第一，以世人贵重其母，故呼为舍利子。”第二，智者《法华文句》上说：“舍利弗，具存应言舍利弗罗，此翻身子。……此女好形身，身之所生，故言身子。”慧苑《新译大方广佛华严经音义》认为第二种翻译是错的。舍利弗与目连同为佛的大弟子，因听闻“因缘所生法”之偈而出家。

⑦《法华论》，二卷。印度世亲大士著，后魏菩提流支、昙林等合译。又称《妙法莲华经论》、《法华经论》，收于大正藏第二十六册。本书引用《法华经》梵本与鸠摩罗什三藏译本不符，似现存于尼泊尔的

梵本。别译有元魏勒那摩提、僧朗大师《妙法莲华经论优波提舍》一卷，其译语虽与本论相同，但缺归敬颂，并有字句差异及详略等不同。现今发现敦煌出土本中，有类似高丽藏本勒那摩提译的论本。注疏有隋吉藏大师“疏”三卷，唐代义寂、义一大师合著“述记”二卷。

⑧ 菩萨的受生有五种：一、息苦生，也叫除灾生，如生为大鱼等，在饥饿时代为众生提供食物、在海中救苦等。二、随类生，随一切众生的种类而生，以度化同类。如投生为狗而度化狗类。三、胜生，又叫大势生，出生在名门望族或有权有势的家庭。四、增上生，由初地至十地作各国家、各地方的王。五、最后生，即最后身的菩萨，如弥勒菩萨。见《瑜伽论》四。

[释评]

[1] 胜鬘夫人的境界，具体说明她的“一乘”“资格”。

“师子吼”者，[1]胜鬘是其旧名，师子吼是其新称。胜鬘，美其人也，师子吼者，叹其说也。外国云“呵梨”，此云师子。《汉书》中说师子作黄色，然实应具五色，但见其黄色者耳。形容亦不过大，但以威猛能伏诸兽为兽中王。馥法师引《思益经》解“师子吼”有其多义，略说三种：一、如说修行，二、无畏说，三、决定说。所说如所行，所行如所说，无有虚说，故名师子吼。二、无畏说者，世俗云：“小圣见大圣，神气尽矣。”而胜鬘亲于佛前，对于胜众，纵任辨才，阐扬妙法，无所畏惧。故《净名》云：“演法无畏，如师子吼。”又无畏有二：一、不畏他，

二、能令他畏。兽王震吼，亦复如是，一、不畏于百兽，二、令百兽生畏。大士演法，义亦同然。不畏他者，胜人临座而弘道绰然，谓不畏他也。能令外道惊愧、天魔慑惧，谓令他畏也。师子吼名决定说者，此借师子性情为喻。如师子度河，望直而过，若使邪曲，即是回还。菩萨演教，义亦如是，依究竟理，说究竟教。若不究竟，即便不说。故下文云："师子吼者，一向记说。"一向记说，犹是决定说也。又菩萨说法，能上弘大道，下利群生，邪无不摧，正无不显，故下文云："决定宣唱一乘了义。"又能摧伏非法恶人，是故名为师子吼也。又师子吼者有十一义，后当具说。

[释评]

[1] 师子吼，即决定说，即依究竟理说究竟教。简言之，说一乘教。承上，这里开始是"法譬一双"的"譬"。

次明"一乘大方便"已下，明所说之法。[1] 至道无二，故称为"一"，运用自在，目之为"乘"。依《法华论》，此大乘修多罗有十七种名①，第十四名"一乘经"，[2] 以此法门显示如来无上菩提究竟之体、破二乘非究竟故。此以究竟果德名曰一乘。下一章② 义亦同尔。

[校注]

① 论中所说《法华经》十七种名是：一名无量义经、二名最胜修

多罗、三名大方广、四名教菩萨法、五名佛所护念、六名一切诸佛秘密法、七名一切诸佛之藏、八名一切诸佛秘密处、九名能生一切诸佛经、十名一切诸佛道场、十一名一切诸佛所转法轮、十二名一切诸佛坚固舍利经、十三名一切诸佛大巧方便经、十四名说一乘经、十五名第一义住、十六名妙法莲华、十七名最胜法门。CBETA，0792c—0794a。

② 一章，【原】本作“一乘章”。

[释评]

[1] 此处呼应上文“次第说”五双十义。“人法一双”中，以上说“人”，即胜鬘夫人，以下说“法”。法，即一乘。“一乘大方便”也是“体用一双”。

[2]《法华经》和《胜鬘经》同以“一乘”为主题。

故以泛论“一”义，凡有十①种，[1]《法华疏》内以具明之。今略叙宗要。一，对昔三，是故名一。如《法华》云：“为声闻说四谛，为缘觉说十二因缘，为菩萨说六波罗蜜。”为对彼三，是故明一，故云唯有一理、无有三理，唯教一人，无有三人。又为对二，是故明一。如《法华》云：“唯此一事实，余二则非真。”问：对二对三，言似相违，云何通会？答：此犹是一义，无相违也。三是通明，二是别说。三是通明者，三中之一，即是一乘，是彼二乘，故名三。言二乘者，但明三中之二，此非真实。三中之一，谓真实也。问：何以得知三中之一唯②实，余二非真？答：《法华经》云：“但有一佛乘故，为众生说法，无有余乘，若二若三。”二谓缘觉，三谓声闻，故以知三中之一为佛乘也。今举一譬示之。如人手中唯执一果，为诸子故说有三果。此是于一说三，故三是方便。亦得言唯有一果，于一果上说有余二，故二是方便，一是真实也。所以然者，唯有一果，无有三果，而言三者，故三是方便。唯有一果，无有余二，而言有余二者，故二是方便也。对二对三，类亦如是，犹是一义也。此具如《法华》广说。[2]

［校注］

① 观下文，疑为“七”之误。

② 唯，【原】本作“唯一”。

［释评］

[1] 从“三乘”与“一乘”的关系来说，“一乘”的含义有七种。

[2] 1. 对三（乘）明一（乘）

二者，破三明一。昔赴三缘，权说三教，然三乘之人执为定实，今为破之，是故明一。[1]三者，会三归一。如下文说“于一乘中开出诸乘”，今会之归一，是故言一也。[2]四者，本来无别，所以言一。如《法华》云“诸法从本来，常自寂灭相”，《法华论》云“三乘之人，同一真如法身”，是故言一。[3]五者，三即是一。达观之者，体悟三即是一相。[4]六者，覆三明一，所化众生常有三、一两缘，是以如来具有三一两教。如二鸟双游，不相舍离。昔为三缘，覆一辨三，今为一缘，覆三以明一也。[5]七，非三非一，叹美为一。如《大品》云："诸法如中，非但无有三乘，亦无独一菩萨之乘。"故知就理未曾三一，非一非三，叹美为一。[6]

［释评］

［1］2. 破三明一

［2］3. 会三归一

［3］4. 一三无别

［4］5. 三即是一

［5］6. 覆三明一

［6］7. 非三非一

所言"大方便"者[1]，依《法华论》第十三名"一切诸佛大巧方便经"。天亲①释云："依此法门成大菩提已，为众生说人、天、声闻、辟支佛等诸善法故。"此意明大菩提一乘为真实，为众生说四乘为大巧方便。依此文为正解。所以此标二名者，一乘为体，方便为用。一乘为实，三乘为权。欲明从体起用，及会权归实，结束佛教始终，故明此二也。有人言："一乘明所说之体，大方便者，明此法化义穷善巧，故云方便。"若泛释，有五种方便：一、进趣方便，如见道前七方便②等。二、善巧名为方便，如十波罗蜜③等。三、善权方便，如无三说三等。四、施造方便，凡所造作，善巧施为，故名方便。如《地持》所说十二巧方便等。五、显此一乘离相巧成，故名方便。方便中极，故名为大。此即用一乘为方便也。复有人言："今此所论，是其第四施造方便。又前四章，渐增向果，亦得说为进趣方便。"复有人云："乘有三义，谓性、随、得[4]。十五章中，初四、后二是乘随义，第五是得义，余七明性义。随义，进趣善巧；性义，习成善巧；得义，摄益作用善巧，故名方便。"今谓：若尔，则方便摄十五章尽，复何用一乘？又一乘章明乘是果，可是乘得，如来藏可是乘性，法身等云何乘性耶？今所明者，如《法华论》，既有二名，便有两义。一乘经既是无上菩提，大巧方便经即四乘教也，此即权实两举、体用双明。义无增减，故有诚文，宜可依用。

[**校注**]

① 天亲，梵名婆薮盘豆、婆修盘陀，译为天亲、世亲。据《婆薮盘豆传》，为北天竺富娄沙富罗国人，佛灭后九百年出生。最初在阿踰阇国萨婆多部出家，研学小乘，作《俱舍论》。后受无著教诲，造《唯识论》等大乘论，时人称为"千部论主"。八十岁时圆寂于阿踰阇国。

② 唯识宗立修行五位：资粮位、加行位、见道位、修习位、究竟位。（1）诸位菩萨以福德智慧为助道资粮。资粮位分三阶段：十住、十行、十回向。十住：发心住、治地住、修行住、生贵住、方便具足住、正心住、不退住、童真住、法王子住、灌顶住。十行：欢喜行、饶益行、无嗔恨行、无尽行、离痴乱行、善现行、无著行、尊重行、善法

行、真实行。十回向：救一切众生离众生相回向、不坏回向、等一切佛回向、至一切处回向、无尽功德藏回向、随顺平等善根回向、随顺等观一切众生回向、真如相回向、无缚解脱回向、法界无量回向。（2）加行位分四阶段：暖、顶、忍、世第一法，为了见道而修的通达真理的种种方便加行。（3）见道位，菩萨完成第一阿僧祇劫的修行，登初地，在初地入心中（每一地都有入、住、出三心），通达少许二无我理，体会真如，乍见中道，名见道位，又名通达位。（4）修习位，第二地至第十地菩萨，见道后，为断除障碍而修习根本智，故名。（5）究竟位，即妙觉，佛证此果位，最极清净，更无有上，故名究竟位。妙觉，自觉觉他，觉行圆满，不可思议。

③"蜜"字后，【原】本有"中方便波罗密"六字。十波罗蜜：布施波罗蜜、戒波罗蜜、忍辱波罗蜜、精进波罗蜜、禅波罗蜜、般若波罗蜜、方便波罗蜜、愿波罗蜜、力波罗蜜、智波罗蜜。

④ 世亲《摄大乘论释》说："大乘有三义：一性、二随、三得。性即三无性。随即福德智慧行所摄，十地十波罗蜜随顺无性。得即所得四德果。此定缘此三为境，故名大乘。依止此定得无分别智。"CBETA T31，0234c。

[释评]

[1] 说方便，是为了导归真实，显明一乘。

"大方广"者，[1]上来明别，今次辨通。如《大方广佛华严》，亦如《大方等大集》，故知"方广"是大乘经之通名也。所以须通者，或恐物疑胜鬘所说非方等之例，是故今明胜鬘所说即是方广。方广者，依《法华论》第三名

“方大广”，谓无碍大乘门，随顺众生根，住持成就故。此意通明大乘门无碍，故名方广。言别释者，理正曰方，文富称广。又一乘无德不包曰广，离于偏邪称方。古注云：“真解无偏为方，理包无限称广。”

［释评］

［1］以“五双十义”来看，从这里明“通别一双”。即阐明“一乘”是“通”——与三乘无碍。

所言“经”者，自上已来明所诠之理，今明诠理之教，即是理教一双也。[1]如《涅槃》“七善”①中释“知法知义”：“知法者，谓十二部经②；知义者，谓十二部经所明之义。”即理教之明证也。言经者，天竺名修多罗，此方随义翻译非一。传译者多用“线”、“本”二名以翻修多罗。若依《分别功德论》及《四分律③》，并验现今天竺僧名缝衣之线为修多罗，则以“线”翻修多罗。若依《仁王经》及留支三藏所云，则以“本”翻修多罗。若线若本，并有文证。但验方言，难可偏定。所言线者，如世间线有贯穿摄持之用，诸佛言教亦有贯法相摄人之能，与线大同，故从喻立名。所言本者，以教能显理，教为理本。教能起行，故教为行本。今行为经，不言线、本者，盖是翻译之家随方音便，故以经名代于线、本。类如“毗尼藏”，正翻为“灭”，若依根本翻名，应言“四分灭”、“十诵灭”

等，但翻译之家见此方俗法判罪教门名之为律，是以佛法制罪教门亦为[4]律，故名《四分律》、《十诵律》等。此亦如是，若依根本翻名以为线、本，应言《涅槃线》、《法华线》等，亦是翻译之家以见此方先传国礼训世教门名为“五经”，是以佛法训世教门亦称为经，故言《涅槃经》等。既随俗代名，还依随俗释义。俗言经者，常也，虽先贤后圣，而教范古今恒然，故名为常。佛法亦尔，虽三世诸佛随感去留，教范古今不可改易[5]。

［校注］

①《涅槃经·名字功德品》：“佛告迦叶：此经名为大般涅槃，上语亦善，中语亦善，下语亦善，义味深邃，其文亦善，纯备具足，清净，梵行，金刚宝藏满足无缺。”即包含七善：一语善，二义善，三文善，四独一善（纯备具足），五行善（清净），六慈善（梵行），七备具善（金刚宝藏满足无缺）。

② 佛经内容分为十二类：一、长行，以散文直说法相，行类长。二、重颂，以偈颂重宣所说之意。三、孤起，不依前面长行，单独发起的偈颂。四、因缘，述说见佛闻法，或佛说法教化的因缘。五、本事，载佛说各弟子过去世因缘。六、本生，佛说其自身过去世因缘。七、未曾有，记佛现种种神力不思议事。八、譬喻，佛说种种譬喻以令众生容易开悟。九、论议，以法理论议、问答。十、无问自说，如《阿弥陀经》，系无人发问而佛自说。十一、方广，佛说方正广大的真理。十二、记别或授记，佛为菩萨、声闻授予成佛时名号的记别。其中，长行、重颂与孤起颂是经文格式，其余九种都是依照经文中所载的别事而立名。又小乘经中无自说、方等、授记三类，故仅有九部经。

③ 四分律，【原】本作“四分律序”。

④ 亦，【原】本作“亦名”。

⑤【原】本“易”后有“故名为常故言胜鬘师子吼一乘大方便方广经也”。

[释评]

[1]“修多罗”可翻为“本”、“线”，即是说，诸乘以一乘为本、为归、为线，如此贯通。

二、缘 起 门

第二，说经缘起门。[1]问：《净名经》叹诸菩萨云：“其见闻者，无不蒙益。诸有所作，悉不唐捐。”今胜鬘既是法身大士，随感以现形，适机而演教，如肇公云：“法身无像，物感则形；冥权无谋，动与事会”，今有何等大因缘故演说此经？答：意乃多途，略明二种：一、为踰阇国内七岁已上男女之流，宿昔共胜鬘结大乘眷属，今欲使其善根成就，故假仰请佛，起诸愿行，乃至承佛神力说斯经。二者、通为一切学大乘人，使禀教之流，识大乘法十五条义，则疑无不灭，解无不生，但有进路，而无退道，究竟一乘，得成佛也。是以第十六名云“此经断一切疑，决定了义”，即其明证。问：以何义故知有通别二种意耶？答：佛于踰阇国内像现虚空，胜鬘对佛演说斯教。佛去已后，胜鬘与王各化国内所有人民，令七岁已上皆学大乘法。是故当知有别为也。佛还舍卫，告命阿难及以帝释，令于天上人间广弘斯教，是故当知有通为也。

[释评]

[1] 缘起也有通、别。针对国内化机，为别；普令一切众生趋入一乘，为通。

三、宗 旨 门

次明宗旨门。此中有二：一、正明宗旨，二、明同异。[1]

[释评]

[1] 所谓有立有破。

此经章虽十五，统其旨趣，以“一乘”为宗。[1]所以然者，凡有二义：一者，凡欲识经宗，宜观经题。若舒之，章有十五；若卷之，则归乎“一乘”。是故用“一乘”为经旨也。二者，如《法华》云：“三世诸佛略明五乘，广则八万法藏。虽有广略不同，而意唯为显一理，教乎一人。”故《譬喻品》云：“诸有所说，皆为无上菩提，悉为化菩萨故。今当复以譬喻更明此义。”更明此义者，更明唯有一理，唯教一人。故知若法若譬若语若默，诸有所作，为明一乘。《法华》既尔，此经亦然。

[释评]

[1] 全论核心，在这句话。

问：若尔，一教便足，何烦两经？[1]答：般若一法，遂有五时；一乘无二，何妨两说？又虽复至道唯一，转势说法，故有多门。如将适病人，回变食味。又广略、有无互现，此经略说，《法华》广明。此有二死、五住之言，则《法华》无也；彼有三会及种种权实，则此教无也。余有无事多，不可具叙。若约缘不同者，《法华》为回小入大人说，故《涌出品》云："除前修习学小乘者，如是等人我今亦令得闻是经，入于佛慧。"即明证也。此经为直往菩萨说。阿蹰阇国，谓无生国。此国常说无生，常有学大乘人习无生观，故为之直说一乘使成佛也。问：若尔，但应说一乘法，何故文中复辨三乘？答：为一乘人，令识权实。识权则无退路，解实直进不回。又识权即能化他，解实则成自行。又此为会三故辨三，非为三缘而说三也。

[释评]

[1] 与《法华经》所说"一乘"互补。

第二，同异门者，人言："此经亦以一乘为宗，于境智二门，乘义是境。例如《法华》会三归一，三一是二智①之境，今明会五归一，一是实智之境。”今谓义不全尔。若三一是所观之义，则名为境。即能照之智亦是乘，故下文云“一乘即菩提”。菩提即智也，大乘通境智。[1]有人言：“于因果二门，乘义是因，因能趣果。”今谓义不全尔。乘具因果及非因果。如下会二乘归一乘，即以因果义为乘。若以三乘四智②为乘，即从因趣果义。纵任自在，嬉戏快乐，此是自运名乘。佛自住大乘，还以此法度他，即以运他名乘。此则因果俱运，则因果俱乘。非因非果乘者，非因非果，言忘虑绝，故名大乘。《文殊十礼经》云：“诸佛虚空相，虚空亦无相。离诸因果故，敬礼无所观。”问：非因非果云何名运？答：体悟非因果，令人出四句、超百非，故是真运。故以非因非果是乘体，因果是用。[2]江南瑶法师③云：“此经以三义为宗，论解惑所系，辨明八谛④。谛则如解之所解，如惑之所惑也。次辨解惑之本，故明自性清净本无染。后则会二归一乘。”此言三义者，以圣谛为解惑之境，即是一义。自性清净是解惑之本，是其二义。一乘明灭惑修行得成极果，是其三义。古人虽不见乘三义，而初一是乘境，次一是乘性，后一是乘得。今亦不同此说。若取三义，乘性、乘境、乘得，此三摄乘义尽，古人不见论明此三义，所以不说之。[3]今明此经有十五章，悉得是经名，并得是乘体，但案题为宗，故以一乘为正也。

[校注]

① 实智，达于实理；权智，又名方便智，通于方便。《维摩经·佛道品》：“智度菩萨母，方便以为父。”天台《维摩经会疏·九》：“智度是实智，实智有能显出法身之力。方便是权智，权智外用，能有成辨。”《大乘义章·十九》：“知于一真实乘之法名为实智，了知三乘权化之法名方便智。”

② 罗汉悟四智：“我生已尽，梵行已立，所作已办，不受后有。”分别对应苦谛、灭谛、道谛、集谛。

法相宗所立四智：成所作智、妙观察智、平等性智、大圆境智，分别是转有漏的前五识、六识、七识、八识所成。

佛果四智：义无碍智，了知一切诸法义理。法无碍智，通达一切诸法名字。辞无碍智，于诸法名字义理，随顺一切众生殊方异语，为其演说，能令各各得解。乐说无碍智，随顺一切众生根性而说，圆融无滞。

《大智度论·二十七》说三乘四智：道慧，知一道。道种慧，知无量道的差别。一切智，知一切法寂灭一相的空智。一切种智，知一切法一相寂灭并识一切法种种行类差别，有空双照的实智。有人以为因中只有理体，名为道慧、道种慧；果上事理圆满，名为一切智、一切种智。或说因中的权实两种智慧为道慧、道种慧；入空为实慧，入假为权慧。或说果上的权实二智为一切智、一切种智。直缘中道，名一切智；双照二谛，名一切种智。或说因中的总别、果上的总别。或说道慧、道种慧是单明权实；一切智、一切种智是复明权实。

③ 宋朝吴兴小山法瑶，姓杨，河东人。少而好学，寻问万里，撰《涅槃》、《法华》、《大品》、《胜鬘》等疏，年七十六卒。

④ 本经《无边圣谛章》说“二圣谛义”，即作圣谛义、无作圣谛义。前者是有量四圣谛，有有为生死、无为生死，有余涅槃、无余涅槃。无作圣谛是无量四圣谛，能以自力知一切受苦、断一切受集、证一切受灭、修一切受灭道，唯如来事究竟，非阿罗汉辟支佛事究竟。《胜鬘宝窟》解释说：“权实各四，故云八谛。”

[释评]

[1] 一乘的境，即真如之理，与一乘的智，不可分离。

[2] 一乘教法，超越因果戏论。

[3] 瑶法师对本经宗趣的判法，本论不加采纳。

四、差 别 门

次辨教差别门。有二：一、明立教意，次明教门不同。

论云：“泥洹是真法宝，众生藉种种门入。”① 门虽不同，大明三种：一、藉事以受悟，如香积佛土以香为佛事。二、因无言以登圣，如寂漠世界，外无示说，内无识虑。三、因方言以改凡，如娑婆国土，随物而现形，适机而演教。教虽万差，考其大宗，同是无名相中强名相说，欲令众生因言以悟无言也。但取相之徒，闻至理无言，教有于言，无言之理不得有言，有言之教不可无言，是则理教永分，生乎二见。《大品》云：“诸有二者无道无果。”《涅槃》云：“明与无明，愚者谓二。”故下章云：“坚执妄说，违背正教，名为外道腐败种子。”是故不应起理教二见。今所明者，所诠之理绝言、诠理之言常绝，故言满十方，不吐一名字。如天女之诘身子：“汝乃知解脱无言，而未悟言即解脱。”既云言即解脱，亦应解脱即言。言即解脱，虽言无言；解脱即言，虽无言而言。言而无言，非定有言；无言而言，非定无言。故非言非无言，亦非理非教，名心无所依，乃识理教意也。如《法华》云：“我以无数方便引导众生令离诸著。”《像法决疑经》云：“我从初出世，乃至涅槃，不说一字，不度一人。”《大集经》云：“菩萨了一切法门疾得菩提，所谓一切法心无所著。”肇法师云：“其为论也，言而无当，破而不执；傥然靡据，事不失真；萧焉无寄，理自玄会。”②家师朗和上③，每登高座，诲彼门人，常云：“言以不住为端，心以无得为主。”故深经高匠，启悟群生，令心无所著。所以然者，以著是累根，众苦之本。以执著故，三世诸佛敷经演论，皆令众生心无所著。所以令无著者，著者是累根，众苦之本。以执著故，起决定分别。定分别故，则生烦恼。烦恼因缘，即便起业。业因缘故，则受生老病死之苦。有所得人，未学佛法，从无始来，任运于法而起著心，今闻佛法，更复起著，是为著上而复生著，著心坚固，苦根转深，无由解脱。欲令弘经利人，及行道自行，勿起著心。此叙说教之大意也。[1]

[校注]

① 诃梨跋摩造,《成实论卷第十六》,姚秦三藏鸠摩罗什译,CBETA,0373a。

② 僧肇,《百论序》,CBETA,0167c。

③ 兴皇法朗(507—581 年),《梁书》作惠朗,俗姓周,徐州沛郡沛县(今江苏省沛县)人。辩才无碍,人称“伏虎朗”。梁大通二年(528 年)在青州出家,遍习禅法、律、《成实论》、《毗昙》等。后随摄山僧诠学习三论、《华严经》、《般若经》等,与长干慧辩、禅众慧勇、栖霞慧布合称僧诠门下的“四友”。陈武帝永定二年(558 年)奉敕入京,住持兴皇寺,弘扬四论,听众常达千人。作《山门玄义》,以三论意旨评破成实宗,三论宗遂成为陈代佛教主流。

[释评]

[1] 立教之意:无住、无言、无著。这也可以看做是吉藏对“中道佛性”的内涵的解释。可以联想禅宗对《金刚经》所说“无住”的推崇。

次明教门不同。[1]南土人云:“教有三种:一、顿教,二、渐教,三、无方不定教。顿教,谓《华严》之流。渐教,从趣鹿苑乃至涅槃,五时次第,目之为渐。三、无方之教,出前二种之外,即《胜鬘》尊经是也。故此经过《大品》,包《法华》,与《涅槃》齐极,虽以一乘为体,而显言常住,故得与《涅槃》理同。虽说一体三归,而以一乘为致,故包《法华》之说。既义适两教,故属无方。

又是别应于机，非双林①之说，故异《涅槃》。”立三教者云：“《楞伽》、《法鼓》及以此经，并属无方之教。但《法鼓》居此经之前。何以知之?《法鼓》在舍卫城为波斯匿王说。王于佛所，始得大乘之信，方遣书报女，乃有今说。故知《法鼓》居此经之前。《楞伽经》第四卷云：‘我以神力建立，令胜鬘及二智满足诸菩萨等，宣说如来藏及识藏。’亦文云：‘胜鬘夫人承佛威神力说如来境界。’以此故知《楞伽》在此经后也。在南海楞伽山顶，为海中住大菩萨，明八识二死五住、一乘无相常住如来藏等。《法鼓》对大迦叶说，明如来常住真我之性，又明化城穷子等譬，事似《法华》。佛因波斯匿王击鼓吹呗来佛所，因为说《法鼓》，在此经前后，义实如之。”

[校注]

① 娑罗双树之林，释迦牟尼佛入灭之处。

[释评]

[1] 此下即是判教。不用“三教”、“五时”的分类，而用声闻藏、菩萨藏的判别方法。

三教五时，非今所用。北土彰①于五时，立四宗教②，谓因缘、假名、不真及真。如是等义，《法华疏》内具论得失。从菩提留支③度后至于即世，大分佛教为半满两宗，亦云声闻、菩萨二藏。然此既有经论诚文，不可排斥。但众生闻于二藏，则起大小二心，然须知至道未曾小大，赴大缘故而强名为大，随顺小缘故假名为小。欲令因此大小，了悟至理非大非小。然既不住于两是，岂可心存于二非？识此大宗，则三[④]藏无失。问：为大小人说二藏者，何等是大小人耶？答：菩萨有二：一、直往菩萨，二、回小入大。为此二人说菩萨藏。为直往人说，亦得名之为顿，以不从小入于大故。为回小人说，目之为渐，以其从小入于大故。此之顿渐如《法华》说："是诸众生，始见我身，闻我所说，即便信受，入如来慧。"此直往顿也。"除前修习学小乘者，如是之人，我今亦令得闻是经，入于佛慧。"即回小渐也。说声闻藏亦为二人：一、本乘声闻，二、退大取小。为此二人说声闻藏。今此经，二藏之中菩萨藏摄，二菩萨中直往所收。以彼七岁已上，未曾入小，顿闻大乘，是故名为直往人也。

［校注］

① 彰，【原】本作"影"。

② 四宗教，有两种：一是北齐大衍所立，一是净影所立。

净影所立：(1) 立性宗，是小乘中的浅者，说诸法各有体性。但他们说诸法由因缘而生，与外道所立"自然性"不同。如《发智》、《六足》、《俱舍》诸论所说，萨婆多宗可归入"立性宗"。(2) 破性宗，是小乘的深者，说诸法为因缘生、虚假无性。他们不立自性，但认可万法的假相。如土木之城，为因缘所生，无实性，但并非无假城，是观因缘之相而破自性，如成实宗。(3) 破相宗，是大乘的浅者。说诸法如阳炎，自性空，连虚假之相也没有。譬如人远见阳炎以为水，近见则不仅无自性，而且水相也没有，是观法的空性而破相。（4）显实宗，是大乘的深者，说诸法只在妄想中，妄想无体，起必依真，真是如来藏，如来藏真性缘起而成生死，涅槃真实。见《大乘义章·一》。

大衍所立：（1）因缘宗，立因缘生色心等实法，即前面的立性宗。（2）假名宗，立诸法无实性，仅有假名，即前面的破性宗。（3）不真宗，立诸法自性空，假相也空，如阳炎，无自性，也不是无相。此宗尽空理而未显真性，故名不真宗。即破相宗。（4）真宗，说真如法性随缘而成诸法，即显实宗。

③ 菩提留支（流支），约五六世纪间人，生于北印度。依《金刚仙论》，是世亲四传弟子。北魏永平元年（508 年），携带大量梵本来洛阳，受宣武帝礼遇，住永宁寺。与勒那摩提、佛陀扇多等共事译经。后随东魏迁都而至邺城。一生译经三十部、一百零一卷。留支依据《涅槃经》判释一代佛法为“半满两教”：佛成道后十二年内所说，为半字教；十二年后所说，为满字教。北方传说留支依《维摩》等经，判经为“一音教”。

④ 三，疑为“二”字之讹。

问：大小二乘俱有三藏。此经于三藏中何藏所收摄？答：题既云经，经者谓修多罗，修多罗藏摄。问：何故非余二藏所收？答：修多罗，通又为三藏之本。通诠一切者，名修多罗本教。局诠戒行，名曰毗尼。重辨前二者，名阿毗昙。故《婆沙》云：“种种杂说，名修多罗。广说戒律，名曰毗尼。说总相别相，名阿毗昙。”《涅槃经》云“此是契经甚深之义”，“此是戒律轻重之相”，“此是毗昙分别法句”，故知此三，约能诠之教有其本末，约所诠有通局不同，是故此经初藏所摄。

五、分　齐　门

次明经分齐①门。[1]若依天竺，二种不同：龙树释《般若》不开章门，天亲解《涅槃》预科分齐。震旦诸师，亦有二说。如什、肇注《净名》不开于文，融、朗解《法华》有其章段。今谓开与不开，可适时而用。又佛意在悟道，但令得悟，则随时用之。《摄大乘论》云：“教无定相，以利益为定。”但使得益，则称会佛心。《中论》云：“诸法无决定相，诸佛无量方便。”众生根性亦复无遍，故随机用之，勿生执著也。但末代相承，多开章门，以其章门示经起尽，识义类不同。今略明三说：一、分为七分，二、开为二章，三、开为三段。

[校注]

① 分齐：指限界、差别。又指有所差别的内容、范围、程度，或指具有程度差别的阶位、身份等。为佛教论书中的常用语汇；后世多与“分际”一词混同。

[释评]

[1] 分齐门，划分板块。

言七分者，第一，初五句，结集缘起幽宗分。第二，“信法未久”已下，筹量所解接化分。第三，“而说偈言”已下，方便显德起信分。第四，“说调伏大愿”①已下，契理之行修成分。第五，“初观圣谛”②已下，明行所契理非作分。第六，“胜鬘夫人”③已下，真子胜鬘必堪绍继圣踪分。第七，“祇洹”④已下，付嘱流通奉行分。[1]

［校注］

① 第四章。

② 第六章。

③ 第十三章末。

④ 文末。

［释评］

［1］第一种分法：七段。

有人言：此经二处二会。言二处者，一、舍卫处，二、踰阇处。舍卫处，谓出家人处；踰阇，在家人处。又舍卫是佛住处，踰阇是菩萨住处。又舍卫是他业所起处，谓须达为佛造也；踰阇是自业所感处。约此二处说法，即成二会。一一会中各有三分。从初乃至“默念请佛”为序分，十五章经以为正宗，佛去已后胜鬘及王宣通此法，谓流通分。第二会三分者，“尔时世尊入祇桓林”名为序分，“尔时世尊告天帝”已下，广说是经明正宗。“说已告天帝”

已下，赞叹劝学付嘱流通。[1]

[释评]

[1] 第二种分法：二会（各三分）。

古旧相传，多开三分，谓序、正、流通。从初至“咸以清净心，叹佛实功德”，名序分。从“如来妙色”已下十五章经，为正说分。从“放胜光明”以下，为流通分。所以明三者，圣人说法必有由致，故有序分。由致既彰，正宗宜开，故有正说。如来大悲无限，众生无穷，非止益当时，复欲远传遐代，故有流通分。又约时有初中后善，故开三分。又约法有体相用，故开三分。放光动地，表所说相；正说显诸法体；流通明经有势力。令闻者得利，故名为用。次约利有三，谓信、解、行。序分标相，令未信者信；正说，令已信者解；流通叹教劝持，令已解者行。此皆大判也。

三章各二。序中二者，一、传经序，二、说经序。正中二者，一、正说经宗，二、劝信护法。流通二者，一、胜鬘流通，二、佛流通。[1]

[释评]

[1] 第三种分法：全经判出序、正、流通三分。这是本论以下部分采用的板块模式。

序章[1]

初明二序，义有多门[2]：一、约人、时有异，传说不同，故立二序。人异者，所谓如来、阿难；时异者，谓当时、后代。如来自说，益于当时；阿难结集，在于后代。宗归虽一，须立二序。但二序名不同，凡有四对：一、从义以立名，谓通序、别序。众经大同，故名通序；发起事别，称为别序。二、从时作名，谓经前序、经后序。别序谓经前序，通序谓经后序。三、从人作名，即如来序、阿难序。如来说经，阿难传经。四、从义意作名，谓证信序、发起序。此皆大判也。

［释评］

［1］以下开始逐字解释经的正文。因此，整理者将其从《胜鬘玄意》中分立出来，依据论文内容命名章节。

［2］“序”的利益，在于让听法者生起信心。这里所说的形式，都是为这个目的服务的。

一、证 信 序

言大判者，“如是我闻”，一向是传经序。良以说经之前未有此言，既经之后方有，故一向属传经序。“一时”已下，可具二义。若阿难后之所立，属传经序。当佛说时，实有化主时处，属说经序。若依论所释，化主、时、处属说经序。《法华论》云：“城山最胜，表经亦胜。”《十地论》言：“此法胜故，在于初时及胜处说。”依此二论，即以化主、时、处属说经序。依《智度论》，说时、方、人，令生信故，属传经序。虽复不定，大判为言，“如是”等六事，佛命令安故，总属传经序也。从“时波斯匿王”下，是发起序。释此不定。有人言：“从初至偈，名之为序。从偈已下，即属正宗。”今所明者，如前所说，初至“妙色身”前，名为序说也。[1]

[释评]

[1] 妥善安置经文，划入所属范围。

今略以六门释之：一、明数门。依江南诸师，但明五事，以“佛”属住处摄。次天亲《灯论》，以明六事，第四是教主。若依三藏，凡有七事，开“我闻”为二。今以六为定也。二、明立六意门。一为证信故立六。如龙树云：

"说时、方、人，令生信故。" 二简内外。外经以"阿沤"二字为首，内教以六事在初。三分经论不同。弟子之论，归敬三宝；如来之经，明乎六事。三、有无门。当佛说时，实有六事，谓有信心，及传闻人、时节、教主、处所、同闻，而未立名字，此是体有文无。后之所立，文体俱有。四、具不具门。余经具足六事，《金光明经》略无同闻，此经亦无同闻之文，至后当说。五、前后门。《温室》等经称"我闻如是"，要前有传法之人，方有所传之法。二"如是我闻"，要有信心，方得入于佛法。六、因缘门。阿难四问答①，第四问答故，有此六事也。[1]

［校注］

① 阿难四问，出《涅槃经》后分：一、"佛灭度后，恶性车匿云何共住？"佛答："车匿比丘，其性鄙恶，我灭度后，汝当依我教法，调伏其心，舍本恶性，不久自当得证道果。"二、"佛灭度后，我等以何为师？"佛答："汝问以何为师者，当知尸波罗戒是汝大师。依之修行，能得出世甚深定慧。"三、"佛灭度后，我等依何法住？"佛答："汝问依何法住者，当知依四念处严心而住：一观身性相，同于虚空，名身念处。二观受不在内外、不住中间，名受念处。三观心但有名字，名字性离，名心念处。四观法不得善法，不得不善法，名法念处。一切比丘，应当依此四念处住。"四、"一切经初当安何语？"佛答："汝问一切经初当安何语者，当知如来灭后，结集法藏。一切经初，当安：'如是我闻，一时，佛住某方某处，与某等大众而说是经。'"

[释评]

[1]“如是我闻”四个字，具有六方面的重大意义。

如三世诸佛证、如三世诸佛说，故言“如是”。问：称“如”便足，何须言“是”？答：为欲简相似言。“是”者，是三世诸佛说、是三世诸佛证，故言“是”也。故古注云：“说得于理，文旨相扶为如。理说应解，征信无昧为是。”有人言：“阿难遵佛所说之言，如于诸佛法说，理如理说，事如事说，因如因说，果如果说，如是一切如法之言，是当道理，故言‘如是’也。良以乖法名之为非，故如法之言，得称如是。”有人言：“如是者，谓指牒法辞。如经中说‘如是等功德’、‘如是菩萨’等，今亦尔。如是所说教门，我皆得闻，故云‘如是我闻’。亦是印述之辞：‘如是如是，诚如圣教’、‘如是如是，如汝所说。’今亦尔，印定佛法，使人生信，故言‘如是’。”有人言：“依《智度论》意，‘如是’者，是信义。要具三：一、是所信之法，二、明信心，三、明信相。内心信可是法，口如是言，言是法称合道理，故言‘如是’。”[1]

[释评]

[1]释“如是”。

“我闻”者，古注云：“明用表承宣，明其能虚己崇听，祇①纳音旨也。”有人言：“阿难对彼未来众生，陈己所说，故言‘我闻’。”问：阿难既是得理圣人，有何所以同凡说“我”？答云：阿难虽复说“我”，不同凡夫。云何不同？说我有三：一者，凡夫见使②未亡，见心说我。二者，学人见使虽除，慢使犹在，慢心说我。三，无学③人见慢已除，随世流布，宣说言我。然今阿难结集法时，身居无学，见慢已断，随世流布，宣说“我闻”，故不同凡也。问：无我是胜，真谛所收；有我既著，世谛所摄。何不从胜，宣说无我，从劣说我？答：化我众生，法须如是，若不说我，何由可得标别彼此令人识？故知为别此彼令人识故，须说我也。乃至诸佛化我众生，例皆同尔。“我”有三种：一、佛性是主是常，是故名我。二、八自在④作用故名我。三、统御名我。若就阿难实得具有三我。今辨闻经，但用后我。[1]

［校注］

① 祇，【原】本作“私”。

② 见，思虑、推求、审察而抉择事理，有正见、邪见。使，烦恼的异名。如世间的差使追逐罪人，烦恼也追随行人，把他们束缚三界中，使其不能出离，所以叫“使”。又“使”有驱役之义，烦恼能驱役人，故名。有十使，又名十大惑、十根本烦恼。又分利钝二种：贪、嗔、痴、慢、疑是“五钝使”。身见、边见、邪见、见取见、戒禁取见叫“五利使”。

③ 声闻乘四果中，前三果为有学，第四阿罗汉果为无学。

④《大般涅槃经》说佛有常、乐、我、净四德。其中，“我德”以自然为义，名八大自在我：一、能示一身为多身，二、示一尘身满大千界，三、大身轻举远到，四、现无量类常居一土，五、诸根互用，六、得一切法如无法想，七、说一偈义经无量劫，八、身遍诸处犹如虚空。

［释评］

［1］结合本经的“佛性”义理来解释“我”，与一般说“无我”有所不同。

问：三种阿难持于三藏，出何经耶？答：出《阇王忏悔经》。如《法华疏》说，阿难有三种：一、直阿难，翻为欢喜，持声闻藏。二、阿难跋陀，此云欢喜贤，持缘觉藏。三、阿难伽罗，此云欢喜海，持菩萨藏。此是一人为三，亦是非三示三。又非三非一，能三能一。以其能三，故三人持三也。[1]

［释评］

［1］也是说明阿难与一乘佛法的可信关系。

“闻”者，《智度论》云：“耳根不坏、声在可闻处、意欲闻、情尘和合，故耳识生。随耳识即生意识，能分别种种因缘得闻。”《地持》亦云：“听所知言说，是名闻也。”

“一时”者，古注云：“美不异时，不失机，感应冥符也。”大明“一”义，凡四种：一者人一，二者法一，三者时一，四者机一。言人一者，从始至末，并是如来一人说，无有余人，故言人一。二者法一，阿难所领，还是佛所说，无有异法，故言法一。三者时一，如来一时说，阿难一时领，故言时一。四者机一，众生一时有感，如来一时有应，机感交接，故云一时。此一皆大判也。言大判者，初亦有胜鬘，说义不同，得言人一，但始终印定成经，皆由于佛，故推功在佛，名为人一。亦不得定如来一时说阿难一时领。自有阿难初未得闻，后方得闻。今但始终皆是阿难从佛闻法，故云一时耳。所言“时”者，《摄论》云：“时有三种：一平等，谓无沉浮颠倒。二和合，谓令闻，正法能闻。三转法轮时，正说正受。”[1]

[释评]

[1] 人、法、时、机，种种不同，归而为“一”，即一佛性、一佛乘。

“佛”者，标其化主也。问：何故标佛耶？答：略明四义：一、简邪明正。阿难若从外道天魔边闻，则不可信。以从一切智①正师边闻，故传经可信。二、简师弟子。佛法五人说，今不从余四人边闻，唯从佛闻，是故称佛。三者、为印定成经。虽有余人所说，佛不印定，不得成经。今欲印定成经，是故标佛。四、明教起所由。由佛在舍卫，故胜鬘父母生信心。父母既信，书报胜鬘，胜鬘请佛，故如来应之。由佛应故，胜鬘叹佛，如是辗转有十五章经，皆由于佛。佛为教本，是以标佛也。[1]

[校注]

①《大智度论》所说三智：一、一切智，声闻缘觉之智，知一切法的总相，即空相。二、道种智，菩萨之智，知一切种种差别的道法。三、一切种智，佛智。佛智圆明，通达总相、别相，化道断惑，明一切种法。这里的“一切智”指佛智。

[释评]

[1] 佛是经的主人公，标示出来，让人生信。

佛者，觉也。“觉”有两义：一、觉察，二者、觉悟。言觉察者，对烦恼障。烦恼侵害，事等如贼，唯圣觉知，不为其害。如人觉贼，贼无能为，故名为觉。言觉悟者，对其智障、无明、昏侵，事等如睡，圣慧独朗，如晓得悟，故名为觉。所对无明有二：一、性结无明。迷覆性理，对除彼迷，觉法实性，故名为觉。二、事中无明。于事不了，对除彼迷，觉知一切善、恶、无记①，故名为觉。故《持地》云：“义饶益聚、非义饶益聚、非义非非义饶益聚平等开觉，故名为佛。”②既能自觉，复能他觉，觉行穷满，说之为佛。言其自觉，简异凡夫。云觉他者，彰别二乘。觉行穷满，显异菩萨。又四句：一、眠而不觉，谓凡夫。二、觉而不眠，所谓诸佛。三、亦眠亦觉，所谓菩萨、二乘，望凡为觉，望佛为眠。四、非眠非觉，泯上三门，归言亡虑绝。[1]

[校注]

① 善、恶、无记三性，善性是现世及来世对自他都有益处的，如信等善心，及善心所起的一切善根；恶性是于现世及来世对自他都有害处的，如贪等恶心，及恶心所起的一切恶业；无记性是非善非恶，无可记别的法。

② 慧远《维摩义记》："义益，善，义利人故。非义，不善，不利人故。非非义是无记。"

[释评]

[1] 不可说，言亡虑绝，即是一乘。解释什么是佛，也包含了成佛之法。

问：佛有三种：一、化佛，二、应佛，三、法佛。今称佛住者，三佛之中是何佛住耶？答：义有多门，今就一途论之。《普贤观经》云："释迦牟尼，名毗卢遮那，遍一切处。其佛住处，名常寂光。"毗卢遮那，即是法身。法身佛住于常乐我净四德之土。然佛与土义，论人法，谓人为能住，四德为所住。若《同性经》云："应身住净土，化身居秽国。"今是化佛也。《摄论》云："地前见化佛，登地见应身"者，此应身是与真如相应，名为应身。应身有二：一、内应，与真如相应，住真如土。二、外应，住净土，奇特相好，教菩萨也。地前未见真如，但见八相成道[1]，故言见化身。更有四句，如《金光明·三身品》说也。

[校注]

① 八相成道，《大乘起信论》："随其愿力能现八种，利益众生。所谓从兜率天退、入胎、住胎、出胎、出家、成道、转法轮、入于涅槃。"

所言"住"者，凡有二种：一者内住，二者外住。内住有二：一、约人论，六欲天[1]住法，是为天住。梵天乃至非想非非想[2]住法，说为梵住。诸佛、辟支、罗汉住法，说为圣住。三种住中，住[3]圣住。怜愍众生故，住舍卫国。二、约行以别。论云："布施、持戒、善心三事，故名天住。慈、悲、喜、舍，名为梵住。空、无相、无作，说为圣住。"圣住法，佛于中住。复说四住。三如上，第四佛住首楞严三昧[4]、十力[5]、无畏[6]等，如《地持》中亦约行分三，与彼说大同小异。若说梵住，与前不异。若说天住，以八禅[7]等为天住，此义则异。若说圣住，亦同亦异。同住三空[8]，更加灭尽正受[9]为异。《地持》又说："梵住中多住大悲，天住中多住第四禅，圣住中多住空及灭尽定也。"所言外住者，凡有四双：一、化处住，有净、秽二土。如释迦居秽，弥陀住净。二者、异住、同住。如释迦异俗住伽蓝，天王佛与俗同住，犹如天子。三、未舍寿分住、舍寿分住。未舍寿分住则无量岁。舍寿分住，如答魔王请，唯留三月，余无量岁，悉皆舍之⑩。四、通住、别住。行住坐卧，皆名为住，谓通住也。四仪中一，称为别住。若内若外，皆是无住而住，住无所住也。[1]

［校注］

① 六欲天，欲界的六重天：(1) 四王天，有持国、广目、增长、多闻四王天。(2) 忉利天，意译为三十三天，帝释天为中央，四方各有八天。(3) 夜摩天，译为“时分”，该天中时时唱“快哉！”故名。(4) 兜率天，意译为“喜足”。(5) 化乐天，能以自己的神通力将各种对境自在变作妙乐而娱乐。或说此天爱着男女之欲。(6) 他化自在天，此天夺他所化而自娱乐。天魔住在这里。

② 梵天，色界的初禅天，离欲界的淫欲，寂静清净。其中有三天：梵众天、梵辅天、大梵天。梵天一般指大梵天王，每逢佛出世，必然第一个来请转法轮。不是外道所说的梵天。这三天就是初禅天。禅中不须分段食，因而无鼻、舌二识，眼、耳、身、意四识有喜受，与意识相应；有乐受与三识相应；有觉观。

二禅已上，无眼、耳、身三识，仅有意识，仅有喜舍二受，但无觉观。包括少光天、无量光天、极光净（光音）天。

三禅以上也是仅有意识，有乐舍二受。包括少净天、无量净天、遍净天。

四禅也是仅有意识，仅有舍受。包括无云天、福生天、广果天、无烦天、无热天、善见天、善现天、色究竟天、无想天。

非想非非想天，无色界四重天（识无边处、空无边处、无所有处、非想非非想处，即“四定”）之一，三界的极顶，也叫有顶天。至极静妙，没有下地的粗想（非想），但有细想（非非想）。

③ 住，【原】本作“佛”。

④ 首楞严三昧，首楞严，意译为“健相分别”；三昧，译为“正受”、“正定”。住此三昧，则对各种三昧的行相、多少、浅深，全部都能了解；而一切魔和烦恼不能破坏。《涅槃经》说，它有五个名字：首楞严三昧、般若波罗蜜、金刚三昧、师子吼三昧、佛性。

⑤ 如来十力：(1) 知觉处非处智力，知道是否符合道理。(2) 知三世业报智力。(3) 知诸禅、解脱、三昧智力。(4) 知诸根胜劣智力。(5) 知种种解智力。(6) 知种种界智力，于世间众生种种境界不同而如实普知。(7) 知一切至所道智力。(8) 知天眼无碍智力。(9) 知宿命无漏智力。(10) 知永断习气智力。

⑥ 四无所畏：(1) 一切智无所畏，佛在大众中明言“我为一切智人而无畏心”。(2) 漏尽无所畏，佛在大众中明言“我断尽一切烦恼而无畏心”。(3) 说障道无所畏，佛在大众中说惑业等障法而无畏心。(4) 说尽苦道无所畏，佛在大众中说戒定慧等灭苦的正道而无畏心。

⑦ 八禅，即上面所注解的四禅加上四定。

⑧ 三空，即上文所说空、无相、无作。

⑨ 灭尽定，又名灭受想定。灭尽六识心、心所而不起的禅定。小乘圣者入此定，假入涅槃。外道所入的无心定，名为无想定，属于第四禅。

⑩ 这是释迦牟尼佛的故事。经中说，因魔王劝佛入涅槃，佛舍弃了无量的寿命。

[释评]

[1] 内住、外住，归于无住。无住是“一乘”之义，修行的纲领。

古注云：“列佛所在，重明旨异。舍卫是六师所居，佛住伏其顽首也。”“舍卫国”者，此①住处有二：一、通处，二、别处。亦是在家人处、出家人处，亦是喧处之与静处。一欲生信，故委曲题之。二欲道俗兼化，所以喧静双举也。“舍卫国”者，[1]三藏②云：“彼国正音，应云奢罗摩死底，此言好名闻国。昔有仙人好名闻在此中住，从仙人作名，故云好名闻国也。”又云：“此国具有四义：一、多宝。二、此中人多受五欲乐。三、有法德，此国中人多行施戒，谓之法德。四、未来得解脱。明此国中人，未来多生人天中及得解脱果。”有此四义，远闻余国，故云好名闻国也。从来旧翻为闻物国，此多出好物，远闻诸国，故名闻物也。《十二由经》云：“无物不有，胜于余处也。”问：何故复名舍婆提？答：昔劫初有仙人兄弟二人，弟名舍婆，此云幼少；兄称阿婆提，此云不可害。二人共造此城，因以名之。弟略去婆，兄略去阿，二名双取，故名舍婆提。舍婆提复名憍萨罗，故《智度论》云：“有好妙国土，名憍萨罗，近在雪山边，日种诸释子，我在此中生。”憍萨罗，未详翻译。《仁王经》列十六大国，第一憍萨罗，第二舍卫国。两国为异，与《释论》③不同，今未详。

［校注］

① 此，【原】本作“此明”。

② 三藏，这段引文出自真谛三藏，见吉藏所撰《金刚般若疏》

所引。

③ 即《大智度论》。《智度论》也是指《大智度论》。

[释评]

[1]“无住”是通，“舍卫国”是别，理事无碍，一乘之义。

问：佛何故多在王舍城及舍婆提？答：佛前受频婆娑罗请[①]故，故住王舍城。次受波斯匿王请，住舍卫。又王舍城、舍卫，国土丰乐，多有人众，佛于多人处教化众生也。如经说舍卫国有九亿家，《贤愚经》说有十八亿人也。王舍城中有十二亿家。又此二国多聪明人及六师等，故佛多住。又报法身恩，多住王城。报生身恩，多住舍卫。问：佛生迦维罗卫，云何乃云生舍婆提？答：佛元祖已来在舍婆提，未居迦维。从本立名，故云住舍卫，报生身恩。问：佛从几世已来，住迦维罗国耶？答：佛祖名弥悉离王，在雪山南住，国名舍婆提。王有二夫人，后生一子，名长生。次夫人生四子：一名听目，二名照目，三名尔楼，四名弥楼。后子立用为太子。四子多计才艺，后恐父王死后，四子夺其位，故数向王谗之。王遂用其语，徙四子并母在雪山西北憍娑罗二国界空地，此是波斯匿王国地界，造城名迦毗罗城。四子中，其弥楼王，即是亲祖。从弥楼生乌楼，乌楼生�[②]头罗，�头罗生尸烋[③]罗，尸烋罗生净饭王，至佛为七世祖也。此合取弥悉离王为七世。若直从四子已后，只六世耳。问：佛住舍卫，凡得几年？答：经云："住舍卫得二十五年。有九亿家，三亿家不见佛、不闻法，三亿家亦见佛、亦闻法，三亿家见佛不闻法。"真谛三藏云："舍卫始终得七年，王城得四年。"今未详也。问：住阿踰阇国，对胜鬘说此经，何故不云佛住阿踰阇国，而言住舍卫耶？答：是佛住舍卫，付嘱此经，故从佛住处立名也。又舍卫是大国，踰阇是小国，从大处立名也。又从本立名。佛本在舍卫，胜鬘于踰阇感佛，故末在踰阇。从本立名，故称舍卫。问：若从佛住处立名，亦应从佛题经？答：各就一义。约能说人立名，故名《胜鬘经》；就佛印定付嘱，故举佛住处也。[1]

［校注］

①《涅槃经》："善男子！我初出家，未得阿耨多罗三藐三菩提时，频婆娑罗王遣使言：'悉达太子若为圣王，我当臣属。若不乐家，得阿耨多罗三藐三菩提，则愿先来至此王舍城，说法度人，受我供养。我时默然，已受彼请。……我时赴信，受彼王请，诣王舍城。未至中路，王与无量百千众悉来奉迎，我为说法，闻法已，欲界诸天发八万六千阿耨多罗三藐三菩提心，频婆娑罗王所将管从十二万人得须陀洹果，无量众生成就忍心。"《大智度论》："……即请佛言：愿佛及僧就我王舍城，尽形寿受衣服饮食卧具医乐。佛即受请。"

② 劬（qú），辛勤。

③ 烋（xiū），美、和、善，通作"休"。

[释评]

[1] 这些介绍，看似繁琐，实际上是要说明，凡事皆有因缘。《法华经》说佛以大事因缘出现于世。这些因缘，恰好说明佛住无所住。

“祇树给孤独园”者，此第二，别处。就文为二：一者祇树，二、给孤独园。“祇”谓祇陀。三藏云：“外国云鸠摩罗陀，此云童真太子。”又言祇陀者，此翻战胜。昔有贼欲破舍卫，舍卫国主与贼交战，遂使胜贼。因战胜日仍生太子，故字为战胜。太子舍此树处，为佛起立门楼，故云祇树也。“给孤独园”者，有长者名须达多。有人言：须谓须陀洹①，其人得须陀洹果，故以为名。今谓不尔。未见佛时，已名须达也。须达是外国语，此名善与。彼家父母乞子，祷祠神祇，遂生此子。以善神授与，故名善与。彼土曾十二年不雨，其人巨富，拔济孤独。从德立名，称给孤独也。以黄金布地，市得此园，名给孤独园。又“给孤独”，叙其下愍；以金市园，标其上敬。又“给孤独”，叙其能济悲田；市园造寺，叙其能供敬田。又“给孤独”，叙其未见佛时修善；市园，明其见佛已后殖福。必是大权，故有斯盛德。问：国为通处，园为别处，而前通后别。树为别处，园为通处，何故前别后通？答：祇陀为君，须达为臣，是君臣次第，不就通别前后也。又祇树是门处故前明，园是精舍故后举。又祇陀是本称，给孤是末名。问：何因造立精舍？答：余经广说须达长者有七男儿，六已婚竟，为第七儿婚，往王舍城，因得见佛，遂获初果。仍请佛还舍卫，佛命身子与其俱还。以黄金满八十顷市得此园。此园在舍卫城南，去城一千步。三藏云："须达为过去第四鸠留村驮佛，已于此地起精舍。尔时此地广四十里，佛及人寿四万岁。须达尔时名毗沙长者，以黄金版布地，宝衣覆之，供养佛也。第五拘那含牟尼佛，人及佛寿三万岁。尔时须达名太家主长者，以银布地，满中乳牛、牛子，以为供养。尔时地广三十里。第六迦叶佛寿及人寿二万岁，须达尔时名大悉长者，以七宝布地，地广二十里为供养。第七释迦佛及人寿百岁，地广十里，以金布地，用为供养。弥勒佛出世，地还广四十里，以七宝布地为供养。佛及人寿八万岁，须达尔时名儴伽王。儴伽此云螺，其色白如螺，出家得成罗汉。"[1]

［校注］

① 具称须陀般那、窣路多阿半那、窣路陀阿钵囊，旧译入流、至流、逆流、沟港等，新译预流。声闻四果中的初果。入流，初入圣道之义；逆流，与生死之流相逆。断三界见惑，即得初果。

［释评］

［1］布施的功德。

问：余经皆有第六同闻，今何故阙耶？答：一云："佛说经时在于宫内，无声闻、菩萨，唯下有婇女，上有诸天。不足为证。古注云：‘良以胜鬘渊悟超绝，独感至圣，不参凡学也。又如来现证，传天帝、阿难是末，故不列也。’后付嘱经时，嘱经时嘱为①唯有阿难及以帝释，亦不足为证，故无同闻众也。”二解云：“亦有同闻，即此经文云：‘如来光明普照大众，及天人修罗。’而不列者，为略故也。”

[校注]

①“嘱经时嘱为”疑为衍文。又，自“又如来现证”下至此间，恐有缺脱。

又此经本有四卷，今存略有一卷。

二、发 起 序

（一）明外缘发起

“时波斯匿王下”，若七分明义，上来明“结集缘起幽宗分”，今是第二，“筹量所解接化分”。若就二序明义，上来证信序竟，今第二，次释发起序。就文为二：第一明外缘发起，第二明内因感悟。二文各五。初章五者，一、总明信法未久，二、别叙王问夫人，三、末利训答，四、者作书叹佛，五、遣使送书，敬授胜鬘。此五生起，即成次第。[1]

[释评]

[1] 理顺上下文关系。

初中前牒“王及夫人”，次总明“信法未久”。“波斯匿王”者，此翻为和悦，以其情用弘和，故云和悦。又以德接民，能令万性①和悦。又翻为月光，如《仁王经》云月光王。三藏云：“性月，而言光者，闻法解悟，得法光明，故言光也。”有人言：“波斯匿王与佛同日生，佛号日光。国人言：‘佛既号日光，当号大王为月光也。’因国人号称为月光。”若依父母所立名者，字为胜军。以其斗战无敌不胜，故云胜军。次论王位。《仁王经》云：“于过去十千劫，于龙光王佛法中为四住开上②，今位登十地③。”言“时波斯匿王”者，犹是佛住舍卫时。约前佛住，以明信法未久时，故言时也。[1]

[校注]

① 姓。

② 开士，开悟之士、以法开导之士，菩萨的德名、和尚的尊称，又叫阐士。

③ 依吉藏《仁王般若经疏》，这是指十地中的焰慧地。菩萨的三十七道品圆满具足后，进而修习力无畏，不共佛法，远离懈怠，成就精进波罗蜜，使慧焰炽盛，故名“焰慧地”。

[释评]

[1] 人能弘道，非道弘人。此处的王和夫人，即是勇于承担者。本章讲“发心”，虽有佛、有佛性，仍需人发心。

“末利夫人”者，亦云摩利，此是华名。江南有中寺安法师①，多所博识，云此华色白而形小，故以华为名。此间无物以翻之，犹存末利之称。有人言："末利，本字黄头，从末利园得之，因园受称，故云末利。"如经云，其人本是舍卫城内，耶若达家守园之婢。于一日中请食守园，路值如来入城乞食。黄头见佛相好具足，发信敬心，念言："我奉献饮食，或见哀受。"遂往求施，佛时许之。当施食时，即自要愿："愿脱婢使，为王夫人。"其时值王出田游猎，天时暑热，遥见黄头所守之园，丛林郁茂，驰往就之。王马骏快，在前而至。黄头见王，迎接扶下，引至凉处，敷衣请坐，随王所须，巧称王心。王问："你是谁家之女？"黄头实答。王具问已，将从始至。遣使人呼耶若达，达至，王问："是卿何亲？"达答曰："是婢。"王令索价。达云："直尔奉上，乞不用价。"王言："我今婢为夫人，不得虚尔。"达时遂索百千两金，王即与之。香汤洗浴，衣夫人服，与王同辇，载之还王宫。王极宠厚，五百夫人中得为第一，故今举之，此能信人。有人言："末利，是释摩男家庶女也。"

［校注］

① 安法师，释智圆《涅槃经疏》卷第五"中寺安者即法安法师"，生平不详。

言"信法"者，先事外道，今始归佛，信于佛法，故言信法。何缘得信？如经中说：末利夫人，因献佛食，得脱婢使，为王夫人。常自思念：“何缘得尔？岂不由昔施沙门食，得此福报？”即问左右：“颇曾见如是人不？”傍人对曰：“此应是佛，今在祇园。”末利闻已，辞王礼觐。佛为说法，遂得信解。因信劝王，王心未回。因十七群童子比丘入城乞食，食已出城，于阿脂罗河游戏，王与夫人升楼遥见。王语夫人：“所作正尔，何是可尊，劝我令信？”夫人有愧，答云：“此是年少耳。王何不看舍利弗、大迦叶[①]等！”十七群中有一人得禅定天耳[②]，遥闻王语，在岸上向诸比丘云：“汝等洗竟，可上岸著衣，各盛满瓶水置前，结跏趺坐。”诸比丘随其言。是得定比丘，以神通力，接诸比丘升空而去。末利夫人见已而白王言：“王看我所尊者，作如是行。”王遂起信，便往佛前。佛为王说法，得正信解，名为信法。此事出《僧祇律》第九卷、《十诵律》第三卷。问：为信大法，为信小法？答：相传云信小法已久。《中阿含》第六十卷有《善生经》，广说彼王得信之事。《中本起经·度波斯匿王品》，亦说得小乘信。故知得小乘信已久，但得大乘信未久。问：何缘信大乘？答：波斯匿王吹蠡击鼓，与末利夫人相随诣佛，佛因为说《击法鼓经》，出常乐我净之音，王于是始得信大乘法，故云“信法未久”。“未久”者，以前初信，望后筹量，时不遥也，故言未久。问：何故叙信法未久？古注云：“王世事邪道，始悟正信，今欲显必不得久习为未久。”又就事言之，父母之情，慈爱于子，父母始得信解，即欲以已所信，令子悟之，故有未久之言。若就理辨，波斯、末利多是大权，胜鬘夫人亦非实行。每欲速弘大道，使物早悟一乘，故叙信法未久之言也。[1]

［校注］

① 大迦叶，或称“摩诃迦叶”，佛的十大弟子中头陀第一，付法藏的第一祖、经典的结集者、禅宗初祖。

② 天耳，色界天人的耳根由色界清净的四大而成，能听闻六道众生的语言，及远近粗细一切声音。

［释评］

［1］一家三口，都是法身大士的显化，“信法未久”，就能弘扬一乘。

“共相谓言”下，第二，别明王告夫人。就文有四：一、标女名位，二、叹女内德，三、明若女见佛，必蒙深利，第四、明宜可与书。“共相谓言”者，夫妻共谈。欲论女量行，迭相告发，故云共相谓言。斯句是总叙夫妻之言。问：王告夫人，夫人未语，云何得名共相谓言？一释云：“前来本有语论，因此而生今说，故云共相谓言。”又，人云：“王向夫人有所说，即是共语，不必两人同语，为共相谓言。且王今前言，夫人后答，始终论之，则是共相谓言也。”古注云：“天慈发内，理化无偏，故云共也。”

“胜鬘夫人是我之女”者，正别标女名位也。“胜鬘”为名，“夫人”是位。又末利亦是夫人，今欲标异母亲，故复云胜鬘夫人也。“是我之女”者，知子莫若于父，故云我之女也。又显父慈爱之重，欲以道法利之，故云是我之女。又我以生其肉身，复欲使佛发其慧命，故云是我之女。[1]“聪慧利根，通敏易悟”者，第二，叹女之德。女若无德，虽报无益。良由有德，报必蒙利，故叹女之德也。智之在耳曰“听”，智之在心曰“慧”，速疾达理称“利”，能生妙解为“根”，故云“聪慧利根”也。“通敏易悟”者，上叹其内解，今美其外学。博达事理曰“通”，内明在心为“敏”，一闻即领称“易”，未解令解名“悟”。问：善听为聪，善察为明。今何故云聪慧，不言明慧？答：今正示因闻得悟故也。[2]“若见佛者”下，上叙其内德，今第三，明外值胜缘，或可劝其自往佛所，或可知其必能通感。仰睹金容，为见佛义。见佛者，见佛宝也。“必速解法”，明闻法能解也。“必速解法”，谓解也。“心得无疑”，谓信也，即上敏悟之义也。若前未得小乘之信，今报令得正解，为离邪道之疑。前若已得小乘之信，于大乘理未解，今报得大乘之信，必离小乘之疑。古注云：“封形存见，亦未识佛。能深悟速解，为见真佛也。”[3]“宜时遣信，发其道意”下，第四章也。以内有明慧之因，外值诸佛之缘，因缘既具，故宜及时遣信发其道心也。

[释评]

[1] 菩萨有眷属，因一切有情都曾经是父母。

[2] 因闻得悟，闻不碍悟，即是佛性圆通之义。

[3] 如达摩《二入四行论》所言："深信含生同一真性。"

"夫人白言：'今正是时'"下，第三，叙夫人答也。"今正是时"者，道机不可差也。又以胜鬘感佛必蒙利益，故言今正是时。又正是踰阇国内众生机感得益之时故也。以事为释，正是作书遣使之时。

"王及夫人与胜鬘书"下，第四，作书叹佛。所以须父母作书者，一、欲明父母之言，必无虚妄，使胜鬘信受，是故作书。二、使胜鬘知二亲万德，心生欢喜，是故作书。三、欲使胜鬘传教。传教未闻，使同发道意也。书疏之仪，各随国风。在始或当前有劳问，而今此中但云叹佛。作书正应是王，而言王及夫人者，共议既同，则是父母同作一书也。书者，舒也，若使不舒，即隐内义，是故遣书。"略赞如来无量功德"者，书不能载故称略。又书尚不能尽言，焉能穷德？是以言略。又胜鬘根利，不烦广美，故云略叹。虽复略赞，而言约事圆，故云无量功德。叹美圣德名赞，恶尽曰功，善满称德。又德者得也，修功所得，故名功德也。又功谓功能，诸行皆有润益之力，此功是其善行家德，名功德也。如清冷功能，是水家之德。[1]

［释评］

[1]“功德”二字，不可略过。功德对于理解本经的主题之一“如来藏”至关重要，对于理解“一乘”同样重要。信中谈功德，这是重要因缘。

“即遣内人”下，第五，遣使送书。就文为二：初遣内人，次内人衔命。宫閤①之事，非外所通，故言“内人”也。“名旃提罗”者，出使人名也。依外国语，四名相滥。一、名旃提罗，此云奄人。二、扇提罗，此云石女。三、云旃陀罗，此云杀狗人。四、旃荼罗，此名为月。又旃提罗者，此云善信。其人善而有信，故言善信。今谓奄人，是其通名，善信当其别称。《未曾有经》云：“旃提罗翻为应作。王宫内有四石女，此则一人。”古注：“旃提罗，内监也。”

［校注］

① 閤，同“阁”。

“使人奉书”下，第二、内人衔命。王既有命，故赍①书往。彼“阿踰阇”者，此翻云无生。此国往昔大乘人住，多解无生。国从人立名，故云无生国也。[1]又翻为不可战。边城崄固，不可攻战。是支祥②王所居，为舍卫之附庸。“入其宫内”者，上叙其通处，今到其别处也。既是女人，又是家信，故直进宫内。跪而授书，故云“敬授”。是敬君王之命，意不在胜鬘。

［校注］

① 赍（jī），持。

② 祥，【原】本作“禅”。

［释评］

［1］国中众生，本有生死，号称“无生”是即生死而明无生死。

（二）明内因感悟

“胜鬘得书”下，自上已来外缘发起，今第二，内因感悟。由外缘发起，故内因感悟，故此二章，通名发起序也。就文亦五：第一、明胜鬘欢喜。二、明述书叹佛，欲申供养。三、明兴请感佛。第四、辨于佛应。第五、三业敬叹。此五即是次第，可生起之。

“得书欢喜”者，就理释者，书中诠明佛德，发以大乘之信，是冥相关，有逾常意趣，是故欢喜。[1] 又事中，女在他国，得父母书，复睹使人颜色，知国平安，二尊万福，是故欢喜。“顶受”者，上明内心欢喜，今明外形顶戴。又所诠事重，冥致极敬，故顶戴而受。不云“奉敕”，直言“得书”者，此是经家述事，非胜鬘自言。又外国之法，得尊长书，前以手受，次顶戴之，显己敬仰，然后寻读，故云顶受。又法，前拜书及信人，然后受书，顶戴而受。执文曰“读”，背文曰“诵”，始则领受在心曰“受”，终则忆而不忘曰“持”。此书赞扬佛德，异于常信，故言“生希有心”。又此心由来未发，故名希有。上父母遗书，令发道意，今果如上语，则显知子莫若于父也。又佛德超出世间，深怀奇特，为“生希有心”。[2]“向旃提罗”者，对使而言，故云向旃提罗。旃提罗是父母之使，对之如对父母。又旃提罗是传佛之使，对之犹如对佛。所以“说偈”者，一、偈言约，能摄多义。胜鬘欲以略言摄佛广德。二者、偈言巧妙，胜鬘欲以美妙之言赞扬佛德，是故说偈。三者、随从国法。天竺风化，若见国王父母尊长及以三宝，多说偈赞叹。胜鬘今随国法，是故说偈。如《法华疏》内具陈也。

［释评］

［1］佛性在佛不增，在众生不减，故能圆通。此处“欢喜”，也彰显了佛性的功德。

［2］“生希有心”，从这里可见，因缘即自然。

“我闻佛音声”者，依七分明义，二分已竟，今是第三，“方便显德起信分”。[1]所言方便显德起信者，父母送书，胜鬘悟解，感佛临降。即欲承佛威神，为众说法。但恐物未肯信受，故前叹佛德，次明佛为授记。物方生信，然后始得为物说法，故言显德起信分。今明远亦有斯意也，但如前分文，今是五中第二。

［释评］

［1］一乘教理的显现，离不开方便。可知经题中为什么要表明“一乘大方便”。

上半述书叹佛，下半审书许供。“我闻佛音声”者，我闻父母叹佛音声，故云我闻佛音声也。问：胜鬘用眼读书，不曾耳听，何故言闻？答：父母作书，以身表口。胜鬘览读，以目代耳，故名为闻。又解，书本诠声。胜鬘寻书，如从父母面闻也。又解，传道声于书上故言闻。又解，父母作书赞叹于佛，此是身造口业。胜鬘读书，目作耳业也。[1]

［释评］

［1］佛性圆通，所以诸根互通。

“世所未曾有”者，述书所赞也。如书所叹，乃是出世功德，故云世所未曾有也。“所言真实者”，审定书言也。问：前云胜鬘利根易悟，今既得书，何故疑惑，不即领受？答：事有难信易信。世事易信，出世难信。今书所传，世间未有，故须审定。又胜鬘是聪慧人，凡所得事，审而详之，不同愚人，遇便信受。故《毗婆沙》云：“聪明之人有二种相：一、善说法，二、善思量”也。[1]

［释评］

［1］所谓利根，其实是胜鬘夫人的示现。从理上说，众生都有这样

的根器。

“应当修供养”者，一解云：佛必如书中赞叹真实不虚者，则是无上福田，理合供养也。又解：必如书所叹真实不虚者，则传书之人有大恩德，我须报其人恩，供养之也。故梵本文云：“是言若真实，我当与汝衣”也。修谓营修，修饰供具。又修是修行，欲令行供养。[1]

［释评］

［1］如禅师所说：“才一闻着，剔起即行。”上文的“叹佛”，这里的“供养”，如同《华严经》所讲的普贤十大愿行的内容。

“仰惟佛世尊”者，此第三，胜鬘仰请。所以仰请者，既书所叹必能利益于我，是故仰请，令我得见。半行以下须上，明佛有普慈之惠，半行明上哀于下，请令得见。《书》云：“慕上曰仰。”胜鬘在生死内，复受女形，是极凡下；如来居生死之外，为大丈夫，高远之极，故以下情慕上，所以称仰。“惟”者思惟。将欲请感，而下情测度，意地思惟也。仰惟如伏度，伏度之例也。“佛世尊”者，出所测度之人。佛者，觉也。世间有一夕之眠，则有一朝之觉。既有生死长夜，则有朗然大觉也。既能自觉，复能觉悟世间，为世崇重，故云世尊。[1]“普为世间出”者，释上思惟测度之意。我思惟测度，如来大慈无偏，如日月之照世，故云普为世间出。如《华严》云：“无尽平等妙法界，悉皆充满如来身。无取无起永寂灭，为一切归故出世”也。“亦应垂哀愍”者，夫如来出世，正为救苦众生，然我是世间一数，亦应哀愍于我。言“亦应”者，以上世间之言，以类于己，故亦应也。又慈在于佛，未敢自专，故言亦应。上心慈下，目之为“垂”。我则有苦无乐，故请佛哀愍。请心决定，故言“必令我得见”。

[释评]

[1] 极凡下而能通达极崇高，不可思议。

“即生此念时”下，第四，明如来赴应。但释“应”凡有三家。第一解云：“无应法起。如《涅槃》云：‘五指实无师子，但以慈善根力，令见师子。’今亦如是，佛实不从空而应，但胜鬘默念，自于空中见佛。”此解似同《摄论》心外无境之义也。第二释云：“有应法起。胜鬘默念，如来应起，故有应法起。”第三释云：“经具二文，宜应双用。随心所见，心外无法，是故无起；而境宛然，故言有起。”须知无起而起，起无所起也。

就文有三：一、明应时，二、辨应处，三、出应仪。“即生此念时”者，谓应时也。一释云：“佛应与心念同时，若声响之相应，故云念也。”又释：“要须念力成就，如来应念现身。但起示起速无差，故云即念时而现耳。”

“空中现”者，第二、明应处也。今就事理释之。就事而言，男女有隔，既应后宫，不宜到地。就理释者，法身无为，而无所不为，即寂而动，故云空中现。又示赴感无方，来无处所，卓尔现空。又示普应十方，常是四绝。又示如来觉诸法如幻如虚空，以示常行于空，故于空现。又云：“佛真法身，犹若虚空；应物现形，如水中月。”此明法身如空，以本垂迹，如从空而现。又会胜鬘上叹云：“我闻佛音声，世所未曾有。”世间之人不知感逝空即应，今既知感，逝空即应，故是世间所无也。问：前云男女事隔，于空现者，《观经》何故于宫现耶？答：彼言宫中现者，在虚空之宫现耳，未必在地。又圣迹无方，不可一类。或处空现形，或入宫应物也。“普放净光明，显示无比身”者，第三、明应仪。凡有二句：一者普放光明，二者现无比身。有四面大光，及项后圆光，此并常光，今更现非常之光，谓于支节毛孔举体放光，故名为普。亦可一光遍满虚空，通彻宫内，故称为普。又欲明感者便见，无感者不睹，非是光有偏私，故名为普。所言“净”者，一、光体皎洁，二、能除众生垢暗。“显示无比身”者，佛常身丈六，已自端严。今复为光所照，相好明了，故云“显示”。天下无类，故云“无比”。如常叹佛偈云：“天上天下无如佛，十方世界亦无比。世间所有我悉见，一切无有如佛者。”又本有常光，今更普放光。本是丈六身，今更示奇特之身，故云无比身也。所以显示无比身者，欲起胜鬘愿求之心，复欲发其不虚之叹故也。[1]

[释评]

[1] 应时、应处、应仪，既说明佛性可借方便彰显，也说明佛之功德广大精微。

“胜鬘及眷属，头面接足礼”者，此第五，胜鬘敬叹。初半偈叙敬，下半偈明叹。自有见佛，叹而不敬，今具足也。头是一身之尊，足是一身之卑。以尊投卑，显敬诚之至。问：胜鬘在地，如来处空，云何得接？答：此举内心运想言接耳。“咸以清净心”者，又上是身业敬，今是意业敬。“叹佛实功德”，口业敬。此是总标叹。“如来妙色身”下，别出叹辞。“咸”者同也，胜鬘之与眷属，同运净心，以叹于佛。又净者信也，起净信之心。又不杂烦恼心叹，名净心。实功德者，书内叹佛，但是闻声，有言无事。今睹佛形，则事称于言，故称为实。又众德依实理而成。又妙出妄情，故名为实。[1]

[释评]

[1] 顶礼佛陀。又，经中说“如来藏”：心性本净，客尘所染。以清净心礼佛，则礼者与佛同一清净。清净心是崇高的礼敬、真实的礼敬。

如来真实义功德章第一

一、正说直入

“如来妙色身”下，经有三分，自上已来序说已竟，今是第二，正说。依经下文，凡有十六名字：一、“叹如来第一义真实功德”，二、“不思议大受”，三、“一切愿摄大愿”，四、“说不思议摄受正法”，五、“说入一乘”，六、“说无边圣谛”，七、“说如来藏”，八、“说法身”，九、“说空义隐覆真实”，十、“说一谛”，十一、“说常住安隐一依”，十二、“说颠倒真实”，十三、“说自性清净心隐覆”，十四、“说如来真子”，十五、“说胜鬘夫人师子吼”。此十五并有别章解释。第十六云：“复次憍尸迦，此经所说，断一切疑，决定了义，入一乘道。”今谓前十五有别章解释，后章之一章，总贯前之十五。故章虽十六，不出总别二也。有人言：“唯有十四章，第十五[①]无别体。”今用十五也。

[校注]

① 十四、十五，疑为“十五”、“十六”的误写。

就前十五章，古今南北开合不同，随心所见种种异说。今前以六门总释十五章经，宜留意观之，则略见一部之大意，勿咎其烦也：一、钩锁相生，二、章段次第，三、适机前后，四、互相摄，五、以言无言，六、如行说。[1]

[释评]

[1] 十五章的关系，是有一个步步递进的次第？还是没有次第而相互含摄？这不仅关系到经文主体部分的结构，而且关系到如何领会经中的教理，以及依经修行的步骤。前面说，有顿、渐、不定的判教，可以回答这个问题。这个说法，当代的印顺法师在讲解《胜鬘经》时实际上采用了。但是，吉藏大师的“六门”解释，更为全面。

钩锁相生者，书传盛德，面睹妙身，故前《叹佛》，发心愿求也。叹佛既发菩提心，次明修菩萨行。菩萨之行以止恶为本，故次明《受十大受》。十受辨其止善，故次明行善，是以兴于《大愿》。十受之终云“不忘失正法”，三愿之末明摄受、护持正法，今欲广释摄受正法成前愿行，故次明《摄受正法》。摄受正法虽是一乘，但欲转名示义，明摄受从一生多，一乘则摄多归一，故次明《一乘》。一乘所以究竟，由究竟谛成，故次明《无边圣谛》。无边圣谛说如来藏，故次明《如来藏》。藏显成身，故次明《法身》。法身不离如来藏，佛知所藏是其真实，能藏是空，以《空义隐覆真实》，故次明其义。所覆即是一谛，故次明《一谛》。此之一谛可以依凭，故明《一依》。接此《一依》，即明依藏有生死故是真实，不依藏有生死名为颠倒，故有《颠倒真实章》。生死依藏，所依是深，今欲明此义，故有《自性清净烦恼隐覆》。始从叹佛，终竟自性清净，能信此法，堪绍佛业，为佛真子，故有《真子章》。若不信此法，则是外道种子、非法恶人，宜须降伏，故有《胜鬘师子吼章》也。[1]

[释评]

[1] 钩锁相生，即是阐明十五章所指的十五个修行步骤的前后关系。也可以视为“渐门”。

次明章段次第。此欲示经起尽，明义之大节也。然章虽十五，大开二门：初十三章，正明说法。次有二章，明劝信护法。所以有此二者，胜鬘当今教主，机缘属在其人。于前明说法。说法既竟，则信之大益，毁之大损，故次明劝信守护。就此两章，各分为二。初门二者，前有三章，明起说方便。次十章经，正明说法。所以然者，夫妙道难弘，憙①生疑谤，要须三行三成，止谤息疑，尊人受道，方得演说也。三行三成者，一、叹佛发心，佛即授记。二、受大受，佛为现证，空出声华。三、发大愿，则如来印成。以此三门，为说法由渐，故是方便。方便既成，然后开宗授道，故有第二次明正说。后章二者，胜鬘说法既竟，佛欲令人信，故第一前明劝信。如来既明信法有益，胜鬘则明不信为损，宜须摧伏，故第二次明护法也。就前说法方便及与正说，各开为二。初门二者，《叹佛》明菩提心，《十受》、《三愿》明修菩萨行。正说二者，一明乘行，二明乘境。然由境成行，应前明境，但欲接上愿行之因，故明摄受一乘之果，故前明乘行。行不孤生，起必托境，故次明境。就乘行乘境，各开为二。乘行二者，《摄受》辨广大出生，《一乘》明无二收入。乘境二者，初有四章，总明量、无量谛，显佛与二乘究竟非究竟。次有四章，就无量谛中，自明三谛非究竟，一谛为究竟。此之两章，各开为二。初章二者，第一《圣谛》一章，明二乘依有量谛，无有三法，所谓无究竟智、无究竟谛、无究竟圣。佛依无量谛，则有此三也。次之三章。依无量谛中说《藏》、说《法身》及《空义隐覆》，即显有量谛中不说此三法。后章二者，《一依》、《一谛》，此二约显时之境，《颠倒真实》及《自性清净烦恼隐覆》，此二隐时之藏。至此已来，叙章段次第意竟。[1]

［校注］

① 憙，xǐ，喜悦。

[释评]

[1] 章段次第，解说的是真实（一乘）与方便的关系，说明教言的开合。若就所指的内容来说，也可以说这个部分摄方便归真实，可视为“顿门”。

第三，适机前后门者，夫根性不同，法无定相，如来善巧非一，故教门无定前后。若应闻四谛以得悟，则前明四谛；若宜听一乘以受，则后演一乘。余章类尔。其犹六度，自有从檀至智，自有从智至檀，次第相生，无方演说。今亦尔也。[1]

[释评]

[1] 这一段说明，经文并不指向一个“定法”。前面两种理解结构的思路，都可以超越，即“不定门”。

第四，明相摄门者，若作一乘明义，则一切无非一乘，故十五章经皆一乘也。若四谛明义，则十五章经无非四谛。故《华严》云：“一中解无量，无量中解一。辗转生非实，智者无所畏。”但诸佛菩萨约义不同，转势说法，故有十五章经之差别也。[1]

[释评]

[1] 从“相摄”的角度，既可以看到经文内涵的丰富性，又可以看到趋入修行的门径之多。佛性既然是普遍的，自然随处都可以触及。可视为“圆满门”。

第五，言无言者，无言而言，故言有十五。言而无言，故不吐一字。此如空中种树，华果宛然，虚里织罗，文彩不失。肇公云："释迦掩室于摩竭，净名杜口于毗耶，须菩提无言而显道，释梵绝听以雨华。"若留意此言，则小参圣旨。其守着文字，则是坚执妄谈。[1]

［释评］

［1］无乘建立，亦无门建立，真实不异方便，方便不异真实，这才是一乘。

第六，行说门者，夫留古训今，则使今学古。胜鬘如行而说，亦令末俗如说而行。胜鬘叹佛，末俗亦须用之而叹。十受三愿，乃至信正降邪，并须如说行也。若不尔者，圣有徒劳之弊，贫人有数宝之失。[1]

［释评］

［1］本经阐述如来藏。如来藏的教义，是要明了空性的功德。功德在于行。故有"性在作用"、"作用见性"的道路。行者应当就此而入。

二、释　章　门

《第一叹如来真实第一义功德章》，略以三门释之：一、来意门，二、释名门，三、分齐门。

一，来意门者，略明六义：一、承书所闻；二、眼亲睹；三、欲信佛，佛为生信之本；四、欲归依于佛，叹佛功德，即明堪归之事；五、发心求佛，须识佛胜德，可以愿求；六、欲利益群生，令识佛德，方得礼念、称叹及以归依。前五自行，后一利他也。[1]

[释评]

[1] 本章内容的重心，落在第五，即发菩提心。

二，释名门者，体如而来，故名“如来”。又如诸佛①，故名如来。问：体如而来，故名如来。此是应身，可有来义。真如法身，云何有来？答：“如”本隐今显，亦得称“来”。德不虚称，故云“真实”。古注云：“圣应除惑，功德之实也，理极莫过，名为第一”，深有所以。目之为义，修功所得，故名“功德”。又即功为德，如灯有破暗显物之功，即以此功为灯家之德，故名功德。美其实德，故名为“叹”。[1]

[校注]

① 佛，【原】本作“佛来”。

[释评]

[1] 无作之作，叫做功德。大乘佛教徒修行，或体认“性在作用”，或由“作用见性”。无体性而有作用，体用圆满。

次分齐门者，就此一章，大开为二：第一叹佛功德，第二请护[1]。所以有此二者，佛有胜德，是故揄扬。欲发心愿求，是以请护。就初叹佛，又开为二：一者别叹，二者总叹。如来广德，非别不彰，故前别叹。非别能尽，故须总叹。又前正明叹，后辨叹所不能叹，乃穷称叹之美。

［释评］

[1] 赞叹佛德、皈依如来就是修行，如“普贤十大愿行”。此外，皈依、发心也通常列为修行的步骤。所以，始终不离实践。

就别叹中有四义、三义、二义、一义、无义。所言四义者，一叹应身，二叹法身，三叹解脱，四叹波若①。面睹金容，故前叹应身②。本故次叹法身。法身清净，无诸非法，故次叹解脱。解脱得成，功由波若，故次叹波若。所言三义者，应身真身，并属法身。次叹解脱，后叹波若。此三次第者，生死有三，谓报及业与烦恼以为次第。法身对报，解脱对业，般若对于烦恼，亦成次第。所言二义者，虽有三德，不出二义：解脱一德，累无不尽；法身波若，德无不圆。所言一义者，累无不尽，不可为有，德无不圆，不可为无③，名为中道。是故经云：“佛性名为中道种子，中道之法名之为佛，说中道故名大法师。”[1]此三种中道必有次第。由佛性本是中道，中道未现名种子，中道显现目之为佛，还为众生说中道法名大法师。次言无义者，经云："远离二边，不著中道。"如后文说"敬礼难思议"。心行灭故不可思，言语断故不可议。故如来之德，舒之则遍乎法界，卷之则虑绝言亡。若体斯意者，方可识此中文也。[2]

［校注］

① 波若，即"般若"，下同。

② 此处有脱文。【原】本"身"后有"寻应者"三字。

③【原】本"无"后有"非有非无"四字。

［释评］

［1］三论宗的见地，可以名为"中道佛性论"。也可以视为本论的核心观点。所谓"一乘"，即是乘中道佛性而具足各种功德，即运用经中所说的"空如来藏智"和"不空如来藏智"。

［2］佛的功德无量无边，本论收摄为三个最基本的方面：法身、解脱、智慧。

三、叹佛功德

今且就三德释之：初两偈叹法身，次一偈叹解脱，后一偈叹般若。《涅槃经》三法，以解脱为初，法身为次，般若为后。今法身为端者，正以仰对金容，就迹寻本也。但解三德不同，江南有其三释。第一，云法师①云："举法身对生死色，举般若对生死中心。生死色心被缚，佛地法身般若无累，故举解脱对彼有缚。”第二，藏法师云：“法身当体，举解脱对昔有余涅槃②，举般若对昔无余涅槃。”第三，旻法师③云：“法身当体与第二不异，但万德不出智断，举解脱明断，举般若明智。”北土诸师云：“夫涅槃以对生死。生死有三：一、果报身，二、业，三、烦恼。对生死报身故说法身，对生死业故说解脱，对生死烦恼故说般若。”今明可具此诸义也。[1]

［校注］

① 云法师，疑指梁武帝时光宅寺法云法师，曾讲《涅槃经》、《大品般若经》、《法华经》等。

② 有余涅槃，是对无余涅槃而言的。有余无余，有三种解释：

一、只就小乘说。断一切烦恼而绝未来生死之因，尚余今生的果报身体，叫有余涅槃。今生的果报尽而归于寂灭，叫无余涅槃。即证得阿罗汉其身存生之间，为有余涅槃，其身死时，是无余涅槃。所以，有余涅槃，无生死之因，只有生死之果（这是前生所招的果报）；无余涅槃，无生死之因，也没有果。又说有余依涅槃、无余依涅槃，依，即依身。本论说：“因亡名有余，果尽名无余。”

二、只就大乘说。变易生死之因尽，叫有余涅槃，变易生死之果尽，而得佛的常身，叫无余涅槃。本论说：“金刚心断变易因尽，而变易果犹存，有余累故曰有余。佛果为解脱道起，则无复因累，变易生死果亦亡，则无复果累，故名无余也。”

三、就大小相对说。小乘的无余涅槃，尚有惑业苦三道的残余，所以叫有余。大乘的无余涅槃，究竟而无残余，所以叫无余。本经说：“有有为生死，有无为生死。涅槃亦如是，有余及无余。”又说：“以成就有余解脱有余清净有余功德故，知有余苦，断有余集，证有余灭，修有余道，是名得少分涅槃。”本论说：“小乘中因果尽名有余，大乘因果尽名无余。”

③ 南朝名僧僧旻（467—527 年），与法云、智藏共被誉为梁三大法师，曾讲《胜鬘》等经。

[释评]

[1] 解释为什么把佛的功德摄为三者。

（一）叹法身

初叹法身二偈，四门释之。一、卷舒门，二、出正解门，三、同异门，四、详得失门。

卷舒门者，有四义、三义、二义、一义、无义、有义。所言四义者，初偈叹应身。“如来色无尽”一句，叹色报身。“智慧亦复然”，叹智慧身。“一切法常住”，叹如如身。《楞伽经》中有此四身。言三义者，初有五句，叹佛色身。“智慧亦复然”，叹佛智慧。“一切法常住”，叹余戒定等诸功德法。言二义者，前别叹色智，后总美众德，谓总别一双也。言一义者，虽有总别不同，望后解脱、波若，皆属叹法身，故是一义。又一义者，如肇公云“本迹虽殊，不思议一”，故一义也。又一义者，即寂而动，故真即是应；即动而寂，故应即是真。故肇师云：“岂近舍丈六，远求法身者哉？”言无义者，即寂而动，虽真而应，即动而寂，虽应而真。虽真而应，故真非定真。虽应而真，故应非定应。非真非应，虑绝言亡，称为无义。虽非真应，而真应宛然，故是无义而有义，故称有义也。[1]

[释评]

[1] 无论多少义，总不出中道义。

第二，正释门者，古旧释次第相生。“如来妙色身”者，既面睹金容，故前叹妙色。一从妙因所生，二由妙本所垂，是故称妙也。“世间无与等”者，无物与之齐，故言“无等”。无物可比，故言“无比”。出情识之外，故言“不思”。超言说之境，称为“不议”。此皆自近之远，有五叹也。言自近之远者，妙微语过世间，亦有无等语能过出世间。虽过世间，于出世中有二乘菩萨可得比类，是故今明于出世中亦无比类。犹言可思可议，是故今明心不能思、口不能议。[1]有此妙身，“是故今敬礼”。又上三句辨叹，下一句明敬。自有敬而不叹，叹而不敬，今则具足。又三句辨口业，下句明身业，心通二处。“如来色无尽”者，上虽五叹，恐物有尽极，未必能一切处一切时常应，是故今明能应物无尽。所以无尽者，由本无尽，故应常不尽。由群生无尽，故垂形不穷，故有无尽叹也。[2]“智慧亦复然”者，上叹色形，今美智慧。叹色有六：一、微妙、二、无等、三、无比、四、不思、五、不议、六、不尽。今叹智慧义亦应然，但略示智同于色。色既无尽，则智亦无尽。无尽者，无量无边之智慧也。所以偏叹色、智者，形则无伦，智则无尽，盖是物之欣要，故偏说之。问：上睹金容，可叹妙色。未明智慧，云何叹智？答：将一色类智。既有绝妙之身，必有超群之智。又前赴感中具明色智，知感即应，故是智无不周。普放净光，故形色无比。上既双睹，故今俱叹。[3]“一切法常住”者，上虽叹色智，恐未必具于余德，是故今明具一切德，故下文说：“成就一切佛法，名如来法身。”问：若尔，法身摄一切德，何故复有波若？答：若作法身名说，无非法身，余二亦尔，故下文说“智慧身自在”，则波若中有法身。今法身中亦有波若，故云“智慧亦复然”。解脱中亦有法身，故云“是故礼法王”。若就别义者，《摄论》云：“法身是众德所依，如身根为众根所依，是故法身具一切德。”虽具众德，未必是常，故云“常住”。所以常者，如来藏中过恒沙佛法，显成今德，是故为常。若是无常，不足归依。以是常住，故可归依。今佛异昔佛，故明常住佛。今归异昔归，故归依常住。古旧之释判其真应者，一行半叹应身，“常住”已下叹法身，今用此意。[4]

［释评］

［1］法身之义，不可思议。所以，此经与《维摩经》可参看。

［2］下文说“无量四谛”。“无量”是大乘要义。

［3］说明如来色身，不可思议。同时也说明法身具有妙色、妙智。

[4] 法身具一切德，这句话说明，本经所说的法身，不同于唯识宗所说的“别相法身”。这是法性圆满之义。

第三，同异门。初偈及第二偈下半，人无异释。有人言：“‘如来色无尽’者，此叹报身。报身其有常色，常故无尽。‘智慧亦复然’者，此叹智慧报身之中不出功德智慧，以智慧同色常住，故言‘亦复然’。”

第四，详论得失门。且前问：后家若言“无尽”是常住义者，下句复云“一切法常住”，文则为烦？又下《归依章》中，明无尽归、常住归。若无尽即是常住者，文则不应两出。又即言不巧。世间云：“绝伦之貌，无尽之才。”若以常释无尽，则于叹不巧，是故应用初师之说。[1]

[释评]

[1] 这是对上一段以“常”解释“无尽”的评论。

次论法身有色无色，古今论争。有人言：“法身有色。《泥洹经》云：‘妙色湛然常安稳，不随时节劫数迁。’《涅槃》云：‘舍无常色，获得常色。’《地论》云：‘如来相好庄严为实报身。’又菩萨广劫修作相好之因，而何无果？以文义推之，当知法身有色。”破无色者云：“若言色是碍义，故佛果无色者，亦应心是缘义，应说佛果无心。佛遂有无缘之心，应有无碍之色。问：无碍云何名色？答：若尔，佛无缘云何有知？”

次江南云、旻、藏等悉云：“佛果无色，故《涅槃》云‘愿得如来无色之身’，《文殊十礼经》云‘无色无形相，无根无住处。不生不灭故，敬礼无所观’也。”破有色者云：“若言佛果有色者，应架芎隆之屋，带楚[①]之裳。”难意云：法身既有无碍之色，应处无碍之宅，应着无碍之衣也。肇公注《净名》：“至人空洞无像，岂国土之有恒？”竺道生著《法身无净土论》，明法身无净土。此皆用无色义也。通初家难云：色与心，此二非类。粗心可研习为妙心，粗色不可研习为妙色，是故佛果则无色有心。问：若尔，经云何言“舍无常色[②]”？答：盖是妙有炳然，故言色耳。

［校注］

① 原注：“楚”字捡他本皆同。今恐是“仟疋”字误。“仟”与“千”同，“疋”与“匹”同。【原】【甲】本作“楚楚”。

② 色，【甲】【乙】作“色获得常色”。

二家各执，互成争论。今依龙树一言决之。《中论·法品》[①]云：“诸佛或说我，或说于无我。诸法实相中，无我非无我。”亦应云：“诸佛或说色，或说于非色。诸法实相中，非色非无色。”又非色非不色，不知何以目之，叹美为色。亦非心非不心，不知何以目之，叹美为心。故色与无色，义不相违。又若言有色异心，有心异色，则成二见。经云："诸有二者无道无果。"又若言有色有心，则名有所得。有所得者，无四无碍。有色无色，此虽一句之经，乃是佛法大事。悉须用龙树意通之，则无所滞著也。

[校注]

① 即《中论·观法品》。

（二）叹解脱

"降伏心过恶"者，第二，叹解脱。前既明法身，则无非法，故次明解脱。又前既对生死之报以明法身，今对生死之业故次明解脱。"降伏心过恶"者，断意地烦恼，除其因患，谓心解脱也。"及以身四种"，叹离果患。身有生老病死四种之缚，佛悉断尽，故言身四种。色难已穷，心滞复尽，便到佛果难伏之地。如来生不能生，老不能老，病不能病，死不能死，故云难伏地。佛能伏于众累，不为众累所伏。以能伏众累，不为众累所伏，便是自在法王，是故致敬。有人言："'身四种'者，分段之身，四大所成，以为四种。如六种①成人，是业果义。言难伏地者，谓金刚心。金刚能灭众惑，不为众惑所侵，故言已到。"馥师以无明住地为难伏地，无始无明最为大力，唯佛能除，二乘不断。到之言度，谓已过此累也，此实是断。而言伏者，如降伏四魔。难伏已伏，则高升累表，于法自在，故称法王。有人言：“‘降伏心过恶’，则是远离意三邪也。‘及与身’者，身三：杀、盗、淫也。及‘四种’者，离口四过。②”但举身则兼口，言四则兼意三，盖是偈要略之巧也。[1]

［校注］

① 出《楞伽经》。(1) 当有因，意谓现在的六根对于六尘所作的法为因，此因能招未来当有之果。(2) 相续因，即因一念之心，攀缘根尘，成善恶之业，招未来之果。未来果又起善恶业，辗转无穷。(3) 相因，以所作善恶业相为因，由因感果，无有断绝。(4) 作因，作胜因，已获胜报，于胜报上，更作胜因，故名作因。(5) 显示因，一念妄想若生，必有所作的善恶业相，如灯照物，显然可见。(6) 待因，待，即相对。妄想灭时还作，作时还灭，若相续念断，则妄想不生；以妄对不妄，故名待因。

② 十善业：(1) 不杀生，(2) 不偷盗，(3) 不邪淫，(4) 不妄语，(5) 不恶口，(6) 不两舌，(7) 不绮语，(8) 不贪欲，(9) 不嗔恚，(10) 不邪见。

［释评］

[1] 任运自在，即是解脱、降服。

（三）叹般若

“知一切尔炎”者，第三，叹般若。障累得除，功由般若，故次叹之。又叹法身则无感不应，赞解脱则无累不除，美般若则无境不照。问：上云“智慧亦复然”，已叹智竟，今何故复叹？答：上略叹，今广叹。又上叹为成法身，今别叹般若也。释此不同。有人言：“‘知’者，叙其能照之智也；‘尔炎’者，一切境界，是其所照境也。揽智慧以成身，纵任达观，故言‘智慧身自在’也。一切万境，秉在佛心，无不练知，故言‘摄持一切法’。妙德过人，堪可致敬，言‘是故今敬礼’。此不分智，释也，初句境智一双，次句体用一双，下句能持所持一双。”有人言：“初句叹智能照尽有无，故云‘知一切尔炎’。‘一切’即是有无二谛境。次句叹智用随心，故云自在。第三一句，摄理在心，记持不忘。如镜在高台，万像皆现，故云持一切法也。初句明智体，次句明智用，此二句明遍知。”今辨常知也，古注云：“照得其会，理宣于解，为摄持。”有人言：“初有两句，叹于空慧。‘摄持一切法’，叹于有慧。即权实二智，亦是一切智、一切种智也。”有人言：“‘知一切尔炎’，此叹一切智也。‘尔炎’谓智母，以能生智故。又亦名为智境，则五明等法，能生智解，故名智母；为智所照，名智境也。‘智慧身自在’者，叹无碍智[①]也。于诸法中，不假方便，任运能知，故云自在也。‘摄持一切法’，叹清净智也。如实法性，谓一切法也，明证在心，故曰摄持。此三智出《地持》文。《法华·嘱累品》亦明三智，谓如来智、佛智、自然智②，即是《地持》三也。一切智，谓知世谛诸法。以无碍智，于世谛法知之自在也。三清净智③，证第一义。又即是《法华经》三智，谓佛智、自然智、如来智。”[1]

[校注]

① 无碍智，指佛智的通达自在。《法华经·化城喻品》：“如来无碍智，知彼佛灭度，及声闻菩萨，如见今灭度。”《大集经》：“无碍智慧无有边，善解众生三世事。”《无量寿经》：“佛眼具足，觉了法性，以无碍智为人演说。”

② 天台智者《妙法莲华经文句》上说：“佛之智慧者，一切智也。如来智慧者，道种智也。自然智慧者，一切种智也。”内外法明，无不晓了，名一切智。这是因中所修的智慧。佛智，是果上所成的智。自然智，是果后施化所起的智。机教相合，莫不称适，故名自然智。

③ 清净智，《瑜伽师地论》：“一切烦恼并诸习气，毕竟断故，名清净智。”

[释评]

[1] 不同的宗派、不同的经典对智慧的解释各有侧重。本论侧重于参照《法华经》来解释。尤其值得注意的是“自然智”。即《胜鬘经》中所说：“智慧身自在”，与下文所说的“无作”相呼应。

（四）叹所不能叹

“敬礼过称量”下，有人言：“上来别叹，今是结叹，亦云总叹、正叹者，叹应身、法身、般若、解脱四德也。

今明结叹前四也，即成四别。‘敬礼过称量’者，结叹前应身，过于称量境界也。‘敬礼无譬类’者，结叹前真身非譬类所及也。‘敬礼无边法’者，结前叹解脱自在，离于系缚无边表也。‘敬礼难思议’者，结前叹般若。内智深远，下地不测也。”今明不然。前已四叹，今更结者，便是烦重。又摄德不尽。今明所以有此文来者，上但略叹三德，人情谓如来理极于此，故今明如来体与虚空同量，不可穷尽，上所叹者，略叹少分耳。又上来叹如来德，人谓佛德可叹，今明叹所不能叹，乃穷称叹之美，故有此文来也。又上叹四德，此一一德，具“过称量”等四义。世间之物，可称其重轻，量其长短，佛德过称之，故言“过称量”也。世间之物，可以譬况，可以类取，佛德不尔，故云“无譬类”。世间之物，有其边表畔齐，佛德不尔，故称“无边法”。世间之法，可以心思，可以口议，佛德不尔，故言“敬礼难思议”也。[1]

[释评]

[1] 申明“无量”之义。

问：云何名为难思议？答：夫欲礼佛，须精识佛。龙树《中论》云：“如来在世时，不言有与无，亦有及亦无，非有及非无。”灭后亦尔。佛既绝乎四句，不可作四句而礼。若作有而礼，佛非是有，此则谤佛。又是礼有，不名礼佛。下三句亦然。问：作绝四句而礼，是礼佛不？答：亦非礼佛。所以然者，《大品》云："行亦不受①，亦行亦不行亦不受，非行非不行亦不受，不受亦不受。"则知五句皆舍。而般若即是佛。龙树云："若如法观佛，般若及涅槃，是三则一相，其实无有异。"故知般若绝五，佛亦如之。问：所礼之佛既绝五句，能礼之人其义云何？答：须识不二二义、二不二义。若不二而二，师弟宛然。二而不二，则尊卑寂灭。故《维摩》云："普于一切国，供养诸如来。诸佛及以身，无有分别想。"此意明上半即是不二二义，下半即是二不二义也。礼佛既尔，念与归依，义亦如是。此虽一句之经，乃是佛法大事，不可不留心也。[1]

［校注］

①【原】【甲】本在此句后有"不行亦不受"五字。

［释评］

［1］法性作用离心意识，所以称为"不可思议"。

四、请　　护

"哀愍覆护我"下，第二，明请护。上叹如来累无不尽，德无不圆，有堪护之德，是故今请佛覆护。又上来叹佛德，今发菩提心。佛既有胜德，故发心求佛也。又上通叹佛德，今欲请佛为师，己为弟子，结师徒也。又胜鬘将欲请佛为师，就佛受戒，故请护也。建此四意，使万类学之。[1]

［释评］

［1］请护，用现在通行的“修行次第”的话来说，是表示要皈依的愿望，也包含了发菩提心的内容。

就文开为四段：初、请护，二、许护，三、明请护事，四、与护事。此四即次第，宜生起之。请护有四：初句正请护，次明所护事，三明护时节，四请摄受。[1]“哀”者悲也，“愍”者慈也。愿佛内运慈悲之心，外以事来覆护于我。慈阴令我善增为覆，大悲使我离恶为护。“令法种增长”者，出覆护之事。胜鬘上来叹佛之善，能为未来法身种子，名为法种，愿佛覆护，令得增长。“增长”者，横阔为增，竖进为长也。问：但法身因增长真如，法身亦增长耶？答：本有渐显，亦有增长之义。种子，二义：一、广大，二、甚深。令种子广大为增，令种子甚深为长。法身亦二义：令广大渐显为增，甚深渐显为长。“此世及后”下，出请护之时节也。“此”即现世，“后”谓来生。不但请如来慈阴现在，亦愿后生覆护。非止此世后生暂请如来，于一切处一切时愿佛常摄受。问：摄受与请护何异？答：覆护语通摄受，明别常摄受，所以为异。又请护明生善灭恶，摄受辨于人法，谓以法摄我为摄，我为弟子为受。问：何故不言过去摄受？答：过去事竟，不须请也。

[释评]

[1] 请护有一定的仪式。

“我久安立汝”下，第二、如来受请许护。佛言我前世已为汝作师，安立汝在正法中也。问：胜鬘之请，与今受请有何异耶？答：胜鬘但请二世，今许其三世，谓过去曾护，现在今护，未来当护。明我过去广劫已来，久安立于汝，是故今现世与汝相值，则知今日相值，未来亦然。此举过去证成现在未来也。此义一名异，始建曰“安”，终成为“立”。问：安立与开觉何异？答：令汝依福舍罪，名为安立。令汝罪福俱舍，名为开觉。又令发菩提心为安立，修菩萨行为开觉。又离生死厄苦为安立，渐入涅槃门为开觉也。又久安立者，安立功德也；开觉者，开觉智慧也。“今复摄受汝”者，以法摄汝令住正法中。受汝为弟子，我为汝作师，未来亦尔。[1]

[释评]

[1] 佛性是一切世间出世间法的安立之处。

“我已作功德”下，此第三、明请护事。就文为二：一者口请，二者身请。[1]就初有二：初三句牒三世善，第四句请佛摄受。就初又二：两句别明三世善，次一句总牒三世善。“我已作功德”者，领佛前世已开觉之言也。佛所以前世开觉我者，良由我过去世已曾种功德故也。“现在”者，现世也。“及余世”者，未来也。“如是众善本”者，总牒三世之善也，故云众善也。善虽三世。其理冥同，故总言如是众善本。本亦因也，欲以此善为菩提根，故名为本。“唯愿见摄受”者，明我过去已生善、现生善、当生善，摄此三善，一者令莫向三有，二者令莫向二乘，三者令莫取相。次将此众善，亦有三事：一者令此善与众生共，二者令我与众生共成佛，三者以此善同入实相。今请佛摄受如此之善，故言“唯愿见摄受”也。[2]

[释评]

[1] 仪式。

[2] 发菩提心。

“尔时胜鬘”下，古注云：“既颂美已毕，则法供理同①。今标寄归诚，欲化洽亲属。”此意明礼佛，佛既授记，则引亲属修净土之因也。今明上来口请，今身请也。众师解云：“上是口请乞记，今是身请乞。”今谓不尔。此乃是请佛摄受。上是口请摄受三世之善为菩提基，今是身请三世之善为菩提基。夫善向菩提，是为理之中极，必须心形俱至，故上口请，今明身请，而心通二处。[1] 问：何故口礼，何故身礼？答：为叹故口礼，为敬故身礼。又于暗处则须口礼，于明处则须身礼。又为盲人故即须口礼，为聋人故即身礼。又生自他身业善故明身礼，生自他口业善故明口礼。又师徒相去远故即身礼，相去近故即口礼。问：敬与礼何异？答：凡有四句。一者礼而不敬，如恶心礼也。二者敬而不礼，如善心叹佛及念佛也。三亦敬亦礼，谓善心礼佛也。四不礼不敬，谓敬无所敬、礼无所礼。又有四句。一、心礼而身不礼，如须菩提端坐念佛，名真礼佛。二、身礼而心不礼，如调达礼佛，密欲害伤。三、身心俱礼，即是胜鬘。四、身心俱不礼，谓外道见佛。将口对心，亦有四句，义推可知。

［校注］

① 同，【甲】【乙】本作“周”。

［释评］

［1］心最重要。心真实得见如来功德，故能礼敬。

“佛于众中”下，第四、许摄受，即是与护事。而与授记者，决也。以汝未来必当作佛，是故受汝众善为菩提基。又以受汝众善为菩提基，故汝未来必当作佛。互相释。又胜鬘叹佛请护，现在得记未来成佛者，令一切众生学之。叹佛请护，现在得记，未来成佛。又授胜鬘记者，为利时众，以众中诸天及人见胜鬘得净土记，发愿往生，故与之记。又将欲明胜鬘受十大受，及发三大愿，乃至广为大众说法，故须前为授记。以胜鬘现在得记，未来成佛，言必可信，则胜鬘所说宜应受行不须疑也。为此因缘，故授胜鬘记。[1]

[释评]

[1] 授记，即是对胜鬘的见地的肯定。

就文为二：初、明与记，二、明得益。就与记中有二：一、总明得记，二、别明得记也。言“即为授记”者，总明得记也。《法华疏》内具释。一者，记谓别也。佛记其不成六道及以二乘，当得作佛。以别于佛道，异于外道，故名为别。今授此记，故名授记。二者，胜鬘行因，记得来果。此是有来果可记，故名为记。圣说授与，故名授记也。如《地持》中授记有六：一、种姓未发心记；二、已发心；三、现前；四、不现前；五、时量、时定；六、时无量、时不定。前之二种得记人，位地上下差别。前一在种性地，发心者位在解行已上。次二约处同异差别。同处对面而记者名现前，异处遥记者名不现前。后二约时分定不定差别。若记时劫数量名字，并记佛及国土名字者，名时量、时定。若总言无量劫作佛，不委曲辨时劫数量及佛国土名字者，名时无量、时不定。今胜鬘得记者，或是种姓，或是发心，经无成文，位地难定也。乃是现前授记非不现前也。若记近果，言无量劫人天中王者，应是时无量时不定也。记其远果，言过二万劫作佛号普光者，应是时量、时定也。此六种授记。更有异释，如《法华疏》解。

“汝叹如来”下，第二、别明授记。就文为二：一、明现因记得近果，二、明当因记得远果。亦是当因当果，亦是菩萨因菩萨果，亦是佛因佛果。就初又二：初明因，次明得果。“汝叹如来真实功德”者，牒前善因也。“以此善根”下，第二明得果。得果中，前明时节，次明得果。[1]

［释评］

［1］授记的具体情形。

今前释阿僧祇劫义。[1]依《法华论》，但明二种僧祇：一、明日月岁数不可数，谓小僧祇。二、劫不可数，为大僧祇。有人言：“三种僧祇。”二种同上，三，大劫僧祇。《杂心》说六十四劫名一大劫。所言六十四劫者，始从初火劫，终讫风劫，有六十四。六十四者，七火一水，过七水已，更经七火，方有一风，故合成六十四。合此六十四为一大劫。此大劫不可数，名一大僧祇。《善生经》云：“刀兵饥馑为一小劫，十九小劫为一中劫。”《俱舍》云：“八十小劫为一大劫。”依《璎珞经下卷》亦明三劫：一里二里三里乃至四十里石，《方广》亦然，以天衣重三铢，人中日月岁数三年一拂，此石乃尽，名一小劫。就小劫中自有一里二里乃至四十里也。六十里石，《方广》亦然，以梵天衣重三铢，梵天中百宝光明珠为日月岁数，三年一拂，此石乃尽，名为中劫。有八百里石，《方广》亦然，以净居天衣重三铢，即净居天百宝光明镜为日月岁数，三年一拂，此石乃尽，名一大僧衹劫。问：今经中明三阿僧衹劫行行成佛，定用何等劫耶？答：《智度论》《摄论》等云："或四十里石，天衣三年一下，拂之使尽。又四十里城，满中芥子不概令平。有百岁，人取一芥子。取芥子尽，名一大劫。"取此劫不可数为一大僧衹劫。望《璎珞经》即是彼小劫。多作此说。或可依《璎珞经》中大劫不可数名一僧衹。问：为直取三阿僧衹时节满即得佛不？答：不尔。若直数时节者，于时节中有或当空过。今取三僧衹念念善相次，取三阿僧衹劫善满，方乃得佛。问：三僧衹劫善满者，亦取人天及二乘及佛因不？答：《法华论》云："凡夫善及决定声闻善非佛因，不得成佛。要取发菩提心行菩萨行善，满三僧衹方得作佛。"《杂心》中二种僧衹：善行僧衹与劫僧衹。善行僧衹，即前善是。劫僧衹，谓时节也。问：三僧衹约位云何？答：初，一僧衹行行到初地。二，从初地行行经一僧衹到八地。三，从八地一僧衹行行到佛地。问：何故尔？答：初从凡至圣，次从功用到无功用，后从因到果。问：约值佛云何？答：《智度论》述小乘云："释迦过去为凡之师，值过去释迦佛初发心，至赖耶尸弃佛为一僧衹。从赖耶尸弃至燃灯为二僧衹。从燃灯至毗婆尸佛为三僧衹。从毗婆尸至今释迦成佛复经九十一劫。"小乘又云：

“前三僧衹行有漏六波罗蜜，后九十一劫种相好业。”龙树但破其行有漏六度及百劫种相好业，不破其三僧衹。当知三僧衹，此通大小乘为定数。通名劫者，梵云劫波，此云分别时节。梵云迦罗波，此云时也。问：何故火劫起烧世界耶？如《第一义法胜经》说，佛欲示众生令知时节，又示众生业果成坏，又示众生有劫火起，令其畏劫火故，预修善法。今谓或佛示现劫火，或众生报尽一期，是故劫火等起。问：既但三僧衹行行成佛，今经文何故言无量阿僧衹耶？答：有人言：“此云无量者，依《华严经》是百二十数中一数之名也，非是泛尔言无量也。僧衹是外国语，此云无数，亦是一百二十数中一数之名。”若尔，则无量无边及阿僧衹，经是僧衹劫。故下文作自在王则是初地，以一僧衹劫行行至初地故。亦可依经无量无边僧衹，即是僧衹无量，僧衹无边也。问：但三僧衹行行，云何言无量僧衹？答：此或可是时节僧衹，非善行僧衹，或可是小僧衹也。

［释评］

［1］以下一大段解释“阿僧衹劫”。

“于人天中”，第二，明得果。人天简恶趣，自在王简[1]庶民。胜鬘受质，五碍三监，对此故言自在。古注云：“居上化物，为自在王也。”胜鬘未来形遍六道，无所不为，就胜言之，故云人天之中为自在王也。“一切生得处常得见我”者，上明尊胜果，今得见佛果。虽得尊胜果，若不见佛，则行愿不成，故须明见佛也。又尊胜果者受世乐，见佛者求出世乐。又尊胜果者明受果也，见佛者行因也。又尊胜果下利也，见佛者上弘也。即显成上佛摄受义也。又自有尊胜而不见佛，自有见佛而不尊胜，今具二也。通而言之，赞佛一因，得此两果。别而言之，赞佛感尊胜，请摄受感见佛。随相似义也。以常得见我，则知我常摄受汝也。即酬上“愿佛常摄受”言也。“现前无异”者，此一往美其叹佛之言耳。若后时悟解，则有胜于今也。[2]

[释评]

[1] 此处的“自在王”与上文“智慧身自在”呼应。所见即所得。

[2] 由此可见赞佛功德之大。

“过二万”已下，第二、得远果。前辨时节，次明得果。问：二万僧祇劫当得作佛者，是何位人耶？答：有人言：“此是第十地入、住、满三心外，更起胜进，金刚心中所经小劫，进入佛地方便，非是大劫僧祇劫。”今谓《璎珞经》说：“无垢地菩萨千劫学佛威仪，谓象王视观”等。无垢地即是等觉地金刚心菩萨，不云无量僧祇劫学佛威仪。有人言：“前云无量僧祇劫为自在王者，此在初地。更经二万僧祇修行方得作佛。经二万僧祇劫者，此是水火等中劫。经言三大僧祇行成佛者，此取数六十四为大劫之劫，满三僧祇劫也。”今谓经中多明水火等劫为三僧祇，不取后大劫为三僧祇，若必有文证者，亦宜用之。今言“过二万僧祇”者，或可是劫僧祇，非善行僧祇，或可是小僧祇也。“当得作佛”者，第二明得果。若长望文，自上来并是行因，今始明得果。就文为二：一、明正果，二、辨依果。两文各二：正果二者，一者别号，二者通号。诸佛立号，义有多门：或从姓立名，如迦叶、释迦等。或从光立名，如锭光等。或从声立名，如微妙声佛等。或从喻立名，如满月光佛等。或从因立名，如燃灯佛等。今言普光者，从前见佛普放光明起心愿求，故成佛时名曰普光。古注云：“照极无遗为普光也。”“如来”已下，第二明通号。具足应十明①，今略三，谓如来、应供、正遍知也。此三是十中之要也。[1]

［校注］

① 明，疑应为“名”。

［释评］

[1] 二万僧祇劫，说明佛德是实践真实成就的。

“彼佛国土”下，第二、次明依果。今且前论土义。古注云：“国土是养众生封疆之域秤①也。”以理推验而实成佛者，则不必待乎记莂。既以权记，引于庸信，故成佛必云封疆是妙。然封疆实是众生惑报，既以惑尽成佛，佛焉得有惑报之封疆哉！但道极则兼化物，故示居惑报之封疆耳。苟得摧级[②]之旨，解亦无伤，于佛实无土也。而众生惑报封疆优劣不同者，实由资善有浓淡，烦惑有厚薄也。若惑薄善浓者，致报则妙，惑甚善微者，报必秽恶，经论备明也。所以授净土记者，一表胜鬘心净故生净土，二欲引同行眷属发愿往生。就文亦二：初明无秽，次辨有净。无秽中有二：一无秽果，二无秽因。“无恶趣”者，无三涂苦也。“无老病”者，无人中苦也。中年夭丧名为“衰恼”。又解，“无衰恼”者，明无天中苦。天中五衰相现，是故生恼，故言衰恼也。“不适意苦”，前明无人天内苦，今明无人天外违缘不适意苦也。“亦无不善恶业道名”者，上来明无恶果，此辨无有恶因。十恶破戒违理名为不善，造作称业，通人向于三涂名之为道。净土中尚无此名，况复其事！依《摄大乘论》云：“净土中无七种众生，谓二乘外道等。”如彼广说。“彼国众生”以下，第二明有净土。亦开为二：一、有净果，二、有净因。“彼国众生”，谓人与天，翻前诸恶趣也。“色”，翻上老也。老侵于彼壮，故以好色翻之。“力”，翻前病。病夺强力，故以力翻之。“寿”，翻衰恼。衰恼夭于长寿，故寿命翻之。“五欲众具，皆悉快乐”，翻上不适意苦。“胜于他化自在诸天”者，净土是人中果报，胜彼天也。胜有二种：

一、境胜，如他化自在天。比人五欲升降非并。《无量寿经》云："他化自在天比无量寿国，如乞人之比帝释。"净土五欲、他化天优劣亦尔。二、受用胜。秽土五欲受用生罪，净土五欲受用生福。如香积饭等具二种胜也。"彼诸众生纯一大乘"者，上来明有净果，今辨有净因，即翻上"亦无不善恶业道"等。"诸有修习善根众生"者，此是住处众生。对诸恶趣，教化众生是净土业。如经说"直心是菩萨净土，菩萨成佛时，不谄众生来生其国"。如是等，是胜鬘未成佛时所化众生修善根者，胜鬘后成佛时得生其国。又他方世界大乘众生，见闻胜鬘国中纯说大乘，故发愿往生。如此众生愿生阿弥陀、阿闳佛土等。又上明净土精妙，时众或谓难往生，今欲引之：若改恶修善者必得往生。

［校注］

① 原注："秤"恐"坪"字误。

② 原注："摧级"恐当作"权汲"。

"胜鬘夫人"下，上来明授记竟，今第二，明大众愿生。就文为二：初正愿生。"世尊悉记"下，第二、明佛如愿与记。授记之兴，正为此意也。佛所以记者，进此往生众生动一①净土耳。

［校注］

① 动一，【原】【甲】【乙】本作"勋"。

十受章第二

一、分　齐　门

“尔时胜鬘”下，自上已来明叹如来真实第一义功德门竟，今明受十大受，[1]可作十门释之。

[释评]

[1] 本章和下一章阐明菩萨行。受十大受，也可以看做是运用佛性的功德，从佛性起行。

一，来意门。①前章叹佛，明发菩提心，今次明修菩萨行。[1]菩萨之行以止恶为本，故前明受戒，即菩提心、菩萨行一双也。二、上叹佛真实功德及以请护，此明就佛受于三归。归依既竟，次明受戒，即归戒一双。三、上叹佛真实功德，此福既树，必招当果，故佛即授成佛之记。佛既记，果在于当。此之当果，非行不得。行者无恶不止，无善不行，无人不度。上明当果，今辨行因，则因果一双。四、上明净土有三：一无秽，二有净，三纯善众生来生其国。息一切恶，得土无秽果。修一切善，得土有净果。度一切人，得纯善众生来生其国也。以成上净土有三义，故明受三戒。五、依《璎珞经》明有二本：一切众生初入三宝海，以信为本。住在佛家，以戒为本。上叹佛归依，即是信本。今欲生佛家，以戒为本。是故受戒。六、《涅槃经》云："一切众生皆有佛性，悉当成佛。"要令持戒，然后见性。戒即是引出佛性。是故受戒也。七、上请护中云："令法种增长。"今受十大受等，即是法种增长之义，故有此章之义。[2]

［校注］

① 根据下文，此句应理解为："第一，来意门。一、前章叹佛……"。

［释评］

［1］从因、行、果的关系来说，如来藏是清净因，由此起菩萨行。菩萨行，即是无作之作。

［2］从次第上说，既已对佛法生起信心，开始修行，就应以戒为师。

第二，释名门者，依下文云"不思议大受"。菩萨戒①法深且广，难持难行，非二乘所持，故明不思议。又不持不犯为正法戒，名不思议。所言大者，一、当体大，谓普息一切恶，普修一切善，普度一切人；二、得果大，谓诸佛菩萨大人王大天王；三、是大人所行故名为大。九道中，六道、二乘皆不能行，唯菩萨能行，故名大也。四者、时大，谓三大僧祇劫常持此戒。五者、永不失。一日之戒，日尽便无。一形之戒，形尽便灭。若一受菩萨大戒，虽经六道而戒法不失，故名为大。馥法师云："虚心敬纳，克已奉行，故称为受。"[1]

[校注]

① 菩萨戒，大乘菩萨僧的戒律，总名三聚净戒——摄律仪戒、摄善法戒、饶益有情戒，如《胜鬘宝窟》下文解说。其表述有两个系统：一个是《梵网经律藏品》所说，其中的摄律仪戒有十重禁四十八轻戒。另一个是《善戒经》所说，其摄律仪戒与小乘比丘的二百五十戒相同。

[释评]

[1] 不思议，既呼应上文不思议功德、自在智慧，又呼应下文"无量"。

第三，明受戒不同门。依《璎珞经》，受戒有三种：一者诸佛菩萨在前受，得真实上品戒。二者诸佛菩萨灭度后，千里内有前受戒菩萨者，请为法师，教授我戒。我前礼足，应以如是语："请大尊者为师，授与我戒！"其弟子得正法戒，是中品戒。三者佛灭度后，千里内无法师之时，应在诸佛菩萨像前，胡跪合掌，自誓受戒，应如是言"我某甲白十方诸佛及大菩萨等，我学一切菩萨戒"者，是下品戒。第二第三亦如是说。今胜鬘现前值佛，是上品。但是自誓受，非佛所授。但第二从法师受有二种。若依《璎珞经》，戒师不作羯磨[1]方法，初令礼过去一切佛，次礼未来佛，次礼现在佛。如是三礼已，法僧所尔。次令受三归依戒法，次令忏悔三世罪，次后正授十无尽戒[2]。若如《地持》，菩萨戒师前为作羯磨，然后授戒相，乃是前后方便，非正授戒。又如受五戒、十戒[3]，受三归已，说戒相[4]者，方名受戒。此则受三归复说戒相，乃得戒。何以知之？如直受三归人，但得归不得戒。如受大比丘戒前羯磨，则已受戒竟，后说四重[5]等，令受者坚持，非说戒相为受戒也。以此证知，须前作羯磨，方得授戒。而《璎珞》、《梵网》无羯磨者，或可前略，或可教门不定，适时而用。问：菩萨戒师，为用在家人，为用出家人？答：通于道俗。《璎珞经》云："夫妻、六亲，得互为师也。"问：第三于佛像前受戒。若无佛像，得自誓受不？答：依《普贤观经》，但虚心奉请释迦为和上，文殊为阇梨，弥勒为教授师[6]，一切佛为尊证，一切菩萨为同学，不论有像无像也。问：何故戒法一种，要须受耶？答：欲显恶可顿止，以戒是止恶为宗，故有受法，以要期顿发故也。善难并生，余行皆是修善为宗，故无受法，以渐生故也。问：若恶可顿止，善不可顿生者，亦应惑可顿灭，解不可顿生？答：戒是止相，其相即静，故常有戒法。恶有顿止之义，余善是动相，修习方生，不可一时并修诸善。灭惑生解，并是行善，故与此非类。问：自誓发戒，与从师发戒何异？答：若从戒师作法成时，则一时俱发。今既心发口言，随发随生，非一时。问：授戒受戒，得何功德？答：《璎珞经》云："若能教一人出家授菩萨戒，胜造八万四千塔。其受戒者，堕在菩萨之数，超过三劫生死之苦。"问：受戒而犯，何如不受不犯？答：《璎珞》云："有戒而犯，胜无戒不犯。有犯名菩萨，无犯名外道。"问：五戒有受一分，乃至具足受五。菩萨戒云何？答：《璎珞》云："十重戒中有受一分名一分菩萨，乃至二分三分，若受十分名具足受戒。十重有犯无悔，得使重受。八万四千威仪戒，尽名为轻，有犯得使悔过，对首便灭。"[1]

[**校注**]

① 羯磨，译为"作法办事"，意为法事由此成办，作授戒、忏悔等业事的一种宣告仪式。羯磨必具四法：一、法。有三种：(1) 心念法。事微小，或界内无人而开独秉的心念。(2) 对首法，对一人已上三人以内的比丘而说。(3) 众僧法，必四人以上秉羯磨。二、事，犯罪之事，或忏悔之事等，即羯磨所行的事。三、人。四、界，结界。

② 十无尽戒，即《梵网经》中所说的十无尽藏戒，又叫十重戒、十波罗夷。戒相虽只有十种，但是已经包含了法界一切戒，故名。包括杀戒、盗戒、淫戒、妄语戒、酤酒戒、说四众过戒、自赞毁他戒、悭惜加毁戒、嗔心不受悔戒、谤三宝戒。

③ 五戒：一不杀生，二不偷盗，三不邪淫，四不妄语，五不饮酒。

十戒：一不杀生，二不偷盗，三不邪淫，四不妄语，五不饮酒，六不著华鬘、好香涂身，七不歌舞倡伎，亦不往观听，八不得坐高广大床上，九不得非时食。十不得捉钱金银宝物。

④ 戒相，戒的相状差别，如比丘的戒相是二百五十戒，比丘尼的戒相是三百四十八戒。

⑤ 四重，又叫四重罪、四波罗夷罪。波罗夷，戒律中的极重罪，译为断头（不能再生）、作弃（弃之于外）、不共住（不能入僧数）、退没（退失道果）、堕落（落于阿鼻地狱）。比丘犯杀、盗、淫、大妄语四戒，叫做四波罗夷。又，密教另有三昧耶戒四重禁：一舍正法，二舍菩提心，三悭吝胜法，四恼害众生。

⑥ 受戒三师：受戒必需的三位比丘。和上（和尚），即亲教师，戒律的传授者、指导者。阇梨（阇黎、阿阇梨），即轨范师，义为正行，能纠正弟子品行的比丘。教授师，教授弟子威仪作法等的比丘。另，比丘受具足戒时，要三师七证：(1) 三师：戒和尚（授戒者）、羯磨师（读表白及羯磨之文者）、教授师（教授威仪作法者）。(2) 七证：七位证明师。

[释评]

[1] 受戒的仪轨。

第四，戒体[①]相门。《毗昙》以色聚为体，《成实》用非色非心为体，譬喻部以心为体。《璎珞》云："一切菩萨凡圣戒，尽以心为体。"心若尽者戒则尽，心无尽故戒无尽，故六道得受戒，但解语而受得不失。若依《璎珞》别明三戒体者，摄律仪戒，谓十波罗蜜；摄众生戒，谓慈悲喜舍；摄善法戒，所谓八万四千法门。此以四等为化他，故是摄众生戒。十度是自行，故取为摄律仪。摄善法通自他，故取八万四千法门为摄善法也[1]。

[校注]

① 戒体，防非止恶的功能。旧译“无作”，新译“无表”。随顺戒体而于身口意上表现的如法行为，叫戒行。

[释评]

[1] 大小乘戒体。

第五，戒所对治门。大宗此三种戒，则无恶不止，无善不行，无人不度。则五住地惑，通是所治也。然戒法以止善为体。止弃物之恶，为摄众生戒。止不修行之恶，为摄善法戒。除此二外，止起恶之心，为摄律仪。故三戒别治三惑也。又此三戒，行①二乘三②戒恶：摄律仪者遍防三业罪非，行二乘但防身口。摄众生者，不弃物之心，行二乘独善之行。摄善法者，誓行众善，行二乘偏近小行。[1]

[校注]

① 行，【原】【甲】本作“治”。

② 三，【原】【甲】本无此字。

[释评]

[1] 戒的功德。

第六，作、无作门。一云单用作善为体，二、单用无作善为体，三、合用作、无作善为体。然此三戒并有作、无作。作即誓心，无作即是从心生戒，远至菩提。小乘正以无作为体。作心罗①难恒，大士即两取也。若尸罗与波若合用，则以心戒为本。常有心，则无作常生。[1]

［校注］

① 罗，疑当作“多”，【原】【甲】本无。

［释评］

［1］辨别有为之戒和无为之戒，以中道为准。

第七，通别门。通而为论，悉是摄律仪戒。皆有被物之用，通是摄众生戒。《地持》云：“律仪悉总三聚戒，通名律仪。于律仪中分出余二聚，余残戒者是律仪。”律仪既通，余二亦通，但约立意不同，故分为三。[1]

［释评］

［1］三聚戒的实质相通。

第八，次第门。《璎珞经》前明摄善，次明摄生，后明律仪。又初明无恶不息，次明无善不行，后明无人不度。今文明三戒次第者，前要须自行息恶，故第一明摄律仪。然后方能及他，故第二明摄众生。自行化他必须生善，通自行他化故明摄善法也。[1]

[释评]

[1] 三聚戒的修行次第。

第九，因果门。依《摄大乘论》，三戒为三德因：息一切恶为断德因，修一切善为智德因，度一切众生为恩德因。初一累无不寂，次一德无不圆，谓自成佛也。恩德亦令众生具得二事，则他成佛也。故受此三戒，若自若他一切成佛，即是不可思议广大之义。[1]

[释评]

[1] 修行戒律的果报。

第十，大小门。小乘无重受，大乘有重受。小乘有舍戒①，大乘无舍戒。小乘有简众，大乘无简众。故奴婢畜生解佛语者，皆得受戒。小乘二师、十师、二十师，大乘唯一师。小乘防二业，大乘防三业。小乘尽一形，大乘至佛果。小乘随犯渐制，大乘未犯顿制。小乘戒有定数，如从十戒乃至五百，大乘不定，或六重，或八重，二十八轻。或四十二种，或十重四十八轻②。《涅槃疏》内具会其同异也。[1]

[校注]

① 据《婆沙论》，小乘戒是“尽形寿律仪”，即一生受持。由四缘有舍戒：(1) 舍所学。(2) 二形生，即男变女、女变男时。(3) 断善

根。（4）舍众同分，即身死。

② 四十八轻戒：（1）不轻师友戒。（2）饮酒戒。（3）食肉戒。（4）食五辛戒。（5）不教悔罪戒。（6）不供给请法戒。（7）懈怠不听法戒。（8）背大向小戒。（9）不看病戒。（10）畜杀众生具戒。（11）国使戒。（12）贩卖戒。（13）谤毁戒。（14）放火梵烧戒。（15）僻教戒。（16）为利倒说戒。（17）恃势乞求戒。（18）无解作师戒。（19）两舌戒。（20）不行放救戒。（21）嗔打报仇戒。（22）憍慢不请法戒。（23）憍慢僻说戒。（24）不习学佛戒。（25）不善知众戒。（26）独受利养戒。（27）受别请戒。（28）别请僧戒。（29）邪命自活戒。（30）不敬好时戒。（31）不行救赎戒。（32）损害众生戒。（33）邪业觉观戒。（34）暂念小乘戒。（35）不发愿戒。（36）不发誓戒。（37）冒难游行戒。（38）乖尊卑次序戒。（39）不修福慧戒。（40）拣择授戒戒。（41）为利作师戒。（42）为恶人说戒戒。（43）无惭受施戒。（44）不供养经典戒。（45）不化众生戒。（46）说法不如法戒。（47）非法制限戒。（49）破法戒。

[释评]

[1] 大乘戒更重心戒。

二、受 戒 门

就文为三：第一，经家叙列受戒之仪，第二，正受戒，第三，请证除疑。初是受戒前方便，次正受戒，后是方便。摄三为二：初两正明受戒，后一明受之意。菩萨所以受戒者，为欲止谤除疑，令尊人重道，然后始得开宗授法。[1]

[释评]

[1] 本章纲领。

(一) 受戒之仪

“尔时胜鬘闻授记已”，此领前记也。“恭敬而立”者，正叙授戒之仪。佛处空，胜鬘在地，欲使空地言交，受法仪便，是故立也。又胜鬘礼佛，请佛摄受，佛即授记，故闻记欢喜，恭敬而立，非欲立而受戒也。又佛前授记，闻记欢喜，将欲受戒，更整容仪。尽于处悟①，为受戒方便，是故立。或言立是将行之貌。胜鬘将欲受行戒法，是故而立。“受十受”者，上之受字，明内心能受。下之受字，明戒是所受法，为行者领纳，故称为受。又要心摄持故名受。“十”是圆数之名。菩萨戒法长而且广，是故称“大”。[1]

[校注]

①“处悟”恐应为“虔恪”。

[释评]

[1] 受戒之仪，并无定法。要点是真实与方便圆融。

(二) 正受戒

“世尊！我从今日”下，第二明正受戒。释此不同，凡有五师。昙林①云：“自此章为十大愿。”然下别有三愿、一愿，故不同此释。馥师云：“前五为止恶，后五为生善。”不分三戒。第三师云：“初戒是总，谓总要心发戒，总出所防。从第二已去，谓别要心发戒，别出所防。”第四师云：“前九受世教戒，后一得正法戒。随事防禁，名受世教戒。证实离过，名得正法戒。前九中，初一受律仪，中四受摄善法，后四受摄众生。”第五师云：“初五摄律仪，中四摄众生，后一摄善法。”此五随人取舍，但今用第五师释也。[1]

[校注]

① 昙林，北魏名僧，参与菩提流支译场。这段引文，未详出自何处。

[释评]

[1] 怎样判别本经所说的“十戒”的内涵。

1. 摄律仪戒

问：何以得知初是摄律仪？答：初五并明息恶，故是摄律仪。五为二：前一总明息恶①。“于所受戒不起犯心”者，若从来已曾受五戒②、八戒③等，今于佛前自誓于所受戒不起犯心。又昔受但防七支④，不防意地，今欲遍心，故不起犯心。若从来未曾受戒，今自誓于所受戒不起犯心，即是受戒，亦即是得戒，亦即是持戒。“于所受戒”者，得戒有二：一、从受得，是所受戒。二、非受得，谓定共道共戒⑤也。今是受戒，谓息一切恶，修一切善，度一切生。“不起犯心”者，不起不息恶心、不修善心、不度生心也。故即是受三得三及持三也。又戒法有二：一受，二持。但受易而持难，故前明难，必得其易。又本为持故受，故持为受本，故前明于持也。又持必得戒，受未必得。又恐物谓胜鬘是深宫之女，一时勇猛能受，未必始终常持，是故今前明能持即是受也。一一戒中有三句。初言“世尊”者，请佛证也。又佛是发戒之缘，故对佛也。“我从今日乃至菩提”下，第二，出受戒时节。“今日”，明持戒始也。“乃至菩提”，明持戒终也。无臂林⑥云：“梵本言菩提缦莛罗，此云道场。”又为对于二乘尽形，故明时长也。“于所受戒”，第三，明受戒。前辨时长，今明防广，并是异二乘也。《大品》云：“有身口意，即是菩萨粗业，亦是犯戒。”今知三业无生，故犯心不起，显胜鬘位高也。[1]

[**校注**]

①“恶”后【原】【甲】【乙】本有“后四别明息恶”。

② 五戒：(1) 不杀生，(2) 不盗，(3) 不淫，(4) 不妄语，(5) 不饮酒。

③ 八戒，又作八斋戒、八关斋、八支斋。有两种说法：依《俱舍论》：(1) 杀生。(2) 不与取。(3) 非梵行，即男女媾合（与五戒中不邪淫不同）。(4) 虚诳语，违心之言。(5) 饮酒。(6) 涂饰鬘舞歌观听。(7) 眠坐高广大床。(8) 食非时食（午后之食）。其中，第八

是斋法。依《萨婆多论》及《成实论》、《智度论》等，则分“涂饰香鬘”与“舞歌观听”为二，总有九戒。此中前八者为戒，后一者为斋，合名八戒斋。

④ 身有三恶业、口有四恶业，共七支。身三：杀生、偷盗、邪淫。口四：妄言、绮语、恶口、两舌。

⑤ 三戒之一，又名静虑生律仪。入初禅、二禅等禅定时，与禅定共生的自然防非止恶的戒。《俱舍论》：“静虑生者，谓此律仪从静虑生，或依静虑。若得静虑者，定成此律仪。”静虑律仪，又名定共戒，与定同时。

⑥ 无臂林，事迹见《续高僧传卷第十六·释僧可》：“在邺盛讲《胜鬘》并制文义。”与禅师慧可同行同住，被贼人砍去手臂。

[释评]

[1] 第一戒，总明息恶。五戒都含有“无量”之义。

“世尊！我从今日”，第二，四戒别防四恶。今是不慢戒，止于慢恶。师父为“尊”，兄姊为“长”，又但今年高德胜，便是尊长也。“慢”譬高山，法水不住。是故“于尊不起慢”者，敬事尊长。心不慢故，尊长便得如法教授。具如戒中说。人坐比丘立，不得为说法者也。[1]

[释评]

[1] 第二戒，戒慢心。

第三，“于诸众生不起瞋心”，亦得前于上不慢，此于下不瞋。又前别明于上不慢，今总辨于诸众生不起瞋心。此总别互得，通二文也。菩萨以化物为首，若起瞋心，则于物隔碍，是故除之。问：于诸众生不起恚心者，此是何心？答：是慈悲心。以于众生起恚心者无慈故，以不瞋善根，是慈悲体故。金刚仙①论师解四无量，言："慈悲心体者，不瞋善根，是以对治瞋法故。"问：慈悲治何等瞋？答：可瞋处瞋，以慈治。不可瞋处瞋，以悲治。又治杀众生心为慈，治打众生心名悲。又《涅槃经》云："瞋有二种：一上，二中。"修慈断上，修悲断中。又瞋有二：一、有因缘，二、无因缘。慈心者断有因缘，悲心者断无因缘。有论师云："修慈为除众生瞋觉，修悲为除众生恼觉。"[1]

［校注］

① 金刚仙，天亲弟子。天亲著《金刚般若论》，《金刚仙论》是对它的解释，后魏菩提流支译，但诸师不用此论。

［释评］

［1］第三戒，戒嗔恨。

第四，"于他色身及外众具不起嫉心"者，谓是喜无量。嫉妒他者，心无喜爱，故知不嫉是喜心也。色身，谓内之好报，及外之妙果。夫为菩萨，本应与物内外好果，而今他自得之，应生庆悦，岂更起于嫉心？[1]

［释评］

［1］第四戒，戒嫉妒。

第五戒，"于内外法不起悭心"者，林公云："自财为内，他财为外。"梵本云尔。有人言："内谓己身，外谓妻子财物。菩萨发愿，为众生故，受身及妻子财物。"今众生来取内外之物，则会菩萨。林公云："不起悭心，是舍无量。"金刚仙论师解云："舍心体者，谓无贪善根。"问：舍心治贪，不净观治贪。此有何异？答：色贪不净能治，淫贪舍心能治。此中明悭心不能舍，贪心亦不能舍，是故能舍必破悭贪。经论说四无量不同。或言大悲拔苦，大慈与乐，喜心庆前，脱苦得乐，见前人脱苦得乐，其心放舍。[1]

［释评］

［1］第五戒，戒悭贪。

今摄此四戒为两双铭之：谓敬上不慢、悲下不瞋，于他不嫉、于自不悭也。问：何故本命初即明不慢？答：胜鬘现居高位，多生慢心。前明不慢，故外书云"在上不憍"也。既于上不慢，恐于下起瞋，故明不瞋。又慢则不受他化，则自不成佛。瞋则不化于他，则他不成佛。过之大矣，故命初辨之。问：何故于慢瞋后辨不悭嫉？答：前二为使，后两为缠[1]。使重缠轻，故前离于重。后息于轻，则众恶都寂。问：缠既有十，何故偏明离二？答：嫉是下贱之因，悭是贫穷之业。大士方欲为尊为导，宜应离之。又悭则不施他财，嫉则忌他得乐，个是障慈之本，故偏明离。又修罗则悭色嫉味，天主[2]则悭味嫉色，故九结因之以成，菩萨对此偏言离也。问：第一戒既是总，何故别明不慢、不瞋、不嫉、不悭四种戒耶？答：有人言："此四重故。《地持论》中说此四种为波罗夷。"《地持论》明四法，第四是痴心，即是今文之第一慢也。今之第二，当《地持》中之第三，即是瞋心。今之第三，当《地持》中第一贪心。今之第四，当《地持》中第二悭悋心，故偏说四也。

[校注]

① 烦恼的异名，比喻烦恼能使人心身不自在。

② 修罗，"阿修罗"的略称，常与帝释天战斗的鬼神。天主，诸天的帝主。

2. 饶益众生戒

"世尊！我从今日乃至菩提，不自为己聚畜财物"，此下第二，明有四戒，谓摄众生戒也。所言四戒者，第一戒别明以财摄众生，第二戒通明四摄法摄取众生，第三戒拔众生现世苦果，第四戒断众生苦因。四戒两双：初二止自为之恶，后二止弃他之恶。初二止自为恶者，一明不自为受乐果，次明不自为行乐因。后二止弃他之恶者，初明不弃物更受苦果，后明不弃物行苦因。此四摄生义尽。

初文为二：第一明不自为己聚畜财物。[1] “凡有所受”下，第二明为救众生。问：菩萨何故不为身畜财？答：为身畜财，但身自得乐，为他畜财，则与一切乐。又为自畜财，则豪善不生，为他畜财，则恒发无作。又为身畜财，则属五家①，为他畜财，则属自己。又为身畜财，不得常财，为他畜财，自得常财。又为己畜财，则长悭贪，为他畜财，则知足少欲。胜鬘受此一戒，令我等学之，愿一切人畜一豪财，不隔三宝，无碍四生。又为他畜财，不说净不犯长物罪。

［校注］

① 意指世间财物为王、贼、火、水、恶子等五家所共有，不能独享，无须强求。

［释评］

［1］第六戒，不蓄财。

第二戒中亦开为二：初明不自为己行四摄法①。[1] “为一切众生”下，第二，为一切众生行四摄法。问：行四摄法本是为他，云何言不自为己行四摄耶？答：自有菩萨虽行四摄，以摄善归己。是故今明为他行摄，则摄善与他。又四摄摄他，即似如贪他属己，是故明不自为己。问：

前已明布施，与今四摄中施何异？答：上别明布施，今通辨四摄。又上直明布施，救其交切之苦。四摄中施，摄令住理。是故为异也。“以不染爱心”者，凡行四摄，摄取众生，多起爱心。令知能摄、所摄皆空，故不起染爱也。“无厌足心”者，从今时至后际，常行四摄，故无厌足也。“无碍心”者，行四摄时，怨亲平等也。又不染爱者，行四摄时，于亲人不起染也。无厌足者，于中人无懈怠也。无碍心者，于怨憎人无隔碍也。离此三种，故能摄受四生也。

[校注]

① 四摄法：(1) 布施摄，包括布施财和法，使众生生亲爱之心，依我受道。(2) 爱语摄，随众生根性而善言慰勉，使众生生亲爱之心，依附我而受道。(3) 利行摄，起身口意善行，利益众生，加以摄受。(4) 同事摄，随众生所乐而同其所作，引导他们入道。

[释评]

[1] 第七戒，无作四摄法。

“世尊！我从今日若见孤独”下，此第三，拔众生苦。前明有苦，次辨拔苦。无父曰“孤”。老人无侍曰“独”。重牢曰“幽”，谓深远无人处也。枷锁称“系”。患之轻者曰“疾”，重者称“病”。不安曰“危”。障碍为“难”。数穷称“困”。逼恼名“苦”。亦得以为五双。孤独一双，据无眷属。幽系一双，约罪轻重。疾病一双，据其差甚。危难一双，就其自他。困苦一双，据其内外。经本不同，或云“厄难”，或云“危难”。馥法师云：“对下安隐，应云危难。对下饶益，应云厄难。”则二义俱通。但厄是灾厄，危是危亡，此二皆是障难也。“终不暂舍”者，上来叙苦，今欲拔苦。初明不舍苦，“必欲安隐”，正明拔苦。“安隐”者，安隐上五双众生也。无二亲者，为作父母。无侍者，为作儿息。乃至困苦者，令得安乐。“以义饶益”者，义者，道理。非唯损彼而益此也。又安隐者，与出世乐因。饶益，与其出世乐果。脱苦已后，任其所从，不相妨碍，故名“然后乃舍”也。“世尊！我从今日”，第四拔苦因。或亦前是拔现苦，今是拔当苦也。[1]

[释评]

[1] 第八戒，不舍众生。

今总释四戒。虽有四戒，不出慈悲。前两戒大慈与乐，后两戒大悲拔苦。与乐中，初一与现乐，次一与未来乐。又初一与世乐，次一与出世乐。又初一与乐果，后一与乐因。大悲戒中亦二，初一拔现苦，后一拔当苦。又初一拔苦果，后一拔苦因。又初一别拔人间苦，后一总拔一切众生苦。[1]故下折伏摄受，明世、出世利，故知遍拔一切苦。[2]又初一拔其轻苦，后一拔其重苦。又初一拔其少时之苦，后一拔其长时之苦。

［释评］

［1］四戒的精神是慈悲。

［2］第九戒，折服、摄受众生。

就文为三：第一、叙恶因众生，略明不舍，第二、广明不舍，第三、释不舍意。捕鸟故名为“捕”。养猪羊鸡牛，称之为“养”。余屠杀等，事别非一，不可具举。是故总言诸恶律仪也。以罪众生，各有律仪戒，品类不同，故言诸恶律仪。又解恶法名律，无作之罪，合此律仪式，故称为仪也。律仪多少，经论不同。依《涅槃经》说有十六：牛、羊、猪、鸡，为利故养，肥已转卖，即以为四。利故买，买已屠杀，复以为四。通前为八。捕鱼为九，捕鸟为十，猎师十一，劫盗十二，魁脍十三，两舌十四，狱卒十五，咒龙十六也。依《杂心论》说有十二：屠羊为一，养猪为二，养鸡为三，捕鱼为四，捕鸟为五，猎师为六，作贼为七，魁脍为八，守狱为九，咒龙为十。此十与前《涅槃经》同。屠犬十一，伺猎十二。此异前。此十二与《涅槃》所说有同异者有六。彼此是一，名字少异。一捕鸟，二捕鱼，三作贼，四屠脍，五守狱，六咒龙也。屠羊、养鸡猪等，《杂心》中合之为三，《涅槃》中说之为八①。猎师伺猎，《杂心》中说之为二，《涅槃》合之为一。是等彼此离合互异。《杂心》中屠犬，《涅槃》中略无。《涅槃》中养牛、羊二种及两舌，《杂心》中略无。是等彼此有无互异也。如《涅槃》中十六，略为四不善律仪摄。劫盗一种，即是劫盗。两舌是两舌，即是有绮语。余者是杀业。若通取咒龙，亦得名绮语。但多取咒龙为杀方便也。《杂心》中十二，略为二不善律仪摄。作贼一种，是盗不善。自余是杀不善。此等犹自狭于《成实》身口七不善律仪也。问：几捕、几养、几非捕养？答：捕鸟、捕鱼、猎师是“捕”摄。养猪、羊、牛、鸡是“养”。余非“捕”、“养”。正作恶因，未肯受化，始终须拔，故云“终不舍置”也。[1]

［校注］

① 八，【原】【甲】【乙】本作“六”。

［释评］

［1］不舍恶因众生。

“我得力时”下，第二，广明不舍，即是正断恶因也。力有二种：一者势力，二者道力。势力者，菩萨或时受于王位，能遮断之；或作天龙神鬼，令其舍离恶业。道力者，菩萨以道德之力，现通变化，断其恶业。问：前救苦中何故不尔？答：拔苦理亦须力，但今为明拔苦与乐，人皆乐从，不须强力。降恶就善，违情难化，人多不从，故求强力。“于彼彼处”者，所作恶者非一，故称彼彼。刚强应伏，伏令离恶。柔软应摄，摄令住善，故名“折伏摄受”也。[1]

[释评]

[1] 不舍刚强、柔弱众生。

“何以故”下，第三，释折伏、摄受之意。“何以故？”者，即是问也。问意云：菩萨但应摄受，何故复行折伏？又问意者，菩萨何故行折伏、摄受二种事耶？“以折伏摄受令法久住”者，此下即是答也。凡有二益：一、令众生得世间益，二、令众生得出世益。一一中有二句。初二句，第一令法久住，即是上弘大法，天人充满，恶道减少；下益众生，使其改恶修善，修善故天人充满，改恶故恶道减少。“于如来所转法轮”，第二得出世益，亦二。初明佛转法轮，即是上弘大法也。如来所以不出世、不转法轮者，良由众生无善感佛。众生若改恶修善，便感佛出世转法轮也。转法轮者，谓知苦、断集、证灭、修道。“而得随转”者，佛今已解化于前人，前人依佛教修行，亦得见苦、断集、证灭、修道，故言随转也。次合四句为三：一、正明法久住，二、正益人天，三、终致出世。由行恶犯戒，则正法毁灭，恶道增长，障生无漏。令断其恶，故法得久住，天人增长，终置圣果也。“见是利故”者，见众生得世利出世利，是故行折伏摄受事也。[1]

[释评]

[1] 说明菩萨为什么不舍众生。

3. 摄善法戒

“世尊！我从今日”下，释此一戒不同。有人言：“十戒为二：前九受世教戒，第十受正法戒。”今明摄善法戒。然摄善即是正法，摄善之外无别正法，故三戒摄一切戒尽也。[1]

[释评]

[1] 第十戒，摄善法戒。

就文为二：第一、正明戒体，第二、解释。初言“摄受正法终不忘失”。有人言：“正法者，即六度行也。摄者，摄六度也。故言摄受正法者，只以摄受正法不忘失故，六度便得成也。”有人言：“诸法实相理，名为正法。证法在心，名为摄受。一证常然，名不忘失。”然正法语通，若理若行皆是正法，故备取此二现于后文。问：忘失是何惑耶？答：忘失是无明独一痴使也。[1]

[释评]

[1] 何谓善法（正法）。

“何以故”下，第二、解释。此中应有问答。“何以故？”即是问也。问意云：不摄受正法，此有何失？摄有何利而言不得忘失？“忘失正法者”下，第二，答也。就文为二：初明忘失之损，次辨不忘之益。损中又二：前别明损，后总结也。就别明失，凡有二：一者，从初至“摄受正法欲”，明忘正法则退圣。“随所乐入”下，第二明不得越凡。初又二：第一明失乘三义，第二明失乘两欲。失乘三义者，乘有三种，谓乘性、乘随、乘得。忘失正法者，谓失乘性。乘性即是实相理。“忘失正法则忘失大乘”者，第二明失乘得。乘得即是乘果。乘由实相理成，既忘失实相，则忘失大乘也。“忘大乘则忘诸波罗蜜”者，第三忘失乘随。乘随谓因也。以随顺实相以修诸度，故以诸度故名曰乘随。问：此释出何文？答：龙树《十二门论》云：“大分深义，所谓空也。若通达是义，则通达大乘，具足六波罗蜜，无所障碍。”“大分深义，所谓空也”，所谓乘性。“通达是义”，则通达大乘，即是乘得。“具足六波罗蜜”，即是乘随也。彼论与此经文义全同。[1]

[释评]

[1] 不守此戒，则不得大乘之义。乘三义：乘性、乘随、乘得，引龙树菩萨的论文来解释。

“忘波罗蜜者则不欲大乘”者，上来明忘正法失于乘三，今明失于两欲。初辨忘失六度之因，则于佛果大乘无欲乐心也。“若菩萨不决定大乘”者，决定，谓信也。“不决定”，明于大乘无信。既于大乘无信，则于实相正法之理无欲乐心也。前明于佛果无欲，后明于理无欲。佛果望理，由理果成，故理为本，以果为末。故无本末二欲也。若欲于佛果，则欲于正法。若不欲于佛果，则不欲于正法，故文相接也。若约位论者，忘失大乘，谓忘失佛果，忘失诸一切波罗蜜，则忘失十地。于大乘不欲，则无内凡①三十心。于正法不欲，则无外凡十信。此四摄一切位尽，从本以至末也。此四位得成者，初②正法实相观明晦，故有四种阶位。故忘失正法，失此四位。后摄受正法中亦明四位，谓广大、无量、得一切佛法、八万四千。今之四位，即是后四中，则是“无量”及“得一切佛法”之二位也。今之大乘，即是后“得一切佛法”。今之波罗蜜及二欲，此三位并摄入后之“无量”。后但明二者，“无量”谓因，“得一切佛法”谓果，但明因果二义。故今三位属因，一位属果。今欲广忘失之果、过，故开为四。后欲明因果之义，故合之为二，至后当显。[1]

[校注]

① 没有证得真如的有情，总名凡夫。分内外两种：得相似解的为内凡，未得相似解的为外凡。小乘以五停心、别相念处、总相念处的三贤位为外凡。暖、顶、忍、世第一法的四善根位为内凡。大乘以十信位为

外凡，十住已上的三贤位为内凡。

② 原注："初"恐"约"字。

［释评］

［1］不守此戒，则错失因果，失去修学大乘的内在动力。

"随所乐入"下，上辨明忘正法故退圣，此明忘正法故不得越凡。既于实相之理无欲乐心，则随虚妄所乐，便入三有，故永不得越凡。有人言："就位释之，凡有六阶，从上向下次第论忘失。'忘失正法者则忘大乘'，是第一阶，谓失佛果。诸佛得果，大人所乘，故云大乘。乘依理成，理是正法，故不成彼乘，是以言忘。'忘大乘者则忘波罗蜜'，是第二阶，失十地行。十地所行名波罗蜜。忘正法者，非直失彼佛果大乘，亦失十地波罗蜜行。波罗蜜义，后当释之。'忘波罗蜜者则不欲大乘'，是第三阶，失初地心。初地发心求佛大乘，名欲大乘。忘正法者，非直失波罗蜜行，亦失初地欲大乘心。'不决定大乘则不能得摄正法欲'，是第四阶，失解行心。'不决大乘'，犹前文中不欲大乘。欲于大乘，决定趣向，故名'决定'。解行发心，求初地上摄受正法，名摄正法欲。忘正法者，非直失彼初地之中决定欲心，亦失解行摄正法欲。'则不能得随所乐入'者，是第五阶，失种性心。前一不能，括通此句。乐入，犹前摄正法欲。前正法欲，于初地上摄受正法，愿乐趣入，故名乐入。种入①种性所行，随彼乐入，名随乐入②。忘正法者，非直失前解行地中摄正法欲，亦失种性随乐入行也。‘永不堪任越凡夫’，是第六阶，失种性前善趣行心。善趣位中修习净信，能越凡地。忘正法者，非直失前种性随乐，亦失善趣，故不堪忍越凡夫地。”良由诸行皆依理成，故忘理者，诸行皆失。此皆应得不得，名失也。[1]

［校注］

① 种入，【原】【甲】本无。

② 入，【原】【甲】本作“行”。

［释评］

［1］不守此戒，不能超越凡夫。

“我见如是”下，上来第一别明过失，今第二，总结也。“又见未来”下，上第一明忘失正法之损，今第二、明不忘之益。而言“未来”者，若据胜鬘一人，据今受时为现在，说后时为未来。若就二人，胜鬘为现在，胜鬘已后为未来。“摄受正法菩萨”者，出未来证理之人也。“无量福利”者，还翻上失也。“此受十大受”者，结归大宗也。菩萨摩诃萨义，如《法华疏》释：得实慧故名菩萨，得方便慧名摩诃萨。又得般若故名为菩萨，得大悲故名摩诃萨。又具智慧故名为菩萨，具福德故名摩诃萨。声闻下根，从教立名。声者教也。缘觉中根，从义立名。缘者十二因缘名为义。菩萨上根，从果立名，菩提者无学果智也。求此果智，故名菩萨。声闻一超，但能超凡，故受一名。菩萨二超，故有二名。菩萨者超凡也，摩诃萨者超圣也。所谓有大心大行大愿，故名摩诃萨。[1]

[释评]

[1] 守菩萨戒，得名菩萨。

（三）请证除疑

“法主世尊现为我证”下，第三，请证除疑。[1]就文为二：初明请证，次辨除疑。所以须请证者，十戒难行，恐胜鬘有言无事，是故请证。佛既现前证我，必能行此十事，即是如说而行。凡有二句：初明佛亲现前，简非隔世。则对面前，故名为现。“唯佛世尊”下，第二句、正请。明佛内心现知证法。自有对面，未必现知，今对佛面，佛复现知。“而诸众生”下，第二，除疑。就文亦二：初明除疑请瑞，第二、明大众疑除，欢喜发愿。就初又二：前明生疑，次辨除疑请瑞。“而诸众生”者，辨所为之人也。“善根微薄”者，显须为所以，亦是起疑之因也。“或起疑网”者，正明生疑。薄善则疑、厚善不疑，所以称“或”。“以十大受极难度故”者，上明起疑之因，今明起疑之缘，即释生疑也。“度”谓究竟。恐胜鬘但有十受之初言，未能究竟到度彼岸，是故疑也。故俗书云："靡不有初，尠[①]克有终。""彼或长夜，非义饶益"下，出生疑之过也。非义饶益，谓失现在善法利也。"不得安乐"者，疑既在心，或当起谤，则未来受苦，故云不得安乐也。又非义饶益者有苦，不得安乐者无乐也。"为安彼故"下，第二断疑请瑞。前请瑞，问：何故偏请华及音声？答：华令彼见，声使其闻。问：佛何故不自发言印证？答：不须佛言，空自声出。如自所誓，则取信为易也。又佛若发言，谓是人情，是故默证。正明感瑞。"彼见妙华"下，第二、睹瑞疑除，欢喜发愿。初明发愿。"世尊悉记"下，明佛记其所愿也。

［校注］

① 尠，xiǎn，同"鲜"。

［释评］

［1］愿力大，唯恐人不信，所以要请求佛证明、除疑。这样宏伟的愿行，也说明佛性、一乘不可思议。

三愿章第三

一、释　章　门

“尔时胜鬘”下，十五章二章已竟，今第三，次明《三大愿章》，可作七门释之。

一，来意门，第一叹如来真实义功德，此善必种①至菩提，故佛为授记。如来既记，果在未来，此果非行不克，故第二胜鬘对佛自誓受十大受，明修取果之因。因义虽多，不出止行两善。受十大受，即是止善。今发大愿，此明行善。[1]问：三种戒中，初止一切恶，可是止善。第二修一切善，第三度一切生，云何亦是止善？答：第二戒止不修一切善之恶，第三戒止不度一切众生恶，故三戒并用止善为体。问：上亦有作义，云何判为止善耶？答：虽有作义，而意为止不作之失，故止门所摄。又求于佛果，不出行愿。就行愿门相对者，上十大受名为行门，今三大愿即是愿门。又十受事难，誓期遐远，要须以大愿故扶持，故次十受而明三愿。又若作分外内义，上来明分内之行，今明分外之行。以明自誓受戒，是分内行。愿者求分外之事，未得者愿得之。问：上云“我从今日乃至菩提”，岂非分外胜进行耶？答：凡受三种戒，一切人皆得。此三戒在心，而发愿要求，未得之事令得，故愿是分外胜进解也。若文钩锁相生者，上第十受，明“摄受正法终不忘失”，是故今发愿，愿得正法智，乃至守护正法也。又前云“令法种增长”，上十受及以三愿，即是法种增长之事。

［校注］

① 必种，【乙】本作“种必”。

［释评］

［1］与上一章相同，明无作之作。

第二，释名门者，名“一切愿摄大愿章”，好体应云“三大愿摄一切愿”也。于出世道悕求名愿，亦是期心名愿。故《地论》云：“愿者，发心期大菩提故也。[1]”此愿义广，故称为大。此三大愿，总收一切诸愿，故言“摄大愿”也。又此三愿能得大果，能大利益，又是大人所发，故名为“大”。问：“愿”之与“誓”有何同异？答：亦同亦异。同者，如智之与慧、眼之与目。异者，以即事而行为誓，如十受等，要期未得为愿。

[释评]

[1] 佛教所讲的“愿”不同于世俗的“愿望”，它以“愿”为名，“菩提”为实。

第三，体相门者，正以菩提心为愿体。[1]如《法华》云：“一切智愿犹在不失。以愿得一切智，故名一切智愿是菩提心。”又《地论》云：“愿善决定者，初地中说发菩提心，即是本分中愿。”应知也。

[释评]

[1] 以“佛智”为体，“愿”为相。

第四，相摄门者，初一愿自行，成上摄律仪戒。第二外化愿，成上摄众生戒。第三护法愿，成上摄善法戒也。[1]

[释评]

[1] 不仅涵摄一切戒，也涵摄一切法。

第五，与十愿同异门者，第一愿，是十愿中第二愿摄。第二愿，是十愿中增长众生心行愿摄。第三愿，非实①愿境界摄。须检《十地》十愿文②也。[1]

[校注]

① 实，疑为“十”字。

②《佛说十地经》卷一："何等为十？所谓：以有情界尽，以世界尽，以虚空界尽，以法界尽，以涅槃界尽，以佛兴界尽，以入如来智慧界尽，以心所缘界尽，以智入佛所行界尽，以世间转法轮智转界尽；若有情界有断尽者，是大誓愿乃有断尽；乃至若智转界有断尽者，是大誓愿乃有断尽。然有情界终无断尽，此诸善根愿无断尽，乃至智转界终无断尽，此诸善根亦无断尽。"（CBETA，No. 0287，0538a）

[释评]

[1] 此经从一开始，就可以与《华严经》等相映照。

第六，自他门者，若论愿意，唯他非自，故此经云："以此实愿安慰无量众生。"若以境别心，初一后一是自利愿，第二是利他愿。又前二显正愿，后一摧邪愿也。[1]

[释评]

[1] 此愿横通无量法门。

第七，论位门者，有人言："初二愿境通于上下，第三愿境始从初地乃至金刚。[1]若论愿心，是地前也。"

[释评]

[1] 竖彻一切位次。

二、胜鬘大愿

就文有二：第一、胜鬘发三大愿，二、如来述赞。前发三愿，即是大愿。后佛述赞，明此三愿广摄多愿，即是大愿摄一切义。初中“胜鬘复于佛前发三愿”者，经家总举也。言“尔时”者，发愿时也。“胜鬘”者，举发愿人也。所言“复”者，前已辨行，今更明愿，所以言“复”也。“于佛前”者，发愿处也。“发三愿”者，正举愿心也。

泛解“发”义，[1]有其四种：一、前未生心，今忽起意，是故言“发”。二、前已生心，今彰在口，所以言“发”。三、先有愿心，今起行意，是以言“发”也。四、先修行心，今始得证，是以言“发”。今此“发”者，就初言耳。胜鬘现在初起要期，名发三愿。“作是言”下，寄言显心，别明三愿，即是第二，彰口名发。“以此实愿安慰”下，此明愿心所为。菩萨所以兴愿者，为欲安慰众生故也。众生既处生死，无归无救，常有恐怖，今以大愿摄受安慰。问：前受戒初通明不起犯戒之心，故则为一受。今总明安慰，何故不总为一类？答：亦得相类。但今安慰明发愿意，未正明发愿，即指下三愿以为安慰，不别为一愿也。问：受既有十，愿何故但三？答：互相类，止亦得三，即上三止：息恶、修善、度人。愿亦得十，如愿止一切恶，乃至不忘失正法。但受别明一一止恶，故数满为十。愿是总相说罗，故但为三也。此愿必有行来应之，故名为“实愿”也。又真实心起愿，故名实愿。又此愿实能利物，故名为实。又以此愿实能得果，故名为实。[2]

[释评]

[1] 释无作之发。

[2] 解释“实愿”。

“以此善根，于一切生得正法智”，正明愿体也。指前叹佛归依受戒，用前实愿安慰众生善根，得正法智慧，故言“以此善根”也。三愿者，初名求正法智愿，第二名说智愿，第三名护法愿。言“于一切生”者，下谓“未来一切受生身”也。上明“乃至菩提”，今云生处，互举也。佛无生处，今约菩萨云生处也。“正法智”者下，有人言：“即六度智也。所言正者，此中论境不出有无，智不出权实。五度是缘有之心，波若是缘无之心，如有解有，如无解无，于正法道理中生，故言正法智也。”有人言：“正法智者，谓证真如慧。”此单取空智，隔凡成圣，导远众行，以空理为正法愿智。此又释：“以同归之解为正法智，三乘为方便，以一乘为正法，解一乘为正法智。”又释：“取解常住法①为正法智。”后二是成论师释也。今明正法者，不可说其权实及以境智。如《华严》云：“正法性远离，一切言语道，一切趣非趣，悉皆寂灭相。”当知内外并实，缘观俱寂，不知何以目之，故强叹为正法智也。[1]

[校注]

① 住法，【原】本作“法住”。

[释评]

[1] 解释“得正法智愿”，以无作、不可说的“一乘”为正法。可参见前文所说“自然智”。

“我得正法智已”下，第二，名“说智愿”。得如实悟，还为众生如实说也。前是智慧心，后是大悲心。又前是智慧心，今是功德心。又前是自觉，后是觉他。又前是如说行，后是如行说也。又佛敕弟子常行二事：一、圣默然，二、圣说法。前是圣默愿，后是圣说法愿。问：此正法智，起自何位，为物说耶？答：菩萨从初发心自学此智，得在初地，究竟在佛。为众生说亦复如是。今初发心，即学此智，得在初地，究竟在佛地也。[1]

[释评]

[1] 解释“说智愿”，明说法功德。

“我于摄受”下，第三大愿。有人言：“然此非是用身、命、财布施，名之为舍。证实离相，得净法身，舍离无常身、命、财等，故名为舍。与《涅槃经》中‘破坏一切诸结烦恼及诸魔性，然后要于大般涅槃，放舍身、命’同也。”“护持正法”者，上明舍身、命、财，求所离，欲舍无常身、命、财。此明求所得，非谓降伏恶人。兴通圣教，名为护法。盖乃证法，在已不失，名为护法矣。今谓经文及古旧意不同。此经正明舍身、命、财，弘通大法，谓护法愿也。或有众生须舍命得正法智，或舍二或舍三，而得正法智。[1]

[释评]

[1] 解释“护法愿”，以弘法、证悟为护法。

问：初是自行愿，次是化他愿。今第三是何愿耶？答：通自行化他也。以护持正法得金刚身①。欲自得金刚身，亦须护法，令他得金刚身，亦须护法，故通自他也。又护法正成化他之行。以天、魔、外道学三乘及有所得人，欲坏正法，正法不宣，众生便不得闻而生智慧，故须摧邪显正。众生使闻，生法智也。所以护法属化他行。[1]

[校注]

① 金刚身，金刚不坏之身，指佛身。

[释评]

[1] 三愿的圆满性。

问：三愿是四无碍中备几无碍？答：前一愿是法义二无碍。以识正法名为正法义，故名正法智。第二是后二无碍，无厌心是乐说无碍，为众生说是辞无碍。[1]

[释评]

[1] 三愿配四无碍。

三、如来述赞

第二有四：一法，二譬。“如是菩萨”下，第三，合譬。“此三大愿”者，第四，如来叹印。所以叹印者，一、合理，二、称物机，三、可圣意。又上受十大受，空中有于瑞证，以释物疑。今乃无瑞证，正为大圣印述，即知其愿不虚，令人信受。又欲使一切众生，同此胜鬘发此三愿，故须叹述也。又胜鬘虽发三愿而不明大义，佛述中举圣①，即是释其大义也。[1]

[校注]

① 原注：“圣”恐“呈”字。

[释评]

[1] 佛陀印证。

摄受章第四

一、释　章　门

“尔时胜鬘”下，第四，明《摄受正法章》，作三门释之。

一，来意门。若明说法次第者，上来三章明起说方便，今此一章正明说法。江南彬[①]师正为此释，中寺安师还传此解，具如前释。若就化他门释者，上来三章明胜鬘自兴行愿，即言即行，谓自己所作利益，从此以去十章经，正明为他说法。若作因果门次第者，上来三章，并是地前菩萨所兴行愿，名世间行，即是因门。今明摄受正法，证悟于理，谓出世间行，名为果门。若对二章生起者，上二章经名为略说，从此以去称为广说。言略说者，第十受云：“摄受正法令不忘失”，第三愿云：“于摄受正法舍身、命、财而守护之”，此之二章，虽唱摄受正法之言，由未解释，故名为略。从此已去，广明摄受正法行相，故名为广。钩锁接次相生者，上明三愿摄一切愿，今明摄于三愿，同入一摄受正法愿。[1]

[校注]

① 彬，【甲】本作“斌”，似指昙斌。姓苏，南阳人，曾就吴兴小山法珍研访《涅槃》、《胜鬘》等经精义。一生善于讲、辩，曾申明顿悟、渐悟之旨。生前受到竟陵王礼敬。宋元徽中卒于庄严寺。

[释评]

[1] 以“正说法”划分全经的结构。阐明以上三章略明一乘的无量，以下十章广明。

第二，摄受位门，江南凡有三说。一、彬师云：“起自外凡，摄行万善，教化众生，出生五乘善根，便是摄受正法。”庄严趣①师正传此义。二、宗师②云：“登地已上，真得万行，摄出生五乘，以为其位。”传此说者，其人甚多。三、昙达师释云：“起八地之初，一心具万行，教化众生。”中兴寺③钟表师及安师、庄严旻师，盛传此解。今所明者，初心即行摄受正法。故《涅槃》云：“发心、毕竟二不别。”《大品》云：“菩萨从初发心即行无所得。”故知起自初发心即行无所得，故知起自初心，但成在初地。故前文云：“若忘失正法，不得越凡夫地。”故知不忘正法便能越凡，即初地也。《仁王》云：“初地一心具八万波罗蜜。”故知成在初地。任运现前，则居八地也。究竟圆满，在于佛地。故下文云“摄受正法，舍三得三”，即是佛地。[1]

[校注]

① 玄趣，以及下文的昙达，都是齐代庄严寺的名僧。

② 僧宗，齐僧，受学于昙斌等人，讲《涅槃》、《胜鬘》、《维摩》等经近百遍，信众为他建造太昌寺。

③ 中兴寺于宋孝武帝时建成，竣工时武帝迎请求那跋陀罗入驻。这里所举的几位法师，都富有辩才，为一时俊彦。

[释评]

[1] 一乘能够圆满摄受诸乘诸位。

第三，释名门。依下章文，此名为“说不思议摄受正法”。实相之理为正法。旧云：“显证在心，名为摄受。”今谓录法在心为摄，如法领证为受。大宗犹是悟解于理，与理相应名摄①。摄受之德，妙出心言，名不思议。即是心行处灭、言语道断也。胜鬘于无名相中，为众生故，以假名相寄言标显，故名为说。问：前来何不名说，至此方明说耶？答：前来亦得名说，谓为众生说佛功德，说十大受，乃至说三大愿。但上“叹佛功德”，不名为说。“十受”就佛受戒，亦非是说。“三愿”是胜鬘发愿，亦不得称说。今欲为众谈上地之法，是故称说。[1]

[校注]

① 摄，【原】【甲】本作“摄受”。

[释评]

[1] 以“不思议”为“摄受正法”，既可以呼应经中的“无作”，也可以融通《维摩》等经，以及吉藏的其他作品。

就说法中有十章经，大开为二：前二章经，说于乘行。后八章经，说于乘境。然行由境成，应前境而后行。但为摄上愿行之因，明摄受一乘之果，是故前行后境。就境行各开为二：行中二者，《摄受》明广大出生，《一乘》辨无二收入。佛法虽旷，此二网罗，无义不尽①，后当具说。[1]

[校注]

①【甲】本“尽”后有“境中二者”。

[释评]

[1] 十章经的内容分布。

二、略说摄受

就《摄受》一章，大开为二：一者略说，二者广说。前略后广，解义法然。又略说明收入义，谓摄一切诸愿悉入一愿。广说辨出生义，明摄受正法出生八万法藏、恒沙法门。又初明摄受正法体，正体外更无有法。次明摄受正法用，更无有出正法用。又前明摄受正法愿，后明摄受正法行，欲显摄受正法总摄一切愿行也。前三章明初行后愿，以归戒为本，方以大愿扶持，今印述他行，成前三愿。故前明愿摄，后明行摄也。就此二章，各开为四：初章四者，第一请说，第二许说，第三正说，第四如来赞述。[1]

［释评］

［1］本章分两个部分：略说与广说。

“尔时”者，标欲请时也。“胜鬘”者，说法之人也。“白佛言”者，咨启上圣也。“我今当复承佛威神”者，夫弟子说法，大圣在座，要假佛威神，方乃得说。不蒙教辄尔而言，即是慢相。故言当承佛力说也。又解，前三愿是胜鬘自力能辨，不假佛威。今欲说上地深法，非己分力所能，要假如来神力加被，然后得说也。问：佛既有力，何不自说？胜鬘无力，承于佛力而欲说耶？答：凡有二义：一者，胜鬘当今教主，机属在其人，不属在佛，故无力而说，有力不说。二者，众生若闻佛自说者，则谓法是甚深，唯佛能说，则唯佛能知，非我所解，则便自绝。以今胜鬘承佛神力能说，则我亦同然，故须胜鬘说也。此与《地经》金刚藏说增菩萨力，其义大同。又胜鬘欲令听众生信，故言承佛神力。既承佛神力，则解如佛解，说如佛说。时众闻胜鬘说，即便信受也。前说三愿，今更说摄受，故名为“复”。复说在后，故名为“当”。外使物畏，目之为“威”，内难测度，称之曰“神”。下禀上力，名之为“承”。“调伏大愿，真实无异”者，请说所说事也。证实相理，烦恼清净，故名“调伏”。要期旷济，故云“大愿”。离于虚妄，称为“真实”。称理不乖，说与佛同，故言“无异”。又一切诸行同入一愿，故名“无异”。如下章明从一生多，今辨摄多入一，故名“无异”。[1]

[释评]

[1] 佛力无作而胜鬘有作。

“佛告胜鬘”下，第二如来许说。说既合理，任其斟酌，故言“恣听汝说”。[1]

[释评]

[1] 佛力的自在、任运。

“胜鬘白”下，第三，正说。就文有三：一、称叹大愿，第二、出愿体，第三、结叹大愿。初明称叹大愿者，即是摄用归体，亦是劝物令修一正观。“所谓摄受正法”者，第二、出体也，前明恒沙诸愿入于三愿，今收三愿入一大愿也。故外书云：“诗虽三百，一言蔽之，谓心不邪。”浅法尚尔，况方等焉？问：此与前一切愿入三愿何异？答：前明摄一切愿以归三愿，今摄三愿以归一愿，谓摄受正法。又上明诸愿入三愿，谓以略摄广，今诸愿入一愿。入一愿者，谓以总摄别，故摄受正法，深而且广。深则言忘虑绝，广则无德不苞。是故但明此一愿也。馥师云："即是第十受及第三大愿。但上离之为二，今合之为一。"有人言："七地已前，随事立愿，随愿起行。今入八地，一心现前，具得前愿，为愿波罗蜜。是为一切入一大愿，谓摄受正法，真为大愿。"今明位义如上所判也。问：出世无量行德，以何义偏言愿耶？答：出世实有无量众行，今据一门，说以为愿。如《地经》中彰其地体，说名为愿。虽复说愿，余皆在中。故《地论》云："是中即摄智断证修，及余助法。"又复诸行趣顺菩提，通名为愿。又得正法者，是三世佛也。今一切菩萨意愿，悟解正法，犹如诸佛。以是因缘，摄受正法，摄一切愿行。又摄受正法，有行有愿。今此章明摄受之愿，后章辨摄受之行，文正尔也。"摄受正法真为大愿"下，第三结叹也。若悟解正法，证理不虚，故云真为大愿也。如《地论》云："愿善决定者，真实智摄故。"问：何故举恒河沙？答：于诸河中，恒河中沙最多，故取为喻。又于四河中最大故。又余河名字喜转，此河名字世世不转。又世俗谓为吉河，入中洗者罪垢清净。又此河近佛生处，佛弟子眼见，故举为喻。又此河广四十里，象马入中皆没。[1]

［释评］

［1］佛力的体性广大。

“佛叹”下，第四如来赞述。就文为二：一、总叹，二、别叹。总叹中言“善哉”者，良由胜鬘所说，一合理，二称机，故重言善哉也。依外国有三善哉，此间嫌多，所以存二。又一善善实慧，一善善方便慧。“善”是好之别称，“哉”是助语之辞。“智慧方便”下，第二别叹。又上是叹辞，今是所叹事。就文为二：第一叹其能说之功，第二叹所说正法功德无边。就初文又二。第一叹其所说会理称机，第二叹其所说同三世佛，引己为证。初文又二：第一叹教主，第二叹听众。初又二：第一叹其说巧，第二释叹。“智慧”者，实智也。“方便”者，权智也。此二智，经论中辨异有四：一、约境分异。所谓照真谛名实智，照俗谛名方便智。二、约行分异。照二谛名实智，随机宜利益他者名方便智。三、体名实智，用名方便智。四、约修辨异。修未成就名方便，修成满足名实智。“甚深微妙”者，实智证理，名为甚深，方便巧说，称为微妙。又二智并有甚深微妙二义。微曰玄微，微中之精为妙。“汝以长夜”下，第二释叹。何由有此二智能证能说？良由过去行因来久，故能尔也。生死渊旷名“长”，无解自照称“夜”。又生死难脱，故称“长夜”。而汝能于长夜之中修于万行，故言“殖诸善本”。“来世众生”下，前叹教主，此叹听众。说既深而非浅识所解，故云“久种善根乃能解汝所说”。如《中论》引《四百观论》云：“真法及说者，听者难得故，如是则生死，非有边无边。”摄受正法名为真法，胜鬘为说者，久种善根众生则是听众。得此三事，生死有边。不得此三，生死无边。又举其解者尚难，显成胜鬘说是胜说也。“汝之所说”下，第二、明说同诸佛，引己为证。欲使物生信，故有此章来也。初明同三世佛，“我今得是无上菩提”下，引己为证。所以具须明通别二佛，恐物谓释迦化偏，故须通引诸佛为证。“如是我说”下，上来第一叹能说合理称机，此第二、叹所说正法功德无边。就文为二：初正叹，“何以故”下，释叹。“我说摄受正法”，称叹摄受正法功德也。“如来智慧辨才亦无边际”，以摄受正法功德无边，如来证此正法，故内智外辨亦无边也。又上明所说无边，今明能说无边。疑者云：“理既甚深，说应不尽？”故举无边之智，说无边之法也。又如来以无边德说无边法，故能说所说相称，是此不足称叹。胜鬘能以有边之德，说无边之法，方为稀有。又如来有无边辨慧，说此摄受正法，不得其边。“何以故”下，第二、释上如来辨慧无边及功德无边也。明摄受正法，体具恒沙功德，故摄受正法①无边及如来辨慧无边。“有②大利益”者，智慧也。又“有大功德”，出生万行。“有大利益”，出生五乘。[1]

［校注］

① 法，【原】【甲】本作“法功德”。

②“有”后【原】本有“有大功德者谓自行有大利益者化他行也有大功德者即功德也”二十六字，【甲】本后有除“有”外的二十五字。

[释评]

[1] 佛力无边——理智、权实等通通无碍。

三、广明摄受

(一) 辨出生

“胜鬘白佛”下，所以有此章来者，若就略广明义，上来略明摄受正法，从此已下，第二，广明摄受正法。问：何以知前略后广？答：前直明菩萨所有恒沙诸愿皆入一大愿中，所谓摄受正法，故知是略。从此已去，旷举法、譬而解释之，故知是广。二者，上明收入，今辨出生。问：何以知上明收入，今辨出生？答：上明恒沙诸愿皆入大愿中，故知是收入。今具举大云、大地能生诸法，故是出生。收入者，摄用归体，所谓摄一切愿行同入实相正法，言忘虑绝。如《法华》云：“究竟涅槃，常寂灭相，终归于空。”出生者，从体起用。从一正法，出生一切五乘因果。三者，上就愿门明摄受正法，今就行门明摄受正法。故前文云“所有恒沙诸愿皆入一大愿中”，故知是愿。今明摄受正法是行，是故文云：“由摄受正法，出生一切因果。”[1]

[释评]

[1] 广明“出生”，即是侧重于“功德”，明佛性之用。

文具三条之义，就文亦四：第一、胜鬘请说，第二、许说，第三、正说，第四、称叹。今是初文。“我当承佛神力”者，摄受正法，位穷佛地，唯佛能说，今承佛神力，方能演说。承佛力者，请如来三业加，即加其三业也。“更复演说”者，前已略说，今复广说，故称“更复”。前说收入，今说出生。又前已说愿，今次说行，故更复演说也。“摄受正法广大之义”者，前明略大，今辨广大。前明体大，今明用大。前明愿大，今明行大。如是三条，有深所以，故称为“义”。[1]

[释评]

[1]“摄受正法”的广大。

“佛言便说”下，第二、如来许说。林公云：“此训①为错，应言辨说。”今谓辨说于言不便，依经“便说”是也。

[校注]

① 训，【原】【甲】本作“翻”。

（二）正说

“胜鬘白佛”下，第三、正说。就文为二：第一，正明摄受正法；第二，从“世尊！我见摄受正法有如是力”下，仰推于佛，请佛证知。[1]

［释评］

［1］胜鬘的“说”始终不离佛的“证”，说明方便不离真实、有作出自无作。

1. 标四义

初以五门释之：一、异释门，二、正释门，三、同异门，四、引类门，五、行用门。[1]

［释评］

［1］有破有立、有通有别。

异释门者，有人言：“‘摄受正法’，其义广大，谓总标也。‘即是无量’，[1]释上‘广’。‘得一切佛法’已下，释上‘大’。大有二种：‘得一切法’谓证大，‘八万’已下谓教大，则证教二道也。”

［释评］

［1］经中以“无量”解释“无作”。“无量”在这里是纲领。“无量”即“正”。

二，正释门者，又二：第一略标章门，第二广释。标章门者，通唯是一正法，别有四义不同：一、广大，二、无量，三、得一切佛法，四、八万四千。[1]此四门可具二义：初句为总，后三句为别，以别释成于总。所以称“广大”者，以无量、得一切佛法及八万四千，故称广大也。二者通是一正法，法法不同，凡有四种：一理，二行，三果，四教。理者，诸法实相理。如实相理而修行，故有行正法也。行满得果，故次明果。前三为自德，教正法者，即化他。此四摄一切正法尽。初言“广大”者，谓理正法也。次言“无量”者，行正法也。“得一切佛法”者，果正法也。“八万四千”者，教正法也。今标此四门，后次第解释也。又前三句即是乘三义：理正法，是乘性也；行正法，即乘随也；果正法，即乘得也。教正法，为他说乘三也。

［释评］

［1］以这“四义”解释“无量”。下文即广说这“四义”。

第三，同异门者，此四与前“不忘失正法”中有同有异。上有五句：一、正法，二、一乘，三、波罗蜜，四、大乘欲，五、正法欲。前之正法，即是今理正法。前大乘，即是今果正法。前波罗蜜及二欲，即是今行正法。但上广彰“不忘失”义，故复开为三，今作因果，故摄三为一。上但明自行，故不论教。今具自行化他，故有八万教门。[1]

[释评]

[1] 这里解释经中前后文的开合与照应，也说明摄受正法的“广大”。

第四，引类门者，此四句，即龙树“中观论”三字也。中者，理正法也。观者，即行及果正法也。论者，即教正法也。故叡①师云：“其实既宣，其言既明，于菩萨之行、道场之照，无不朗然悬解矣。”[1]

[校注]

① 僧叡，魏郡长乐人，十八岁出家，二十二岁博通经论，处处讲说。曾请鸠摩罗什出《禅法要》三卷，弘扬菩萨禅。罗什所翻经典，僧叡都参与，并著《大智度论》、《十二门论》、《中论》、大小品《般若》、《法华》、《维摩》、《思益》、《自在王禅经》等序传世。后来预知时至，向西方合掌而卒。引文出自《中论序》。

[释评]

[1] 引教言说明一乘的摄受正法包罗了理、观、教。

第五，行用门者，即就事作之。七尺之身，本来四绝，即理正法。作四绝之观，谓行正法。四绝之观了了现前，即果正法。既如说而行，还如行而说，即教正法也。八万四千，如《贤劫经》说：“彼有菩萨，名曰喜王，晏坐七日，作是思惟：‘菩萨行何三昧，便速逮致八万四千诸度法门、诸三昧门、诸陀罗尼解脱门等？’过七日已，往诸佛所，顶礼佛足，请前所念。佛时对曰：‘快问是义！有三昧门名了诸法本，行是三昧，便速逮致八万四千诸度门等。”何者是其“八万四千”？彼经宣说，诸佛功德，凡有三百五十种门。于彼三百五十种德，各修六度以之为因，便有二千一百诸度。用此诸度，对治四大六衰之患，便有二万一千诸度。言四大者，所谓成身地水火风。由前诸度得净法身，故能舍之。言六衰者，外六尘。六尘之贼，衰耗善法，故名为衰。由前诸度，证诸法空，故能治之。彼前二万一千诸度，各对众生四种心患，便有八万四千诸度。言四患者，多贪为一，多瞋为二，多痴为三，三毒等分为四。又解，取身见为等分，以身见能生三毒故也。八万四千者，三百五十度谓果，六度谓因，谓因果一双也。此因果谓得也，自下明离四大六衰谓离果，果中有内蛇外贼。下明离因，因中有三毒及等分。故八万四千，无义不摄。“八万四千”既尔，三昧、解脱、陀罗尼等类亦同然。今说诸度，以为八万四千门矣。此八万四千善法，种别不同，故名为门。又此八万四千，通人神解，故称为门也。[1]

［释评］

［1］说明一乘教法的理事无碍。

2. 释广大

“譬如劫初成时”下，第二，释四章，明即成四别，还依前次第释。第一，从初至“即是摄受正法”，释上第一《广大》之义。第二，“从无异波罗蜜”至最后“即是波罗蜜”，释第二，则是《无量因行章门》。“世尊！我今承佛威神”下，竟“之所瞻仰”，释上第三，《得一切佛法果德章门》。从“世尊！又善男子”下，释上第四，《八万四千教法章门》。[1]

[释评]

[1] 解释“四义”之一“广大”之“理”。“广大”则由“正法”和“摄受”两个部分来解释。

(1) 释广大

就初又二：第一，前释“正法广大”，第二，从“世尊！摄受正法”下，释“摄受”义。胜鬘前标二门，谓摄受正法广大之义，是故今双释此二门也。初门有四譬、四合。[1]第一兴云注雨譬，第二大水出生世界譬，第三大地能持重担譬，第四大地有宝藏譬。问：此四譬有何异？答：有人言：“第一譬摄受正法能生多行，第二譬摄受正法能成多德，第三譬摄受正法能益多众，第四譬摄受正法备含多法。具此四多，是故前文云‘则是无量’也。”今明不尔，以三门释之：一、次第门，二、不同门，三、释广大门。

[释评]

[1] 围绕四个譬喻，解释“广大”。

次第门者，云为水本，故前明云譬。水从云生，故次明水譬。地成由水，故有地譬。宝由地生，故有宝譬。合譬次第者，由实相理，出生于教，如云生于水。教由理成，如水由于云。禀教成人，故有地譬。由人有宝，故有宝譬。又初以云譬实相正法，次以水譬实相正法，第三以正法成人，第四得实相正法人。能生出世大宝，故并以理正法为四譬，未论教也。至后释八万法藏，方明于教。[1]

［释评］

［1］从四个譬喻的次第，说明由理成事、由真实出生方便、由一乘出生万法。

第二、不同门者，虽有四譬，合成二章：前之二譬，明成人之法。后之两譬，辨法所成人。又前两譬明自行，后两譬辨化他。又前二譬明本出生，后两譬明末利益。[1]

［释评］

［1］从四个譬喻的区别，说明此理无边。

第三、释广大门者，此章名“释上广大章门”。所言广大者，四譬即成四大，谓大云、大雨、大地、大宝。次合四大为二大：前二辨法大，后二明人大。次合二为一，虽有人法，总譬一正法。又一义者，即人是法，即法是人，如后章说也。次泯一归无，即人是法人，人非定人；即法是人法，法非定法，故非人非法，虑绝言忘。[1]

[释评]

[1] 从四个譬喻的综合，说明摄义的广大。又以“人”、“法”关系解释四个譬喻的内涵，开启下文。

今且依人法各为二法①。法中二者，初略，后广。又初明人天乘，后明四乘。[1]人中二者，至后当释。又初明与四乘因益，后明与四乘果益，至文当显。初文前譬次合。所以举譬者，法之理深，非譬莫悟，故据近事以明远理。“劫初成时”者，今前叙坏，后次辨成。火灾起时，坏欲界至初禅。水灾起时，坏欲界至二禅。风灾起，坏欲界至三禅。既有三坏，即有三成。若坏欲界至初禅，世界成时，从二禅边兴云注雨，故欲界至初禅便成。若坏欲界至二禅，便从三禅边注雨，故欲界乃至二禅得成。若坏欲界至三禅，从四禅边注雨，故欲界至三禅便得成也。广如三界义中说。今取劫成者，一切世间诸成之中，劫成最大。譬得初地，乃至得佛，亦是一切成中之最大也。问：今正据何成喻？答：正就佛地。非佛究竟成就，无以能出生五乘等法也。故以劫初喻摄受正法人也。“成时”者，譬摄受也。正法显现在心，名为摄受，即是成时。问：“劫初成时”喻摄受正法人，“普兴大云”喻摄受正法，此是从人有法，乃是正明人出生，宁是法出生耶？答：譬意不正在人，乃明劫成时，大云普兴，雨众色雨，正明法出生，不明人出生。水聚譬亦尔。故二处文并不合劫成。问：云何理出生？答：由会实相理，得有诸佛菩萨及以二乘，由佛菩萨二乘故有人天也。“普兴大云”者，所以举劫初大云大雨者，云雨之大，莫过劫初，故借此大云大雨，以喻摄受正法之广大也。“大云”者，依《法华经》四义譬云：一、如来大形普应，犹如大云；二、如来大声普遍，犹如大云；三、如来大号普遍，犹如大云；四、如来大德充满，犹如大云。则是形、声、德、号摄佛事尽。今以大云譬摄受正法。摄受正法，则无法不摄。“犹如大云雨众色雨”者，摄受正法为体，则是能生。从摄受正法出生因，如雨大雨也。“及种种宝”者，出生果，如种种宝也。以因果是众义大宗，立信根本，初譬但明此二，所以为略。又此中但明正法出生人天之因，人天之果，是以为略，故经云：“雨无量福报”，人天果也。“无量善根”，天人因也。“如是摄受正法”下，第二合譬。略不合“劫初成时”。虽举劫初时，意正在兴云注雨，故不合也。“摄受正法”，合上兴云。“雨无量福报”，合上雨种种宝，即果名为福报。“及无量善根之雨”，合因也。[2]

［校注］

① 法，【原】【甲】本无。

［释评］

［1］先说“法”，即是五乘，由一乘出生。第一、第二个譬喻所明。

［2］第一个譬喻，明一乘出生人天乘，或明一乘为四乘之因。

“世尊！又如劫初成时”下，第二，有三：一譬，二合，三结。“劫初成时”，不异向解。“有大水聚”者，劫初成时有持水风，令水不散；有消水风，令水渐尽，以成世界。世界坏从下以向上，世界成从上以成下。故论云：“初坏处最后成，最后坏最初成。”故用水聚出生“三千大千世界”。水之轻妙者，成上诸天宫殿。水之滓浊者，成下山河大地。是水聚能出生大千世界藏。问：欲界身不能触得上界物，云何得以欲界火烧上界禅？答：《俱舍论》云：“从欲界火，别出火烧初禅，不用欲界火烧初禅。”问：云何为三千大千世界？答：如龙树说：“一四天下，合以为一，数之至千，名为小千。小千为一，数复至千，名为中千。中千为一，数复至千，名为三千大千世界。”此大千界成坏同时，故合为一。三千隔别，故称为界。三千苞含人物，目之为藏也。“四百亿类洲”者，三千界中，有其百亿四天下，别名四百亿。地形各异，名“种种”。东方有洲，名弗婆提，形如满月，人面像之。南方有洲，名阎浮提，其形上方下尖，人面像之。西方有洲，名瞿耶尼，形如半月，人面像之。北方有洲，名郁单越，其形正方，人面像之。洲谓洲渚，此等皆是水中高原，故名为洲也。

释合譬文，凡有四家，今具叙之。第一家云："'出生大乘无量界藏'者，菩萨地中，要说有十，广则无边，故名大乘无量界藏。此正取菩萨十地诸位为无量界大乘界藏。'一切菩萨神通之力'者，合上四百亿类洲，菩萨神通之力是其行用。'一切世间'已下，明其行体。行有世间出世间别，三地已还，名为世间，四地已上，名出世间。是二之中，各有证行阿含行异，故有四句。'一切世间安隐快乐'，是三地证行体也。证行寂灭，名为安隐。证法适神，名为快乐。'一切世间如意自在'，释三地已还阿含行，谓八禅等也。'及出世间安乐劫成'，是四地已上证行体也。法从喻称，故言劫成也。'乃至天人本所未得者'，是四地已上阿含行，谓道品等也。三地已还阿含之行，是凡夫法，人天共得。四地已上阿含之行，是贤圣之法，人天不得，故名'天人本所未得'。此等皆从摄受中出也。"第二家，余义并同，但取证道即是无分别正体智，阿含行即是后得智。用《摄论》意也。有人言："初譬明正出[①]人天乘，今譬明正法出生三乘，谓菩萨及三[②]乘也。从'菩萨神通'下，合四百亿类洲，于中有二：一、以大乘行相合也。'乃至人天未得'者，以二乘行合也。菩萨行相中有四：'菩萨神通力'者，出世作用殊能[③]行也。

‘一切世间安稳快乐’者，世间福报行，谓因为安稳，果为快乐。‘世间如意自在’，世间作用殊能行也。‘出世安乐劫成’者，出世方便福报行。以喻为法，故言安乐劫成。世出世各具二种行，但文中说之非次第耳。‘人天本所未得’者，声闻缘觉善法，人天本所不得也。‘皆于中出’者，皆于摄受中出。”问：此师既云此譬出生三乘，云何合四百亿类洲？答：彼不分明相当，以菩萨世间出世间及二乘为四也。

［校注］

① 正出，【原】【甲】本作“正法出生”。

② 三，【原】【甲】本作“二”。

③ 能，【原】【甲】本作“胜”。下同。

今谓此三家释，乃取十地位，义有余，而于文凡有二失：一者义局，二者破句。言义局者，大水聚譬，明世出世一切，云何但出生十地义耶？破句至后当显也。今所明者，凡有二义：一者总别，二者因果。言总别者，“大千”为总，“四百亿类洲”为别，则以大乘为总，于大乘中离出四乘为别。又总别者，“大乘”为总，“菩萨神通之力”，于大乘中别明菩萨神通之用。二者以大乘为果乘，四乘为因乘。所以知然者，下明四乘中，但辨菩萨神通，不明佛乘，故知“大千”喻果乘，“四百”喻因乘。“一切菩萨神通之力”下，合上四百亿类洲，菩萨神通果报，喻如一百亿类洲也。“菩萨神通”者，总举大乘因行化导之要。如《法华·信解》云“于菩萨法，游戏神通”也。“一切世间安稳快乐”者，人中果报。“一切世间如意自在”者，是诸天果报。合此人天[①]为二百。人报劣，直云安稳快乐。天报胜，故云如意自在。所以知是人天者，并称世间故也。“及出世间安乐”者，二乘人即成二百。合前为四也。此是古旧所说，于文相显。然四乘各有因果，夫因乐义不显，果报则欢乐义显。今欲叹正法能生四乘乐果，使物行正法，是故偏明果也。问：四种云何并称为乐？答：菩萨运五通，度六道，适大士之怀，所以称乐，如世间之戏乐也。又作事若难，则名为苦。菩萨运用自在，如戏不难，故名为乐。余三乐在文显然。

［校注］

①【原】【甲】本“天”后有“为一百并前菩萨”。

“劫成乃至天人本所未得，皆于中出”者，前二[①]家牵“劫成”属上出世间，古旧牵“劫成”向下也。上有三，谓譬、合、结，今是第三结也。就结中，初结能生，次结所生。“劫成”者，牒上劫成也，即是明摄受正法义成，即是能生也。“乃至天人者”下，结所生也，明天人乘从摄受正法出也。“本所未得”者，大乘及二乘非是世间所得，亦从正法中出也。此文非但偏结水聚譬，亦通结云雨譬。此二通举劫成之事，是故通结也。[1]

［校注］

① 二，【原】本作“三”。

［释评］

［1］第二个譬喻，解释一乘出生四乘（之果）。

“又如大地”下，第三譬。前之二譬，明所秉之法。法不自弘，弘之由人，故次明秉法之人。又上明理正法，由理成人，故人有利物之用，如由水成地。地有升持之能，及出宝之用也。问：此章正明理正法出生，云何今两譬乃明人出生耶？答：由理正法出生人故，人能出生四乘等用，则终是明法出生义耳。两譬为异者，今作三双释之：一，初譬以荷负义为正，后以出宝义为正。二者，初譬与众生四乘因行，后譬与众生四乘果德。又初譬师化弟子，后明弟子得法由师。[1]

［释评］

［1］第三、第四个譬喻解释“人”，即各乘的修行者。

文四：一譬，二合，三结，四叹。所以借“大地”譬者，地有三义：一、牢固难倾，二、生长万物，三、能担一①山河。摄受正法菩萨亦具三义：一、行体牢固，二、广生物善，三、荷质众生，令离苦得乐也。“又如大地”者，上明云水出生四分[2]藏，即是用云水以成地，今明地亦有荷质之义。上明摄受正法出生五乘，今明摄受正法以成于人。人亦有荷质义，故以地况人。如地能持四重担，得正法菩萨亦利益四种之人。大地即是能持，四重担即是所持也。有人言：“大海最重，喻于凡夫。诸山次轻，喻于声闻。草木转轻，喻于缘觉。众生最轻，譬于菩萨。”今明不尔。大海最重，喻于菩萨。诸山虽重，犹轻于大海，喻于缘觉。草木轻于诸山，喻于声闻。众生复轻草木，喻于凡夫。所以作此释者，物重譬于德重，物轻譬于德轻。

［校注］

① 质（xì），传说中龙所生的九子之一。明代李东阳的《怀麓堂集》认为是第八子，性行文雅，通常刻在中国石碑碑头，盘绕如龙。杨慎《升庵集》则认为是第一子，形状像龟，好负重，即通常所说的“驮碑龟”。

② 原注：“四分”恐写“界”字误。

“如是摄受正法”下，第二合譬，摄受正法以成男女。此得正法男女人，犹如大地，堪能荷质四种重任也。“踰[1]彼大地”者，地虽能持，无心质担。菩萨大悲，有心能质。又大地持少，菩萨质多。又大地劫成能质，劫坏不能，菩萨于一切时常能荷质，故踰地也。“何等为四”下，合上所持。初解以大海喻凡夫者，依文次第合之。前举海山草木次人，今还次第合也。第二师释意，譬则从重至轻，合则从轻至重者，承文势故尔。以最后譬轻，故接轻合轻也。“离善知识”，谓不近善友也。虽有善友，不相值遇，亲近义希，故称为离。三乘人及人中善人，能以善法利物，为“善知识”。不能听受正法，故曰“无闻”。或都不闻正法，或闻之甚希，或可虽闻不解，无恶不造，不能系念思惟，如法修行，言“非法”。授与福分善根，令修福舍罪，后生善处，渐得入道，故言“而成就之”。有下乘根性，后②欣乐下法，故为求，为说四谛，欣厌观法，故“授与声闻乘”。“求声闻者”，即是合上所担。所言“求”者，此是乐欲，名之为求。“授”与之言，合上大地能持，下例作此释。问：缘觉之人，佛在世时，为其说教，可得是“授”。出无佛世，叵有“授”义以不？答：亦有二种授义：一者诸佛菩萨以神通力，起风动树，因而叶落，令其思量，故云“授与”。二者以人为缘。如猕猴教仙人坐禅，遂得缘觉，亦是“授”义。

［校注］

① 经原文为“喻”。

② 原注：“后”恐“彼”字。后，【甲】本作“复”。

“是名摄受正法”下，第三，总结。[1]

［释评］

［1］第三个譬喻，以大地比喻菩萨，说明各乘行者都由一乘出生。

“世尊如是摄受”下，第四，叹。“为众生作不请之友”者，四乘众生，虽有根性，乐欲未生，不能请求。菩萨照机，知其堪受，即便为说，故言“不请”。闻必得益，目之为“友”。同门曰朋，同志曰友。大士以善法惠利众生，令同志修学，故名为友。肇公言：“真友不待请，如慈母之赴婴儿也。”问：何故经中或云待请，或云不待请？答：待请方说者，显菩萨重法之心。不待请者，显菩萨大悲敦至。又待请者，令前人重法。不待请而说者，令物尊人也。若请方说，则能说之人便无大悲，故人则不尊也。“大悲安慰”下，前叹菩萨为物之友，今叹菩萨能生四乘善根，名之为“母”。众生在生死怖畏，菩萨以大悲覆护，以名“安慰”也。

“又如大地”下，此第四譬。与上异者，上但明菩萨化众生，不明人得益。此下明上能化下，复明前人得益。何以知然？上云“普为众生作不请之友”，故知上直言师化弟子。此下言“得大宝众生，皆由摄受正法男子女人”，故知此明众生得益。余二义如上。就文有四：一喻，二合，三释，四结，菩萨化功利益众生也。“又如大地有四宝藏”，此句总标。“何等为四”下，别出四名：一者无价，喻于菩萨。二者上价，喻于缘觉。三中价，喻声闻。四下价，喻人天。“是名大地四种宝藏”者，总结也。就合譬中，初总合，即合总文也。问：菩萨自得已家自法，云何名为得众生四宝？答：此四是化他法，故名“众生四种大宝”。此四种宝虽主化物，出在菩萨，故云菩萨得之。“何等为四”下，合上别也。譬中从上至下，合中从下至上，前已释之。“如是得大宝众生”下，第三解释。众生得益，皆由菩萨也。“世尊！大宝藏者”下，第四总结。前明得正法菩萨有四宝藏，此结明菩萨之人，所以能荷屓四担者，皆由摄受正法，故推功于法也。[1]

[释评]

[1] 第四个譬喻，说明用一乘教理能够化导各种根器。

(2) 释摄受

“世尊摄受正法摄受正法者”，自上已来释《广大章门》，今释《摄受章门》。[1]所以知上释《广大》者，上明有四譬，即是四大，谓大云、大水、大地、大宝。虽有四大，不出二种：前二明人秉法大，后二明法所成人大。一切诸大不出人法，故知是释《广大章门》也。自上已来，凡四处明摄受正法：一、第十受明摄受正法，令不忘失。次第三愿明摄受正法，舍身、命、财而救护之。第三、《摄受正法愿章》，明一切诸愿同入一愿，谓摄受正法。第四、《摄受正法行章》。摄受正法，其义广大，虽四处标名，犹未解之，至此方释也。摄受者，若智证于理，理生于智，则是境智二见，不名摄受。若能所并冥，境智俱寂，乃名摄受正法也。盖是佛法之大宗，证悟之渊府。

［释评］

［1］以下解释“四义”之一“广大”的第二个部分：摄受。理智圆通不二，才叫做“摄受正法”。

又有此文来者，智证于理，有不二二义、二不二义。不二二义者，智为能证，理为所证；理为能生，智为所生。二不二者，不见智为能照、理为所照，理为能生、智为所生。如《大品》云：“与般若相应，而不见应与不应。”“与般若相应”，谓不二二义。“不见相应不相应”，谓二不二义。《智度论》云：“实相非般若，能生般若。”此是不二二义也。又云：“缘是一边，观是一边，离是二边，名为中道。”即是二不二义。自上已来，明摄受、正法，明不二二义。今明相即，是二不二义。又若约位论之，地前菩萨，未能证理，故境智犹二。登地已上，与理相应，缘观俱寂。若破病论之，时众闻摄受正法，则谓智为能摄，正法是所摄，则起境智二见。今破二见，故明不二。是以有此文来也。此四条义，通贯于后，并不可出也。[1]

［释评］

［1］理智不二，反映了中道佛性的特点。

“世尊！摄受正法”，此一句牒前“摄受正法”语来也。前已释广大义竟，未释摄受正法，今欲释之，故牒将来。“摄受正法”者，正解摄受义也。将欲解释，故重题章门也。“无异正法”者，此明摄受即正法，谓智不异境。“无异摄受正法者”，此明正法不异于智也。“正法即摄受正法”，正结理不异智也。以不二故言不异，非是相似故言无异。

3. 释无量因行

“世尊无异波罗蜜”下，自上已来释《广大章门》竟，今释第二《无量因行章门》。由理成行，故次理明行也。又正法语通，非但理是正法，行亦是正法，故有此文来也。[1]

[释评]

[1] 解释“四义”之二：无量因行的功德。上一义“广大”是说理上的正法，第二义说的是行上的正法。

就文亦二：初明摄受，次明正法。上前明正法，后明摄受。今前明摄受，后明正法。与上不同者，接上摄受即明摄受故也。又摄受与正法，义无前后，故得回互释之。又欲明标、释、结义，所以前明摄受。言标、释、结者，初标“即”义，从“何以故”下，释“即”义，次此后结“即”义也。此中应明释名门。所言“摄受正法”者，六度即是因行正法。录六度之法在心，名之为“摄”。如六度法而顿证，故名为“受”。顿证之时，不见能摄所摄、能证所证，不知何以目之，强名“摄受”。此即是今文明“相即”义。又，“摄受”有不二二义、二不二义。不二而二，故有能摄所摄、能证所证；二而不二，则能所宛然而常寂灭。又约位明之，地前未得真证，故犹有能所。登地已上，永得于真证，故缘观俱寂。若破病者，众生谓能摄所摄异，破彼二见，故明不二。此是破二明不二，二病若去，不二亦除。如《华严》云：“不著不二法，以无一二故。”又《智度论》云：“破二不著一，是名为法忍。”法忍者，心安理法，不见一二也。[1]

［释评］

［1］无量因行中，先说“摄受”。从“行”来说，心行六度，就是摄受正法。与上面从“理”、“智”的关系来谈“摄受”、“正法”不同。所谓“行”，就是中道不二行。

就文有三：初总明不二，次别明不二，三总结不二。初文三句，“无异波罗蜜”者，明摄受正法不异波罗蜜。“无异摄受正法”者，明波罗蜜不异摄受正法。问：此与上摄受何异？答：有同有异。若言摄受不异波罗蜜，波罗蜜不异摄受，此与上智不异理、理不异智，其义则同。但上明理不异智、智不异理，今明智不异行、行不异智。若言摄受正法不异波罗蜜，波罗蜜不异摄受正法，此欲明摄受正法广大之义。非但理正法是摄受正法，波罗蜜行法亦是摄受正法。是故摄受正法其义广大。“摄受正法即波罗蜜”者，上来两句明无异，今第三句结简“无异”。所以无异者，以“即是”故，名曰“无异”，非谓相似故言无异。问：结“即”中何因少一句？答：既言“摄受即波罗蜜”，当知波罗蜜即摄受，故不须第二句也。结中亦有二义：一结智与波罗蜜不异，二结摄受正法与波罗蜜无异。问：摄受是能摄受之智，正法是六度之行。智与行既其不二，云何一智体即具一切行？答：如一正观，止恶义边说名为戒，澄静义边名之为定，能照义边称之为慧，达到义边即波罗蜜，是故一智摄一切行。问：六度与正观无异，此是解与行无异。亦得言实相正法与六度无异不？答：上明智与理无异，望理智即是行。智既与理无异，即是行与理无异。问：云何无异？答：菩萨以实相心行六度，故六度即实相。[1]

[释评]

[1] 心（智）与六度（行）不二，即是摄受。

今且就檀释之：然虽复四绝，三事①宛然，此实相即檀。虽三事宛然，常是四绝，故檀即实相。檀度既尔，余行例然。问：上明从实相出生四乘因果，菩萨即以四乘因果行，利益于人。与今文明摄受正法何异？答：上明四乘之法利人，今明以六度之行益物。若尔，上即是四乘，六度益物即是一乘。前即是出生益物，今是收入利人。又上明从理出生行，今明行成，故用行益物。则上明其本，今辨末也。[1]

［校注］

① 四绝：《中论疏》上说："真谛四绝，故名为中。"即不住有、无、非有非无、亦有亦无四边。三事：指布施者、受施者、所施之物。

［释评］

［1］实相（中道佛性、一乘）智与四乘之行不二。

"何以故"下，上来第一明摄受，今第二明正法。亦上是标"即"，今是释"即"。"何以故"者，此是问辞。问意云：何故摄受正法即是六波罗蜜？"摄受正法"已下，此是答。答意云：六度即是正法。菩萨摄受六度正法，以化于人，故摄受正法与波罗蜜无异。此中明六度即为六阶，一一度中各有三句：一标机缘，二明菩萨行施，三结行成为波罗蜜。[1]

［释评］

［1］无量因行中，第二部分，说"正法"，即如何行六度。

初言"应以施成就者"，[1]此明所化机缘也。问：此是何等人耶？答：有人言："此是悭贪众生，宜教行施，故名成就。"今谓文相不尔。经云"应以施成就者"，此明前人根缘应见菩萨行施得成就者，菩萨则为之行施。何关教前人行施耶？六度皆有此文，必宜前定之也。问：此是何人？答：此人不定。自有悭贪众生，不肯布施，菩萨前自行施，使彼学之。二者，自有贫穷众生，菩萨施其财物，令其欢喜，与菩萨为眷属，然后化令入道，故云以施成就之。自有众生，应见菩萨行施，而得悟道，故菩萨为之行施也。"以施成就"下，第二明菩萨行施。就文为二：初标二章门，次释二章门。"以施成就"者，标二章门也。"施"之一字，谓菩萨行施章门也。"成就"者，利物章门。"乃至舍身支节"者，释两章门，即前释行施章门。施有内外，舍身是内，舍余是外。外易内难，从外至内，故云"乃至舍身支节"也。"乃至"是其穷到之辞。"将护彼意"已下，释第二成就章门。"将护彼意"者，善顺机缘，名"将护彼意"。菩萨虽复内外顿舍，此是合理，未必称机。今欲明称机，故云将护彼意也。"而成就之"者下，以顺机缘行施，而前人遂便得益，故言"而成就之"。"彼所成就众生建立正法"者，释上成就之义也。菩萨以摄受正法心，为物行施，遂令众生悟道，得入摄受正法之中，故摄受正法得摄施行，亦得摄受一切众生。是故摄受正法，其义广大，故前云"摄受正法即是波罗蜜”。施行既尔，余五类然。摄受正法有二：一者摄行，谓摄受正法。摄受正法，摄受六度等万行。二者摄缘。菩萨行六度，令一切众生皆得悟道，入正法中。故摄受正法，其义广大也。“是名檀波罗蜜”者，第三结檀行成就。

［释评］

［1］说布施。

“守护六根”下，第二，戒度。[1]亦三：一、标机缘，二、辨菩萨持戒，三、结行成名波罗蜜。“应以戒成就者”，标机缘也。问：是何等缘？答：亦有多种。自有破戒之缘，令其改悔持戒。自有本未有戒，令其受戒。自有见持戒而起爱敬之心。自有见持戒而得悟道。问：何故一一度中出多缘耶？答：若如《大品》，一一度中凡有四句：一、自行六度，二、教他行，三、叹行法，四、美行人。则六度各对六缘。今此文中，药别病通。以明六行，故是药别。所对之缘不别标之，知病通也。以“守护六根”下，第二，明菩萨持戒。

［释评］

［1］说持戒。

就文为二：一、明菩萨自持戒，第二、明菩萨持戒令物得益。“守护六根”者，六根如门，能通六尘恶贼，损坏戒善，故须防护。防护之法，唯念与慧。念心守境，慧巧分别知其损益。“净身口意业”者，菩萨持戒有始有终。守护六根，是其始也。净身口意，戒行成就。成就之中，净身口意是正戒，离性罪也。“乃至正四威仪”，谓离遮罪。“乃至”还是穷到之辞。性罪易离，遮罪难防，从易至难，亦是从重至轻，故云乃至正四威仪。“将护彼意”者，上来第一，明菩萨持戒，今第二，明使他行戒。具以如上说。“是名”下，第三，结具戒行名波罗蜜。[1]

[释评]

[1] 持戒之法，守护六根，唯念与慧。

就忍行中亦三：[1]一，标所为缘，故言“应以忍成就者”。“若彼众生”下，第二，明菩萨行忍亦二：初明行忍，二、为成就众生也。“骂詈、毁辱、诽谤”是口辱。对面而论名为“骂詈”，背后道说称为“毁辱”，全无妄造称曰“诽谤”。“恐怖”者，是其身辱。打缚、割截、系闭等事，说为恐怖。又恐怖者，亦通于口，以说诸恶事而恐怖之故也。“以无恚心”者，此明忍也。得无嗔善根，故云“无恚”。“饶益心”者，非但无嗔，菩萨见打骂时，即于前人起饶益心。罗汉之人得打骂时心亦不嗔，不能于中即起慈心饶益于彼，菩萨能也。“第一忍力”者，忍辱是第一道，如经中说。忍之为德，持戒、苦行所不能及，故称第一。又《智度论》云："行生忍时，得无量功德。行法忍时，得无量智慧。"德兼福慧，故云第一。"乃至颜色无变"者，"乃至"还是穷到之辞。菩萨行忍，不起嗔恚，不生结恨，亦不加报，此离重过。今明乃至无变，远离轻失。"将护"已下，第二，同前。"是名"下，第三，结成忍度也。

［释评］

［1］说忍辱。

进度亦三，[1]易知。菩萨精进，为度众生，是故说言"于彼众生不起懈心"。此明离过，如经说："懒堕是精进家障，懈怠是精进之垢。"障重垢轻，今说离轻也。尚无有轻，况当有重！"生大欲心"者，上明离过，今辨习德。于诸善法皆有修意，名大欲心。又于诸众生皆有度意，名大欲心。欲心是其精进方便，故前生之。"第一精进"者，正明精进体。第一精进，是心精进。"乃至"已下，谓身精进。行住坐卧，常能勤苦，名若"四威仪"。心易身难，从心生①身，故言"乃至"也。

［校注］

① 生，【原】【甲】本作"至"。

［释评］

［1］说精进。

禅度亦三。[1]“于彼众生以不乱心、不外向心”者，心不住于一境，名为“乱心”。心缘外境，名“外向心”。此是定障。菩萨得定，故远离之。有人言：“不乱者，离性乱。不外向者，离事乱。”《佛性论》云：“性乱者是五识中乱，事乱者是意识中乱。”又《净名》云：“心不住内，亦不在外，是为菩萨晏坐。”“第一正念”者，上明所离，今明所得。生空法空，常以空理自安，故云正念。问：生空法空，此是正慧，云何言正定？答：即一空观，二义说之。穷照曰慧，极静为定。故《成实论》云：“尔时二种，如实知名慧，摄心名三昧。”又念是禅因，能生定心。如禅支及四如意足，不言第一正定，而举其因者，对下“不忘”，显守境力。“乃至久时所作”，身业也。“久时所说”者，口业也。“终不忘失”，明定心恒忆，久时身口业不忘也。问：何故有此意来？答：菩萨因定发宿命通，故忆持久所作事。又因定得于三轮。第一正念，谓因定得他心轮。久时所作，是神通轮。久时所说，是说法轮。并不忘失也。夫心喧则情暗，神静则虑明，故见旷劫如在目前，故云不忘失也。

[释评]

[1] 说禅定。

智慧亦三。[1]“彼诸众生问一切义”者，问五明等一切义也。亦问五法藏一切义也。五法藏者，三世为三，无为为四，不可说为五。“以无畏心而演说”者，夫畏由痴生，安由解发。既明达在怀，故有难能酬、有酬必塞，故云以无畏心而为演说也。“一切论”，谓世辨论、随世论、围陀论、毗伽罗论、卫世师①论。又是五明论，此是明智人之所造。又学此论者，亦能生人明慧，故称五明。五明论者，谓内论、因明论、声明论、医方论、工巧论，故称五也。此五并须宾主论量，故称为论。但前之四种，假文处多，说之为论。第五一门，随事习之，宜称工巧，故文云“一切论一切工巧”。此五是生明智处，故言明处。义通真俗，故《地持》云：“于五明处，具足一切闻思修证。”则知通二谛也，如《地持论》具释。“乃至种种工巧诸事”者，“乃至”还是穷到之辞，始从第一内论，乃至第五工巧诸事也。

［校注］

①随世论，认为人无法掌握自己的命运，应顺其自然。围陀论，汉语译为“智论”。主张那罗延天能生婆罗门、刹帝力、毗舍、首陀罗四种姓。毗伽罗论，为梵语文法书，意为分解、分别。又译作字本论、声明记论。卫世师，古印度的宗教哲学流派，又叫鞞世师、吠世史迦，意译为胜论宗。该派先主张六句义法：一实（本体），二德（属性），三业（作用），四同（共通性），五异，六合。后有慧月，将第五“异”别为“异”、“有能”、“无能”、“俱分”，加上“无说”，合为十句义。

［释评］

［1］说般若。

“是故，世尊！无异波罗蜜”者，前“摄受正法无异波罗蜜”有三：一、总标“无异”，二、“何以故”下，别约六度释“无异”，今第三、总结“无异”也。问：余处皆以六度为自行，今此何故说为化他？答：所对不同。余对四摄，故为自行。今对摄受内证之德，为物行六度，名为化他。问：布施施他，四摄摄他，何故六度为自行，四摄为化他？答：六度中但云“布施”，故是自行。摄中云“布施摄”，“摄”即是化他，故为化他也。问：此中何故以六度为化他行？答：欲释上则①是“无量”义。“无量”义者，犹是“广大”异名。若自行六度则行不广大。以为物行六，故六度广大。又六度有三种广大：一、无恶不息，二、无行不修，三、无人不度，复名广大。[1]

［校注］

① 则，【原】【甲】本作“即”，下同。

［释评］

［1］总结“摄受正法无异波罗蜜”。

4. 释果德

“世尊！我今承佛威神”下，第三，次释上《得一切佛法章门》。所以知释《得一切佛法章门》者，下明舍三不坚、得于三坚。三坚即是果地佛法，故知是释上果德门也。又接六度文生。上明行于六度，即下利众生。今行六度，上求佛道，故以六度之因，得三坚之果。而文且据檀因，得于檀果。余行类之，故有此文来。又上明六度，即是化他，今明舍三得三，即是自行。又上明六度即是行广，今明舍三与“后际等”实时长，并具诸义也。[1]

［释评］

［1］解释“四义”中的第三义，说明一乘的果德超越时空。

就文亦三：一、请说，二、许说，三、正说。所以至此更称承力者，上明因行易陈，今明果德难说，故重承佛力也。“更说大义”者，上明理大行大，今更说果大。又上已说六度之因下利，今说舍三，得于上求之三，故名大义。许说可知。“胜鬘白佛”下，第三正说。就文为二：第一明舍三得三，第二称叹。就初又二：第一明摄受，第二辨正法。

问：今摄受与上何异？答：上明摄受于理，即是智与理无异。次明摄受行，即智与行无异。今明摄受果。所言果者，谓佛地常身、命、财。明人摄受此果法，故人与果法无二。所以然者，证常身、命、财人，与常身、命一体，故人法无二。又此中明无所得心，舍三即是檀行正法人，与此檀行正法无二。问：上已明六度无异，何故复明檀行无异？答：上虽明行广，今辨时长迁，应有上四义。未得人法不二观，则人法二。得不二观，即明人法无二。又破人法二，故明人法不二。惑者谓人能摄受正法，正法为人摄受，则起二见，为破二故明不二。具如上释。又具有二不二义、不二而二。法成人，人能御法，二而不二。即法统御名人，即人可轨名法。又即人之法，能生四乘因果。即法之人，亦能出生四乘因果。功用既齐，故人法无二。故前四譬中，前二明法出生，后二明人出生，即其事也。[1]

［释评］

［1］什么是果上的“摄受正法”？以无所得心，得中道佛性的“常身命财”。

初文有三句：初双牒人法。“无异摄受正法”者，此明人不异法。“无异摄受正法者”者，此辨法不异人。“摄受正法善男子女人”下，结人即法。

“何以故”下，上明摄受，今第二，明正法。正法即是“常身、命、财”。“何以故”者，问也。此问有二意：一、问所摄正法，二、问人法何故不二。“若摄受正法”下，正答其两问。大意明其人舍三分已，得摄受中常身、命、财。身命则是正法，故酬其一问。常身、命、财，以成于人，故人不异法，酬第二问。就文有三：一、总明此人为摄受正法，故舍于三分；二、列三名；三、广解释。

就初中“若摄受正法男女，为摄受正法故舍三分”者，此明摄受菩萨为得佛果常身、命、财，故舍无常三分。此明舍意也。问：但应言为得常身、命、财，故舍三分。何得言为摄受正法，故舍三分？答：欲显摄受正法，其义广大。既明为摄受正法，当知摄受正法即是常身、命、财。若言为常身、命、财故舍三分者，或便谓摄受正法不摄常身、命、财。以是义故，言为摄受正法也。[1]

［释评］

［1］舍，即不住，即是摄受。

“何等为三”下，第二、列出三名。问：舍身、命、财何异？答：若舍身为奴，则不关舍命。又舍头目支节施人为舍身，为人取死为舍命。又释，舍身即是舍命，但本意不同，故成两别。如投身救虎，命虽不存，以肉施彼，意在施身也。他不耐我在，须得我死，于彼事乃办，菩萨为兹殒命，身虽不存，是只舍命。自身命外，国城妻子，悉以施人，为舍财。梁武别释此为一小科义。

“善男子”下，第三、广释，即成三别。“男子女人”，出能舍之人也。“舍身”者，正明舍也。“生死后际等”者，北土人有二释。一云：“生死是前际，涅槃为后际。而言‘等’者，生死涅槃于事不齐，于理则等。要得此等，方有舍得。‘等’谓空平等观，上绝涅槃，下亡生死。得此等观，故能离老病死，得常身、命、财。此空平等观，为舍得处。此乃证实离相，故名为舍，非以身施人名之为舍。”有人言：“生死后际者，非生死为先际、涅槃为后际，唯就生死中自辨于前后。若具缚凡夫，是生死前际。金刚三昧，一品惑在，是生死后际。故铭金刚三昧以为生死后际。言其等者，取佛果种智。良以金刚断、种智证。此据终尽处以说，故举后际等也。”南方人亦有两释，但有异有同。一云：“以金刚穷学，为生死后际，谓生死讫于此时。意明舍身之事，从初发心讫此为极，自此已外无复无常身可舍。”又释：“以涅槃为后际，生死尽于此时，故言生死后际等。”《毗婆沙中》具此两释，但彼举小涅槃，今言大涅槃为异耳。馥师意，摄受正法以菩提为期，舍身、命、财以后际为限也。今须平量之。北土人以空平等为舍，此事不然。凡论空平等舍，从初地得平等观，即能平等行施，云何乃言后际方辨空平等施？若以涅槃为后际，此是舍无常身尽极处，自此已外，无复无常身可舍。此言合理也。若以金刚为后际，金刚犹是生死后分，此犹有无常身可舍。若以涅槃为后际，即得常身，更无有无常身可施。但得常而舍无常，约此亦得云有无常身可舍。今详经意，从因到果，则如向释。但今言“与后际等”，生死自有三际：一、前际，谓过去；二、中际，谓现在；三、后际，谓未来。际既无尽，舍身与后际等亦无尽。如《地经》十无尽义，不取尽极为“等”。问：后际无尽，舍身亦无尽者，何由得常果耶？答：菩萨建无尽意，行满自然得常。[1]

［释评］

［1］以无住涅槃为所摄受的“正法”。

“离老病死”者，上明行因，今辨得果。舍无常身布施，凡得二果：一、所离果，二、所得果。“离老病死”，谓所离果。老病唯在分段，死义通于变易。又变易亦有念念之老、无常之病。“得不坏常住”下，第二、明所得果。就文有三：一、所得常，二、所得深，三、所得体。体是常故，名为法身。亦无诸非法，妙法斯满，是法身义。既为身舍身，故得法身之报。此约相似因为论。不可破坏，故名“常住”，谓离分段也。“无有变易”，离变易也。又无有变易，释上常住。“不思议功德”者，第二、明所得深。道出三乘十地，故无人能思也。“如来法身”者，第三、明所得体。以功德法成身，故云功德身也。[1]

［释评］

［1］离老病死身，得常住法身，功德不可思议。

“舍命者”，标舍命布施也。“生死后际等”者，明布施时长也。“毕竟离死”下，上辨行因，今明得果。有二：一者所离，二者所得。言“离死”者，谓所离也。舍命是为他取死，故以离死为果。无常寿命，要必有死，今明无有死，故云“离死”也。“得无边常住”下，明所得也。亦三：一、所得常，二、所得深，三、所得体。“无边”者，生死之命有其分限，名之为边。常命异之，故言无边。以无边故，所以常住。“不可思议功德”者，明所得深。一切众生，无有能思议如来寿命，知其齐限，名不思议。此常命是修功所得，故名“功德”。“通达”已下，第三、所得体。功德，总明其体。“通达一切甚深佛法”者，此别出命体，正用慧为命。所以偏说慧者，以慧为行主，能持众德，如命能持色心之报，故说慧为命。“通达一切”，谓广大慧。“甚深佛法”，谓甚深慧。以此广大甚深之慧为命，故名慧命也。如经言“慧命须菩提”、“慧命舍利弗”也。今言“通达一切甚深佛法”者，出慧命所照境也。[1]

[释评]

[1] 舍生命，得慧命。

“舍财”者，牒所舍也。“生死后际”，不异上解。“得不共”下，此明得果。但明所得，则兼所离。于中有二：一、得自报财，二、得他供财。自报财中亦三：一、所得常，二、所得深，三、所得体。言得不共者，世财五家共有，今舍世财，得不共财。世财或尽或减，常财无尽无减。“毕竟常住”者，前辨异无常财，今显常住财也。问：何等为常住财？答：《法华论》释：“我净土不毁，而众见烧尽。”天亲云：“报佛如来净土，第一义谛所摄，不可烧。”彼论明报佛是常，报佛土亦常，故是常财也。有人云：“常财者，谓十力无畏无量佛法，故名为财。如《维摩》云‘富有七财宝’，故以众德为财也。”“不可思议”下，第二、显所得深。“具足功德”下，第三、显所得体，即以功德为财也。又上“毕竟常住”，成前“无尽”。“具足功德”，成上“无减”。总论世财有五：一五家共，二减，三尽，四无常，五非妙。法财，翻之也。“得一切众生殊胜供养”者，财有二种：一、自报财，二、他供财。自所招净土境界是报财，天人奉养是他供财也。上来辨自供财，今明他供财。应迹为论，应感既彰，能致众生四事胜供，又能感三乘圣人四事胜供。[1]

［释评］

［1］具备不可思议十力的法财，即是解脱的功德。

“世尊！如是舍三分”下，上第一，明人法不二，行因得果。今第二，称叹，凡有二句：第一、牒所叹人，“常为”已下，正明称叹。叹中有二：一者、上为佛记，二、下为众生瞻仰。又上入佛境，故为佛记。下过群品，故为众瞻仰。问：何故云为佛所记？答：舍身①财，此是大事，物恐未必得果，故明行因必有果可得，故佛记之。又记者决也，其人必得三果。又记者别也，其人不作八道必成佛也。“为众生瞻仰”者，众生不能舍三，其人能舍。众生厌无常欣常三，其人得常三，故为物所仰。又上弘佛法，故为佛所记，今成就众生故为众生所仰。[1]

［校注］

① 身，【甲】本作“身命”。

［释评］

［1］说明一乘因行必然得果。

5. 释八万四千教法

“世尊！又善男子”下，自上已来释三章门竟，谓理、行、果，由理成行，由行得果，此是自行。自行既成，则明化他。化他者，谓八万四千法门，谓化他之极，故上有四标，至此便有四释。问：今文乃明护法，云何言释上八万四千教法耶？答：夫护法者，正明护教，是以今明护法，即释上“教”也。舍邪教，显正教，称为护法。又有此文来者，释成舍三意也。所以舍三者，为护法故，如上第三愿云：“为护正法舍身、命、财。”《佛性论》明十因缘故常、第一义云："舍身、命、财为摄受正法。"正法既无穷，以无穷之因，感无穷果。果即三身，故是常住，又成上得三。如《涅槃》云："护法因缘，得金刚身。"又菩萨舍三为二事：一为下利众生，二为上护大法。前明为利四生，是故舍三，今为上护三宝，是故舍三。问：上三皆明摄受，护法中何故不明摄受？答：理、行、果是证义，故明摄受。护法中明教，故不明摄受。又为略故，又例前可知也。

就文有四：一、举护法之人。二、"法欲灭"下，辨护法时。三、"不谄"下，显能护行。四、"入法朋"下，护之成益。"善男子善女人"者，出护法人也。"法欲灭时"者，护法时也。"比丘"下，出灭法人也。梵言比丘，此方义翻乃有五种：一名怖魔。初出家时，令魔怯怖，此义据始。二名乞士，既出家已，无所积聚，乞求自活。三名净命，以法乞求，离于邪命。此二据次。四名净持戒，出家已修持梵戒。五名破恶，以持戒故，离犯戒恶。此二据终。"尼"者言女。"优婆塞"，此翻为善宿男。怀善自居，故云善宿男。亦云近住，以怀善自居，近于佛住故也。"夷"者女也。此之四人，若能依教修行，则是护法人。故《仁王经》云："如师子不为余兽所食，还为自身中虫所食，佛法亦尔，天魔外道不能殂坏我法，还是我四部弟子能坏我法也。""朋党争讼"者，出灭法相也。朋党者，心坏也。争讼者，口坏也。破坏离散，谓身坏也。又结集邪律，情助彼此，名为朋党。言竞是非，名为争讼。分为异部，故名破坏。各各别行，故名离散。又是破和合众，故言离散也。“以不谄曲”下，正明护法，凡六句，前三异邪，后三同正。以不谄曲，身不邪也。形随恶党，名为谄曲。“不欺诳”者，口不邪。口宣邪法，称为欺诳。“不幻伪”者，心不邪也。惑心[①]邪法，名为幻伪。又不谄曲，谓离谄垢，不诈善外相。不欺诳者，谓离诳垢，不覆藏内恶。四卷《毗昙》云：“曲从谄伪生，故今合为不谄曲。”《成论》云：“谄心事成故名诳。”故次不谄曲明不欺诳也。不幻伪者，若当诈善外相，覆藏内恶，名为幻伪。以不诈善外相，覆藏内恶，故名不幻伪。林公云：“口业为欺诳，意业为谄曲，身业为幻伪。”又说法之人，于胜上者，则谄曲面之。于劣己者，则起欺诳。心不真实，名为幻伪。如梵天王为诸梵子说法，黑齿比丘乘神通往彼问之：“是身从何三昧生，何三昧灭？”彼不能答，但云“我是大梵王，我是大梵王”。彼说法竟，执黑齿手：“汝莫众中问我。”此则于黑齿而谄，于小梵而起欺诳，于二处心不真实。又凡夫二见颠倒，名为谄曲，二乘未究竟为欺诳。舍利弗言：“呜呼深自责，云何而欺！”空乱意菩萨名为幻伪。今护法菩萨无此三心也。下同正中，“爱乐正法”，是心正也。“摄受正法”，是口正也。善言求法，名为摄受。又爱乐是入正行。又爱乐正法者，始心欲乐也。摄受正法者，终心相应。“入法朋中”，是身正也。摄受法故，入诸德菩萨数中，名“入法朋”。入法朋者，此明护法行成，决定得佛，故为佛所记也。

［校注］

① 惑心，【原】【甲】本作“心惑”。

6. 请佛证知

“世尊！我见摄受正法”下，此文来者，凡有二意：一者远生，二者近生。远生者，上来胜鬘说摄受正法，今仰推于佛。仰推于佛者，显摄受正法有大功德力。二，近生，叹摄受正法、护法菩萨有于大力，请佛证知。就文为二：初明佛有能知之德。“亦悉知见”下，正明佛知也。“佛为实眼”者，如此护法之人，化功渊旷，下地不测，唯佛照之分明，故言佛为实眼。“实智”等五句，叹佛，为二：初“实眼实智”二句，叹佛能知见摄受正法之用。次有三句，叹佛能了于法。初照名眼，后知名智。又眼称，据五眼[①]之中佛眼。智约三乘智中，取其佛智也。皆能如实称境，故名为实。龙树云：“独佛一人有不诳法。”故四眼中取佛眼，十一智[②]取如实智。“为法根本”者，佛是得法之原，又法从佛出故，故为法根本。具了达一切，为“通达法”。能以正法授与众生，为“正法依”也。

“亦悉知见”者，明《胜鬘》云：“我见护法菩萨有如是力，佛有实眼实智，亦悉知见此人大力”也。[1]

［校注］

① 五眼：(1) 肉眼，肉身所有的眼。(2) 天眼，色界天人所有的眼，凡人修禅定也可得到，不问远近、内外、昼夜，都有视力。(3) 慧眼，二乘之人照见真空无相之理的智慧，即一切智。(4) 法眼，菩萨为度众生照见一切法门的智慧，即道种智。(5) 佛眼，无事不知，无事不见，一切法中常照常明，即一切种智。

② 十一智，出自《大般若经》：(1) 世俗智，指世间有漏之智，不能出离生死。又叫“名字智”，因为徒有虚名，并没有真正触及真理。有漏，意思是有缺陷——不能超出三界生死。(2) 法智，欲界苦集灭道四谛下面的“苦”、“法”等无漏之智，能断欲界见惑烦恼。见惑，指意根对法尘所起的各种分别。(3) 类智，依色界、无色界四谛观，能断上二界见惑，生发类似欲界的“苦智”等无漏之智。(4) 苦智，苦，逼迫之义。以无常、苦、空、无我教义，观五蕴等法，得无漏智，叫做苦智。(5) 集智，集即招集之义。观见、思烦恼之因能招集生死之果，这样得到的无漏智，叫做集智。见，即见惑。思烦恼，指眼、耳、鼻、舌、身五根对色、声、香、味、触五尘生起的贪爱。(6) 灭智，灭即断灭之义，断灭见、思烦恼而得的无漏智。(7) 道智，依戒定慧之道而修得的无漏智。(8) 他心智，知道欲界、色界现在心、心所法，及知无漏心、心所法。(9) 尽智，见苦、断集、证灭、修道成就后所得的无漏智。(10) 无生智，见苦、断集、证灭、修道究竟，不再有更高的见、断、证、修，这时所得的无漏智，叫无生智。(11) 如实智，于一切法如实正知，无有挂碍，是佛的智慧。

[释评]

[1] 以佛眼、佛智证明中道佛性摄受正法的功德真实不虚。

（三）随喜赞叹

“尔时世尊”下，前广说摄受正法有四，前三章已说，今是第四，随喜赞叹也。就文为二：第一明如来内心随喜，第二明外发言赞述。言“大精进”者，并起万行，遍趣群机，念念法流，此明可喜之事。上来胜鬘广明摄受出生自利，出生利他，及舍无常三分得常三分，乃是①护法，并是大精进力。“起随喜心”者，随顺胜鬘所说，而生欢喜。又庆其所行，美其所说，故言起随喜心也。三义故喜：一所行合理，二所说称机，三仰推如来，情无专执，故佛随喜。[1]

[校注]

① 是，【原】【甲】本作“至”。

[释评]

[1] 如来随喜、印证一乘佛法超越诸乘的无量功德。

“如是！胜鬘”下，第二，发言赞述。就文为二：一者印定，二者称叹劝修。初印定者，令一切众生生信心故，又欲成于经。夫佛所说者，方得称经，自外所说，须佛印定。又佛欲使物信受无疑，故须印定。“如大力士”下，第二称叹劝修。就文有四：一举力士对魔称叹，二举牛王对二乘叹，三举山王对菩萨叹，四明有大利益是故劝修。若据述成者，上四标、四释，今还四述成。第一述成理法，第二述成行法，第三述成果法，四[①]述成教法，并显在文。

［校注］

① 四，【甲】本作“第四”。

初，三：一譬，二合，三举余善对以显胜。“少触身分令人大苦”者，有人言：“应云‘力士少身分触他’，亦得云少触者，薄触他身，则生大苦。合意明一念与摄受正法相应，出魔境故，魔大苦也。”有人言：“受五戒乃至出家，夜叉闻之，辗转相告，乃至魔王。魔王闻之，宫殿便动，生于惊怖。闻摄受正法，生大苦恼，甚惊怖也。此以少况多：何况与正法相应，成诸佛菩萨，能以四乘之法，授与众生。”馥师云：“以摄受正法欲为小摄受正法。此意明直发心乐欲摄受，已胜出人天，实登圣故，功德无比也。”“我不见”下，第三对余善叹。余善者，谓摄受正法，外余凡夫二乘有所得善也。

“又如牛王”下，第二，举牛王对二乘叹，明述成意。二乘不摄受六度正法，今对之，故述成上因行也。亦三，谓合、譬、结。所以举牛王者，如《法华》云牛、鹿、羊譬三乘，今明牛王，即《法华》大白牛也。“形色无比”者，当相显胜。“一切牛”者，对劣显胜，譬菩萨行六度因，胜二乘也。又牛王取运员之用，譬摄受正法运出之力，超过二乘。问：《法华》以牛喻大乘，今云何以牛喻二乘？答：彼以三兽相对，故牛喻大乘。此牛王及余牛相对，故以牛王喻大乘，余牛喻二乘。合譬中，“如是大乘少摄受”者，合牛王形色无比也。“胜于二乘善”者，合胜一切牛也。“以广大”者，第三结释胜之所以。六度行无不包，故言广。超二乘之上，故云大。

“譬如须弥山”下，第三，举山王对菩萨欢[①]，又是述成第三果德。所以文云：“能舍三分，胜不舍三分人也。”一一譬。须弥，此云妙高，亦名安明，亦言善积。林公云：“须弥留，此云善[②]，高三百三十六万里，纵广亦然。”略说有十宝山，广说六万诸山，以为眷属，须弥最胜。此山四宝所成：东面黄金，西有白银，南有瑠璃，北有颇梨。是故此山端严殊特。“端严殊特”，当相显胜，譬摄受正法中，摄证行胜。“胜于众山”，对劣显胜。譬摄证行，胜于近学。“如是大乘”下，第二合譬。大乘合须弥山，果德高胜。云“大乘舍身、命、财，以摄取心摄受正法”，合前譬中端严殊特。“舍身、命、财”，彰其所离。“以摄取心摄受正法”，明其所得。“以摄取心”者，趣证方便也。“摄受正法”，是其正证也。又“以摄取心”，谓愿摄也。“摄受正法”，谓行摄也。“胜不舍身、命、财初住大乘一切善根”者，此合胜于诸山。地前菩萨，未能舍离无常三分，始学大乘，名为初住。此非得初地名为初住，以地前菩萨有相心多，学空心少，故不能舍。有人言：“山王譬八地，超出七地。文言初住大乘者，七地始过二乘。习行成满，将进法流，故言一切善根。”此非初地为初住，如《大品》说：“或言七地为菩萨位。”今云初住，其义亦尔。而云不舍身、命、财者，未能常舍。比于八地，故言未舍，非都不舍，今谓同初释也。以“广大”释“胜”所以。

［校注］

① 欢，疑为“叹”字，或为衍文。

② 此处有脱文，似当补“积”字。

“是故胜鬘”下，第四，劝修。若据述成者，则述成第四护法，以劝其开示教化，即是护法义也。已明理行果竟，故须护此三法。就文有二：初正劝修，第二、举德释成劝修。“开示”者，有人言：“用前力士开众生也。言‘教化’者，用前牛王化众生也。言‘建立’者，用前山王果德建立众生也。”馥师同此释。有人言：“《智度论·释无作品》：‘为他说法，凡有十门，谓开示教诏等。’大开为开，曲示为示，使舍邪取正为教化，令其善根成就为建立。”又生其闻慧为开示，生其思慧为教化，生其修慧为建立。又生信心为开示，令其得解为教化，令如说修行为建立。又化下根为开示，化中根为教化，化上根为建立。又以教开悟，以理示之，教令修善，化令改恶，始建因行，终立果德。“如是大利”，即上理正法出生四乘，名为大利。“如是大福”，即六度行称为大福。“如是大果”，即舍三得三。有人言：“‘如是大利’，谓断德也。‘大福’，谓福德庄严。‘大果’，谓智慧庄严。”有人言：“如是大利，谓得常身。如是大福，即是常命。如是大果，即是常财。”有人言：“化他之善为大利，化功还归菩萨故言大福。此二是因，必当成佛，故言大果。”“胜鬘我于”下，第一，正明称叹，今第二，明叹所不能叹。若据称叹，上“如是大利”三句，以叹理行果三种功德，今叹第四护法功德。护法是化他行，故“功德无边”。

从初摄受正法广大之义至此，胜鬘有四标四释，如来四述四叹。

一乘章第五

一、释　章　门

“佛告胜鬘”下，此是第五《一乘章》，略作八门释之。

一，来意门。一乘正是此经宗旨，又以一乘立名，故题云“胜鬘师子吼一乘大方便”。又一乘是三世诸佛出世本意，[1]如《法华》说：“三世诸佛，唯为显一理，唯为教一人，是故出世。”为此义故，须明一乘也。

［释评］

［1］此经来意：一乘乃诸佛本意。

问：此经以一乘为体，及用一乘标名，又是三世诸佛本意者，若尔，何不命初即说，至今方乃辨耶？答：若就修行次第，胜鬘初叹佛请摄，发菩提心。发菩提心竟，次修菩萨①。修菩萨行以止恶为本，故自誓受戒。既竟，次须发愿。愿行既成，便得证悟正法，故次明摄受。摄受从初地已上乃至佛地。但摄受多明因行，因行既成，次得一乘佛果。是故至此，乃得辨于一乘。若约位论之。初三，谓地前位也。摄受，明登地已上。一乘，正明佛果。[1]问：何以得知摄受正法是登地已上？答：以文义两证。义证者，释摄受是证悟之名，是以摄受文中明相即无二之义。地前未能真证及境智俱寂，故知登地已上方有摄受。次文证者，“山王”譬中，摄受正法胜地前未能舍三，故知登地已上是摄受也。又一门因果次第者，一者发菩提心，二者修菩萨行，三者得于佛果。所以但明三者，如人欲到所在，必具三事：一、发心欲到，二、正陟路而行，三、得到所在。《胜鬘》五章，亦唯此三义。初一章谓发菩提心，次三章谓修菩萨行，后一章明得佛果。《金刚般若》亦明此三章。初广大等四心，谓发菩提心。次不住六尘行于六度，即行菩萨行。后明不可以身相见佛，明无为法身果。若明说法次第者，初三章明起说方便，令尊人重法，止谤除疑。摄受已去，正明开宗投②道，称为正说。正说有二：一、行法，二、境法，如上释之。行法之中，有摄受之与一乘。前已说摄受竟，今次说一乘，是故有一乘章来也。[2]

［校注］

① 修，【原】本作“修行”，【甲】本作“行”。

② 投，【原】【甲】本作“摄”。

[释评]

[1] 一乘是佛果乘。

[2] 发菩提心、无住之行、无为之果，这是《金刚经》、《胜鬘经》共通的次第。

第二，同异门，[1] 凡有十种摄受正法与一乘同异者。大明佛法，凡有二门：一、摄邪归正门，二、摄异归同门。摄邪归正门者，众生失一正法成二种邪：一者起爱，二者起见。爱则天魔之流，见则九十六术。《法华》中，以天魔起爱之流，譬如毒虫、外道等，喻同恶鬼。此二乖于正法，故名之为邪。诸佛出世摄此二邪，归五乘之正，名为摄邪归正门。禀教之流，虽舍二邪，封执五异，今摄彼五异，同归一乘，故名摄异归同。《法华》之前多辨初门，《法华》已去多明后门。《胜鬘》前明摄受正法，略说诸佛摄邪归正门。今《一乘章》，略说诸佛摄异归同门。二者，能释、所释门，明以后成前。《摄受正法》，无法不摄，如上理、行、果、教，但未对劣显胜。今《一乘章》，显摄受正法德行胜出二乘，故名以后释前，则《摄受正法》义乃圆备。三者，因果不同，《摄受正法》虽明理、行、果、教，而多明因行。《一乘》虽具明一切法，多明于果。所以然者，《摄受》中正明修行次第，如上生起，故多说因。《一乘》中，次对劣彰胜，就果德辨胜义显，故多说于果。四者，《摄受》中显出生四乘行德，此《一乘》中但显出生声闻、缘觉。所以然者，《摄受》中欲明“广大”，故须辨出生四乘，《一乘》欲明破二归一，以二乘多自谓究竟，故须破之。人天菩萨不执为究竟，故不须破。是故出生二乘行德，还就破之，以明会入。五者，所出生因果广狭不同。《摄受》中出生通于因果，《一乘》中但出生二乘果德。所以然者，《摄受》中欲显广大，故须明出生因果。《一乘》中明二乘人执果为究竟、不执因为究竟。是故但明出生果德，还就破之，以明会入。六者，出生广略异。《摄受》中以出生为宗，欲显“广大”之义，故广辨其出，略明其入，正欲以入显出。《一乘》以会入为宗，欲显摄权入实，故广彰其入，略辨其出，正欲以出显入。七者，愿行不同。《摄受》明收入，摄诸愿同入一大愿。所以然者，欲摄前三愿同入一愿，又未得证悟正法，故前起于愿，是故明摄诸愿归于一愿。《一乘》中明收入二[1]乘，若行若愿若因若果并收入一乘，如说六处等以归一，即是摄二乘因果德以归于一也。《摄受》中出生四法，谓四乘因果。《一乘》中亦明出生四法，谓二乘果及世间出世间，至文当释之。八者，大小不同。《摄受正法》中明收入，摄一切愿归于一愿，此则以大摄大。《一乘》中明收入，则摄小归大，《摄受》出生具生大小，《一乘》中出生以大生小。九者，明广释义，更欲广释摄受正法。[2]出生、收入，未明“摄受正法”即是“一乘”。

今欲明“摄受正法”即是“一乘”，明一乘生诸乘、摄诸乘归一乘，即是从正法生诸乘，摄诸乘归正法也。十者，名义不同。“摄受正法”虽是“一乘”，随人随义，故二异名。如《智度论》云：“般若是一法，佛说种种名。随诸众生类，为之立异字。”《仁王经》云：“八万法藏，即载名摩诃衍，即灭名金刚。”

[校注]

①据下文，此处疑为“一”字。但作“二”字也通。

②“法”后【原】本有“前虽明摄受正法”七字。

[释评]

[1]“摄受正法”与“一乘”的十种同异。

第三，释名门。[1]此章名为“说入一乘章”。交言曰论，直言名说。今无人论义，胜鬘直言演之，故言“说”也。会权入实，故名为“入”。亦得说于四乘为大乘方便，故名为“入”。唯有一理，唯教一人，唯行一因，唯感一果，故称为“一乘”也。又如《法华论》：“以何义故名为一乘？谓同义故。言同义者，如来法身、声闻法身、缘觉法身，以三乘人同一法身，是故三乘同名一乘，所以言一。所言‘乘’者，名为运载。”运载有三：一者运人从因至果，如《大品》云“是乘从三界出，到萨婆若中住。”二者以德运人，令纵任自在。如《法华》云：“得如是乘，令诸子等喜戏快乐。”三者以自运他，如《涅槃》云：“乘涅槃船，入生死海，运度众生。”亦如《法华》云：“佛自住大乘，如其所得法，定慧力庄严，以此度众生”也。

[释评]

[1] 说明“一乘”的内涵。

第四，明乘体门。[1] 乘体不同，略明四种：一，依《法华论》：“云何体法者？谓真如法身，为一乘体也。”此就根本释体。根本即是真如法身。真如法身是佛性，故说为本，然后方有终①因得果。二者，亦如《法华论》云：“以无上菩提为一乘体。”此据显时究竟果乘体也。三者，以万行为体。如《智度论》云：“六波罗蜜以为乘体。”此就因乘。四者，以慧为乘体。如《摄论》云：“乘以智为体。”此就主为言。乘虽具万行万德，而慧为其主，故《法华》云：“释迦玄音始唱，叹佛智甚深。多宝叹善，称大慧平等。”故知就主为言。又示一德摄一切德，故但说于慧。又示根本唯有智慧，而下文云“自性清净心即是慧”也。又一切众生悉有佛性，佛性者即觉性，觉性者即是慧也。问：此经文正用何法为一乘体？答：若会二乘因果悉入一乘因，得用因行为体。若因未究竟，果乃究竟，则以果德为一乘体。就果德中，对二乘无涅槃，佛有涅槃；

对二乘无四智，佛有四智，则以涅槃四智为一乘体。又下文明一乘普摄众德，故云“无边不断”，无德不摄，故称无边。体是常住，目为不断。

[校注]

① 终，【原】本作“修”。

[释评]

[1] 一乘的“体”：四体。四体中以“智”为主，即是以“佛性”为体。

第五，明一乘相。[1]《楞伽》第四卷云：“何者一乘相？谓如实觉知一乘道故，不分别所取、能取境界，不生如是诸法相住，以不分别一切诸法，故名一乘道相。”此是内外并冥，缘观俱寂，为一乘相也。此即泯上体门，谓非因非果，乃至非智非愚，始是一乘真体、一乘妙相也。

[释评]

[1] 一乘的“相”：无分别。

第六，明乘差别门。[1]有一乘、二乘、三乘、四乘、五乘、六乘、七乘。一乘者，谓根本，唯有一佛乘也。言二乘者，此有多门。初明就一佛乘自开二种：一者根本一，谓为直往菩萨说于佛乘；二者摄末归本一，谓于佛乘分别说三，然后摄三归一，谓摄末归本一也。此为回小入大菩萨说也。二者，次明因果为二：谓一乘因、一乘果。如《法华》"唯显一理"，谓一乘果。"唯教一人"，谓一乘因也。所言三者，如《摄论》云："乘性，乘随，乘得。"乘性，谓真如。乘随，谓福慧。乘得，谓佛果也。所言四者，即前三种有其四义：乘性谓本有，随得名为始有，谓本始一双。就始有中，乘随为因，乘得为果，谓因果一双。即是四也。次明五种者，如《中边论》说。三即上性、随、得也，四谓乘障，五谓乘境。所言六者，《十二门论》云："一、超二乘之上，故名为大。二、诸佛最大，是乘能至，故云大乘。三、诸佛大人之所乘故，故名为大。四、灭众生大苦，与大利，故名为大。五、观音、势至之所乘故，故名为大。六者、能尽诸法边底，故名为大。"所言七义者，如《地持》说：一者、法大，谓方等十二部经。二者、发心大，由方等经发菩提心。三者、解行大，由发菩提心增进得深解高行。四者、净心大，由解行成就，得入初地，见真如法身，其心清净，名净心大。五、众具大，谓修大福德、大智慧。六、时大，谓三大阿僧祇劫行行。七者、果大，谓无上菩提。

[释评]

[1] 一乘的差别。

第七，明教意门。[1]问：依何义故，佛说一乘？答：

有二种意，故说一乘：一者为密意，二者为显意。如《法华》前三乘教意。佛于三乘教中，若说三乘众生空，即说无三人，即密说三人同归一乘。又昔于三乘法中，说三乘法空，亦是密说三乘法同归一乘。前据人无我同，后据法无我同也。次显说一乘者，即《法华》教及以此经。问：显说一乘为何等人？答：通为声闻、菩萨二人。言为菩萨者，有二种菩萨：一者昔三乘中菩萨。其人虽学大乘，既闻说三乘，则心犹进退。或谓进成菩萨，或可退作声闻。是故为说有一无二，无二故无退，有一故唯进。为此菩萨故说一乘。二者一乘根性菩萨。过去闻一乘教，故有一乘种子，今世还为演说一乘也。前是三乘菩萨，后是一乘菩萨。言为声闻说一乘者亦有二人：《法华》之前，以大乘法密化，淘练其心。至《法华经》方得说一，故《法华》云："佛昔于菩萨前，毁呰声闻乐小法者，然佛实以大乘教化。"即是证密说一乘事也。二者有未定根性声闻，可得转小成大。如小乘义云：从初方便至暖顶已来，根犹未定，可得回转，故得为说一。至增上忍时，余二乘根性，皆非数缘灭，不可回转，故不为说一乘也。

［释评］

［1］为什么要说一乘。

第八，摄人门。[1]问：人天乘入一乘以不？答：有人言："人天众[①]不入一乘。凡论入者是趣向故，入人天因，得人天果。以因感果竟，是故不入。"问：若尔，声闻缘觉回向者可入一乘，不回者入无余涅槃，应不入一乘？答：后回心时，二[②]乘熏习种子犹在，故入一乘。问：若尔，人天种子岂不在耶？答：此不定。人天或断善根，故不说入。又二乘体是出法[③]，虽未回心，以理说之则入一乘。问：若尔，五善明义，应不摄凡夫善以为菩萨？答：摄善明菩萨意，有善皆行，故通摄凡夫十善。今一乘明义，辨出世因果，故但摄二乘入一乘。人天是世间因果，故不入一乘。今所明二乘[④]有不入一乘，人天亦尔。如《法华论》云："人天善根，及决定声闻，并不成佛，故要须发菩提心，方得成佛。"而今言五乘众生并皆成者，取人天二乘远为菩提心缘，籍人天二乘值佛菩萨发菩提心，然后方入一乘作佛。又言五乘作佛者，以五乘人从一乘出，是故五乘同归一乘。又五乘同有佛性，故同入一乘。如[⑤]《华论》说："以二乘授记者，以三乘人法身平等故。常不轻授恶人记者，亦示众生有佛性故也。"虽同有佛性，要须发菩提心方得作佛，不发者则不得作佛。

[校注]

① 众，【原】本作"乘"。

② 二，疑为"一"字。

③ 出法，【原】本作"法出"。

④“乘”后【原】本有“有入一乘”四字。

⑤ 华，【原】本作“法华”。

［释评］

［1］一乘法所对的人。虽同有佛性，须发菩提心方得作佛。

二、佛　命　说

就此一章，开为二别：一、佛命说，二、受命说。所以命说者，以前善说摄受正法，深称圣心，如来赞述，因即劝之说于一乘。又复一乘是佛果德，惧彼胜鬘不敢宣说，故命令说。又前请事多，不敢复请，更有所说，须命乃说。“汝更说”者，已说因，今更说果，故云“更说”。问：应命说一乘，云何乃言“更说摄受正法”？答：以“摄受”即“一乘”，故仍前名命其说。前已说竟，今更说者，以摄受有二义，前虽明出生，未辨收入，故云更说。又上已说摄受德行广大，今欲令其说此行德显异二乘，故言更说。所说“摄受”，乃是十方三世诸佛同说，故言“更说诸佛所说”也。所以明同说者，为欲遮疑，使物信受故也。“诸佛所说摄受正法”者，举所说法，命令说也。问：何故不言诸佛“所证”，乃云“所说”？答：佛法二分：一者证分，二者说分。离相平等，自觉相应，是其证分。

寄言显德，是其说分。证分绝言，说分可显，故今举说分劝其宣扬，故言“汝说诸佛所说摄受正法”也。

三、受 命 说

“胜鬘白佛”下，第二，受命而说。问：前说《摄受》之时，承佛力说。今既不承，云何能说？答：今亦是承力，但承力义异。前叹佛中，为佛光照，是佛身加，所以能叹。前《摄受》中，蒙佛意加，所以能说。今此佛告，是口加，故能宣说。“善哉，世尊！唯然受教”者，胜鬘先自有心欲说大法，今闻佛告，称其本意，故言“善哉”。又说于大法，必能下利群生，故复言善。以受命恭诺，故称为“唯”。称理合机，所以称“然”。然即可也。

（一）略说一乘

“即白佛言”下，受教正说。就文为二：初略说一乘，“如世尊说六处”下，第二、广说一乘。前略后广，解义常法。略中明从一出多，显乘之本。广中明一切诸乘同归一乘，明乘之一，即是收入之义。问：此章明入一乘，但应说入，何故明出生耶？答：乘具出生、收入二义，是故胜鬘俱说两门。又将明摄多归一，必须前辨从一生多。以从一生多，故方得摄多归一。《法华》亦尔，故将说一乘，前说《无量义经》。《无量义经》从一生多，《法华》

则摄多归一。又《法华》自具二义："于一佛乘，分别说三"，谓出生义。"我设是方便，令得入佛慧"，谓收入义。今亦尔矣。问:《摄受》正明出生，何前明收入，后辨出生?《一乘》正明收入，何故前明出生，后明收入?答:《摄受》中欲摄三愿同入一愿，故前明收入。又未得证悟，故总发一愿，故前明收入。《一乘》中如上释，将明摄多归一，必须前明出生。[1]

[释评]

[1] 一乘的"出生四乘"之义，和"收入四乘"之义。

就文为二：第一总标，第二解释。"摄受正法是摩诃衍"，总标也。"摄受正法"与"摩诃衍"体一义异。证悟离邪，名摄受正法。即此正法，为诸佛大人所乘，故名大乘。所以，此摄受正法即是大乘。问：何故胜鬘转摄受为大乘耶?答：今欲破二归一，摄小入大，故须转名大乘。"何以故"下，第二解释。就文又三。初问，次释，后结。"何以故"者，问也。然此非谓疑摄受正法非摩诃衍，盖未识摩诃衍义，所以为问。问意云：虽知摄受是摩诃衍，以何义故，名摩诃衍?"摩诃衍者"下，第二解释。就文为二：一者、就法略释，二、约喻广释。略释云：摩诃衍，名为大乘。言大乘者，能生二乘，故名为大。声闻、缘觉，如上释之。更有二义名为声闻：一者、从他闻法，即悟得解，故号声闻，二、就所观法门解释。如《地论》说："我众生等，但有名字，故名为声。"悟①解义，说为闻。缘觉，如《法华疏·观音品》具释。"世出世"者，前二乘中，见道之前名为世间，见谛已上名出世间。又前二中，世俗善法名为世间，如下所说六处等法。无漏善法名出世间，如下四智及涅槃等。今欲将彼二中一切善法，皆从大出，故说世间出世间矣。有人言："从大乘出生四乘，声闻缘觉即是二乘。世间者，谓人天乘。出世间者，菩萨乘也。"今以前释为正。[1]

［校注］

① 悟，【原】本作"从声悟"。

［释评］

［1］略释"摄受正法"与"一乘"的关系。

"世尊！如阿耨大池"下，第二，就譬广释。"大乘"凡有二譬：初、池譬，明大乘出生多乘，故名为大。二、种子譬，明其多乘同依一乘，故得称大。又池譬明其始出生，种子譬辨其终，谓小乘依大乘得增长。又初譬本生于末，第二譬末依于本。又从池出河，河在池外。从大乘出小乘，小乘应在大乘外，为释此疑，故说种子依地，而种子不离地。一一中皆前譬次合。

阿耨大池，此云清凉，亦名无热恼。清凉据其水称，无热恼从主得名。阿耨大龙，居此池中，无热之苦。林公云：“具外国语，应云阿那婆达多。池出八大河，喻大乘能出诸乘。”有人言：“此中但明出生二乘，而譬中言出八河者，但取出生为喻，不论多少也。”有人言：“就二乘中亦有八，二乘即二，及下六处，故成八也。”有人言：“上大地出四檐[①]，檐既别喻四乘，今言出八，亦喻出生八乘。言八乘者，谓四乘因，四乘果也。”问：如《地经》明大池出生四河，此经及《涅槃》云出八池河，《阿含》及《婆沙》云出二十河，复有余经云出八千二十河。云何通会？答：旧相承直云：“阎浮中近北边有山名香山，纵广五百由旬，阿耨达池在香山顶。”若依《立世毗昙》：“从此北度九黑山，香[②]北有雪山。此山有池，纵广五十由旬，名阿耨大池。于四面有四兽头：东有金象头，口中流出恒伽大河，即有四眷属小河。南有银牛头，口中出辛头大河，亦有四眷属小河。西有琉璃马头，口中流出悉陀大河，亦有四眷属小河。北有颇梨师子头，口中流出愽叉大河，亦有四眷属小河。此四大河去池四十里外，各分为五，随方赴海。”四五即成二十，故《阿含》及《婆沙》说二十河。问：各流出四，云何言五？答：四本河即四，复有十六眷属，故成二十也。而言八者，佛出香山之东，今就东方一本大河，及四眷属合成五河，人皆同见，共取为喻。余方三大河，有大名声，人皆闻之，故取为喻。合前为八。

余方小河，无大名声，人多不闻，故隐而不取。然诸四眷属河，一一各有五百眷属小河，随方入海，是故经中说八千、二十河。合譬可知。

[校注]

① 檐，【原】本作“河河”。

② 香，【原】【乙】本作“香山”。

种子喻中，前喻后合。种子，譬诸乘差别。依地生，是喻诸乘同依一乘。诸乘依一乘始起名生，依一乘增乃至成就名长。合譬易知。“是故世尊”下，第三总结。“住于大乘”者，明大乘人住大乘之法。“摄受大乘”者，智了悟大乘也。又依法起行，名之为住。行成证法，名为摄受。“即是住于二乘摄受二乘”者，大外无别小。小乘即是大乘粗近之法，故云“即是住于二乘摄受二乘”。又昔教说大为小，故云大即是小。又如池出大河，虽复池河名异，而同是一水，虽有大小名异，同是一乘。[1]

[释评]

[1] 以譬喻说明“一乘”佛法。

（二）广说一乘

“如世尊说六处”下，自上已来名为略说，从此已去第二，广说。亦是上明从一生多，今辨摄多归一。文为二：

一、会小因以入一乘。从“阿罗汉归依佛”下，会彼小果以入一乘。小因小果，皆入一乘之法。因人果人，皆成菩萨之人。

1. 会小因以入一乘

“如世尊说六处”者，总举如来昔说于六。所以举昔六者，此是小乘经中说于六处。将欲会小入大，故前说小也。此六法是起行之所，故名为处。“何等”已下，次列于六。释六不同，今且为三双：一、法住法灭一双，二、约戒法得离一双，三、约人始终一双。“正法住、正法灭”者，问：云何为正法？云何为住灭？答：依《杂心》，经、律、《阿毗昙》，是名俗正法；三十七觉品，是名第一义。二种正法中，无漏正法，一得不失，不论住灭。今正论教法住灭。于教法中，通论三藏住灭。若别论，正辨戒律住灭。以戒律正是出家人所行故，如云戒律是佛法寿命；戒律住故佛法性[①]，戒律灭故佛法灭。就戒律中凡有三种：一别解脱戒、二定共戒、三道共戒[②]。道、定二戒通于道俗，又一得不失，不论住灭，今正论别解脱戒住灭也。所言住灭者，有二种住灭：一者时节理数有定期限，故有住灭。如释迦正法千年、像法千年、末法万年。所以有定数者，此是诸佛本愿故尔。如《俱舍论》云：“释迦过去作瓦师，见过去释迦佛眷属及法住千年，是故发愿：‘愿我作佛，国土弟子及法住世亦同千年。’是故今成佛住法得于千年。”《首楞严经》云：“三昧力故，现分舍利。以本愿故，示法灭尽。”此是期限定数也。二者人行法故，法则久住。人不行法，法则便灭。虽有二意，正以行佛法故，法则久住，不行佛法，法则便灭。以劝人行佛法故也。问：前云由本愿故灭尽，后云众生不行故灭尽，二义相违，云何会通？答：佛知众生不行法故灭尽，故与本愿不相违。[1]

[校注]

① 性，疑为“住”字。

② 三种戒：定共戒，又叫静虑律仪，由定力压伏烦恼而不犯戒，入定才有。道共戒，又叫无漏律仪，由智慧力断除烦恼而不犯戒，证无漏圣道才有。别解脱律仪，依自誓愿力能防身语恶业而不犯戒，只要如法受持便有。为表示区别于前二者，称为“别解脱律仪”，或“别解脱戒”。

[释评]

[1] 解释“六处”有三对概念。这段是第一对：戒律的“住”和“灭”。

“波罗提木叉、毗尼”，第二，得离一双。此文来有多意。一①法住法灭通三藏，今则别明以戒律正是出家所行，故所以别。又河西道既②师云：“佛法有二种：一者经藏，二者律藏。经藏以化外，律藏以化内。又经通化道俗，律则别化于道。”上法住灭是经法，今是律法。又上是通法，今是别法。所以立波罗提木叉③二名者，有其多义：一者得离之名。波罗提木叉，此云报解脱。持戒之因得解脱报，故云报解脱，故经言“戒是正顺解脱之本”，故木叉从德立名也。“毗尼”者，此翻为灭，谓灭现在身口七非，离过为称。木叉从未来受名，毗尼以现在为目。又解脱出于三界，毗尼灭于三涂，此一戒法，有期④功能，是故如来立于两称。律名通上二义。亦得律是此间之名，木叉、毗尼外国之称，如上《玄》章已说。[1]

［校注］

① 一，【原】本作“上”。

② 既，【乙】本作“朗”。

③【原】本“叉”后有“毗尼”二字。

④ 期，疑为“其”字。

［释评］

[1] 第二对：戒的“得”和“离”。

“出家受具足”者，第三，约人有始终一双。始则出家，终则受具足。约人者，佛法五众，“出家”得摄三乘①，谓沙弥、沙弥尼、式叉摩尼②，“具足”则摄比丘比丘尼二众。又出家三众，防恶不尽，但防身三口四，故与出家之名。二众防恶义尽，谓身三口四，故与具足之称。小乘法中受十戒为出家，受大戒为具足。大乘发菩提心为出家，受菩萨戒为具足。又《净名》云：“发菩提心，是则出家，是则具足。”而文中据罗汉为具足，盖据究竟处为言耳，实通凡圣也。又详文大意，此六始终，但明一戒法。初明戒住灭，次明戒法得离，后明戒法始终。以戒是三学本故也。戒法既尔，余行类尔。[1]

［校注］

① 乘，【原】【乙】本作“众”。

② 式叉摩尼，出家五众之一。旧译学法女，新译正学女。沙弥尼之欲受具足戒者，使自十八岁至二十岁满二年间别学六法，验胎之有无，且试行之真固也，是为式叉摩那尼。《俱舍光记》十四曰：“式叉摩那，唐云正学，正谓正学六法。言六法者：谓不淫，不盗，不杀，不虚诳语，不饮诸酒，不非时食。”

［释评］

［1］第三对：戒律的“始终”。

“为大乘故说此六处”者，第二会小入大。上小乘中，初总明六，次别明六。今会亦二：一、总会，二、别会。今前明总会。佛说此六为趣入大乘，为大乘家方便，故《法华》云：“我设是方便，令得入佛慧。”又云：“入大乘为本，以故说是经。”《摄论》云：“大清净方便故。”又上来说六，今明六意。佛所以说六者，言虽属小而意在于大，故云为大乘故说此六处。[1]

[释评]

[1] 概略论述小乘之法会归一乘。

“何以故”下，第二，解释，即别会。“何以故”者，谓问也。问意云：何故为大而说六耶？“正法住”者，答上问也。就文释三双即三。会初二中，前会“住”，次会“灭”。“住”中，前牒小乘中住，故云“正法住者”也。“为大乘故说”者，此明说大意。佛昔于小乘中说正法住者，说大乘①为小住。当知小住即是大住，大住之外无别小住。如说大因为小果，大因之外无别小果。问：若尔，应云小住即是大住，何故乃说大乘住即正法住？答：今以本摄末，故“大乘住故②即正法住”。“灭”义亦尔。以显大外无别小故，离小乘兴废，无别大乘兴废也。[1]

[校注]

① 乘，【原】本作“住”。

② 故，【原】本作“者”。

[释评]

[1] 论一乘也有三对概念，与上文相应。这一段说的是第一对：正法的“住”和“灭”。

“波罗提木叉、毗尼”者，此第二双也。就文有四：一牒，二会，三释，四结。前双牒二法，故言“波罗提木叉、毗尼”也。此二法者，义一名异。言义一者，体义一也。

同是一戒，故言义一。所以于一戒上立二名者，即一戒体而有二能：能得未来解脱之果，故戒受木叉之名。能灭现在身口七非，故戒受毗尼之称。佛欲劝人持戒，故于一戒上立此二名。虽有解脱、灭二名，而同是一戒法，故言义一。问：何故辨二法体一名异？答：为欲会小入大中义便。欲明会一即会二，故前明两法自相会也。“毗尼者即大乘学”者，第二、正会：是大乘中所学法也。前是小乘中自相会，今是会小入大也。“何以故”下，第三、释上“即大乘学”也。“何以故”者，问也。毗尼本是小乘学法，何故说为大乘学？“以依佛出家受具足”，是正答问也。以小乘人无别出家受具足，依大乘佛出家受具足戒，所学毗尼宁非大乘？此举后出家受具足，以释木叉、毗尼即大乘学，兼会出家受具足也。“是故说大乘威仪”下，第四总结也。以说大乘威仪，为彼毗尼出家受具足戒，是故毗尼出家受具足，即以大乘也。前明依大乘出家，此是就大乘人会小。今明就大乘法以会小，离大乘之法无别小乘法，示离大乘菩萨，无别小乘罗汉。会小乘教入大乘教，即是教一。会小乘行入大乘行，即是因一。会小乘人入大乘人，即是人一。会小乘果入大乘果，即果一。[1]

［释评］

［1］第二对：戒律的“得”和“离”。说明离一乘法则无小乘法。

“是故阿罗汉”下，会第三双出家受具足。又就文为三：初明无别小乘出家、具足，次问，三释。“是故”，乘前显后。前明以说大乘威仪是毗尼、是出家、是具足，是故罗汉无别出家受具足。“何以故”下，问：罗汉实有出家具足，何故言无？“阿罗汉”下，第三，释也。以罗汉依佛出家受具足，故无别出家受具足①，况尔前有耶？又欲以前类后：罗汉既无出家受具足，且无四智涅槃。问：罗汉何时出家？何时受具足？答：此就因中论出家耳，非罗汉出家也。[1]

［校注］

①【原】本“足”后有一段问答：“也。问：何故言阿罗汉出家受具足？答：以后类前，罗汉尚无出家受具足。”

［释评］

［1］第三对：“始”和“终”。以一乘法为终、为具足。

2. 会小果以入一乘

“阿罗汉归依于佛”下，自上已来明会因，今第二，次明会果。会因者，会小乘因成大乘因，无别小乘因。又是夺其因义。会果者，无有小乘究竟果。小乘究竟果，还是大乘因，故小乘因果，并属大乘因。又上夺因，今夺果也。又举果释成夺因。若得果满足，因便满足。果既非究竟，所行因宁得满耶？又上来会其世间善入一乘，今会出世善以入一乘也。又上会六处等，是会小乘之始。今会小乘之终，中间可知。[1]

[释评]

[1] 总明一乘之法超越因果。

就文为二：第一，双标二种章门，“何以故”下，第二，双释二章门。

（1）略小乘之证德不圆、断障不尽

双标二章门者，“阿罗汉归依佛”，是一章门，明德不圆。“阿罗汉有恐怖”，第二章门，明障不尽。又罗汉有“归依”，标章门也。“有恐怖”者，释归依也。以有恐怖，故须归依。问：此章会果，何故夺其归依？答：前夺出家受戒，今夺归依。归、戒是本，是故次戒明归。问：明归有几种义？答：一，对昔明依无常佛，非究竟归依。今归依常住佛，始是究竟归，故下文云：“无尽归、常住归，为真归依。”二者，对昔别体归非究竟，明今一体归方是究竟，故下文云：“如来即三归。”此二义通显二乘，若因若果人，虽后归依于佛，而未识归依。三者，上破其有六，故明无六。今破二无，明于二有。言二无者，一谓无归依，二谓无恐怖。二有者，一有归依，二有恐怖。有归依者，其人谓有生死怖，故有归依。今以免生死怖，故不须归依。今明虽免分段怖，犹有变易①，故须归依也。问：

罗汉何时有归，何时有怖？答：不愚法者，现知变易生死未尽，依佛求出也。现知变易对治未立，所以有怖。愚法之人，未来无余涅槃之后，心想生时，方归方怖。是义后当释。问：何故不言辟支有归怖耶？答：罗汉现在闻大乘经，自觉住有余地，有归、怖，辟支出无佛世，不闻大乘，不知自住有余地，故不知归依也。问：若尔，何故下文说言“罗汉辟支有怖畏”耶？答：此论未来辟支，故尔。[1]

［校注］

① 易，【原】【乙】作“易怖”。

［释评］

［1］由一乘的皈依圆满说明它的果德圆满，由阿罗汉的“有怖”说明一乘的彻底解脱。

（2）略加解释

“何以故”下，第二，释章门，为二：初略释，次广释。略中释二即二，前解《后怖》章门，承言便故，次追释《有归》章门。前解《怖》中，“何以故”者，问也。如来昔于余契经中，常说罗汉离于怖畏，今此何故说言有畏？“阿罗汉”下，次解释。有三：初法，次譬，后结。“阿罗汉于一切无行怖畏想住”者，罗汉有三界内治道之智，名之为行，断三界烦恼尽，无有三界内分段生死，于三界内无有怖畏，是故昔日说罗汉无怖畏。未有三界外治道之智，名为无行，故有变易生死苦。明阿罗汉自知有三界外变易生死未尽，畏彼生死之苦，缘已无行，而生畏心，名“怖畏想”。由在怖畏中住，故名为“住”。又未进断，且名为“住”。有人言：“一切无行，是怖畏境。五阴非一，名为一切。无定实迁流，故云无行。二乘人不知阴等生灭无性，谓有实相逼迫而生怖畏，心想此事，故云想住。故《宝性论》云：‘不断一切烦恼习气，故于一切有为行相，生极怖心常现在前。’”问：云何五阴无定实迁流名为无行？答：如人想谓言炎水流，言野马走，其实无流，且无马走，故言无定实迁流也。林公云：“外国云：僧塞迦逻，此云行。大乘云行无体，故云无行。而小乘谓实有行，故生恐怖。如《大品》云：‘一切众生没在无所有中。’”此与后释意同也。前师约三界外事生怖，后师即约三界内事生怖。前师解行是治道之行，后师解行是迁流之行。“如人执剑欲来害己”下，第二譬说。初师云：“变易之因，喻之为人，能招未来变易之果，名为执剑。当果临至，故云欲来。以必切身，名为害己。”第二师云：“如人者，喻五阴也。执剑者，喻阴体生灭也。欲来害己，譬生灭相逼切也。”“是故罗汉无究竟乐”者，第三结也。依初师，是阿罗汉于变易生死有畏想，故无究竟乐。依后师，虽得有余涅槃，以怖畏心随逐，故无究竟乐。[1]

[释评]

[1] 阿罗汉怖畏什么？未断习气，未断变易生死。

“何以故”下，第二，释归依章门。“何以故”者，问也。罗汉已证无学之果，何故须归耶？“世尊”下解释。于中初法，次喻，后合。“依不求依”者，是法说也。如来是不求依人，罗汉依彼不求依人，名依不求依。“如众生无依”下，第二、譬说。如世间众生无所依凭，故多有怖畏。缘境生怖非一，名为彼彼。以怖畏故则求归依者，正明须依。求依大力，防所畏也。“如是”下，第三、合譬。“如是罗汉”，合前众生。“有恐怖”，合彼彼怖。“以恐怖故依如来”者，合以恐怖求归依也。[1]

[释评]

[1] 阿罗汉的皈依为什么不究竟。

(3) 广释怖畏

“世尊”下，上来第一略释归、怖，今第二广释归、怖。就文为二：从初至“无边、不断”，广释怖畏。“如来无有齐限时住”下，广解归依。

第一，正明有畏所以

初文又二：第一、正明罗汉辟支有畏所以。第二、“不受后有智”下，会小入大。以有畏故，终须入大。此与前会世间善法小异者，前世间善法但举以会入，今此会出世中，广夺非究竟，后方会入。所以然者，欲明二乘不执世间善法以为究竟，故不须夺显非究竟，故直举会入而已，二乘执出世间法以为究竟，故须夺显非究竟，然后会入也。又是互文现意，且显会义多。[1]

［释评］

［1］总说：会二乘归一乘的方法，是破除对出世间法的执著。

初言“阿罗汉及辟支佛有怖畏”者，牒前怖畏。“是故阿罗汉”下广释。何故须广？前言“罗汉于一切无行怖畏想住”，未知此等无何等行，故须广释，谓无智及涅槃行。无四智故，智行不成。无涅槃故，断行不足。又无四智，道行不圆。无涅槃故，灭行不足。又无四智，菩提不圆。无涅槃故，涅槃不极。又无四智故，有为功德不满。无涅槃故，无为功德不圆。[1]

［释评］

［1］阿罗汉有怖畏的原因：无四智、无涅槃。

又就文有二：第一、正明二乘四智未圆、涅槃不满。第二、“何以故？唯如来”下，释彼二乘不得所以，以其“不成一切德”故。就初，前明四智不圆，后彰涅槃不满。今言“是故罗汉辟支”者，牒彼不具四智人也。问：上来何故不显辟支，唯显罗汉，今此二人并举耶？答：良以辟支出无佛世，现在不彰依佛，乃可过未有依，不同罗汉，一切时依佛。故上显依佛中，不彰辟支，但彰罗汉。今此四智涅槃，二人齐有，故并举此二人，夺非究竟。“有余生法不尽故”，我生已尽智不究竟也。

于中先略释四智义相，然后释四智义。三门辨释：一、释四智义缘不同，二、约四谛智分别，三、约尽智、无生智①分别。义缘不同者，若阿罗汉无学理观智慧，于念念中皆具此四种义能：我生已尽，乃至不受后有。如似一念精进，则能勤断二恶、勤修二善。然理观智慧具此四义能现时，而无四种缘心。后出观在事中，有其四种缘心，缘已智能“我生已尽，梵行已立，所作已办，不受后有”，而无四种义能也。若论大乘中，佛及大菩萨，二谛并观，无入出观异。而义差别者，但真谛观，皆具此四种义能，而无四种缘心。俗谛观，有四种缘心，无四种义能。[1]

［校注］

① 尽智，谓我见苦已，断集已，证灭已，修道已，如是念时，得无漏智，故名尽智。无生智，声闻果十智之第十。阿罗汉之最极智也，已断三界之烦恼，证知我身更不受生于三界，阿罗汉果之智也。又，大乘菩萨证无生之理之智也。

［释评］

［1］有关四智差别的第一种解释：缘理和缘事上，阿罗汉有差别，

菩萨无差别。

约四谛分别，若依《婆娑论》，“我生已尽”是集智，“梵行已立”是道智，“所作已办”是灭智，“不受后有”是苦智。彼论但随相别属四谛智异。据实，一一谛皆具此“我生已尽”，乃至“不受后有”等四种义用也。[1]

［释评］

［1］有关四智的第二个解释：阿罗汉四智各别，菩萨四智互通。

约尽智、无生智分别者，《婆沙》中诸师差别不同，说有四种：一、说“我生已尽”是尽智，次余三智是无生智；二、说“我生已尽”智、“梵行已立”智是尽智，余二是无生智。三、说前三智是尽智，第四是无生智。彼论中问言：“无有阿罗汉二刹那尽智后起无生智，何故‘我生已尽’等三智是尽智？”此问意云：罗汉唯一刹那照烦恼尽名尽智，第二刹那即是无生智。云何言尽智中具有“我生已尽”、“梵行已立”、“所作已办”等三智耶？彼论答言：“虽一刹那，而有三种义，故作是说也。”四、说“我生已尽”等四智，非尽、无生智，亦非无与十①正见智，此是赞叹罗汉辞。言阿罗汉“我生已尽”，乃至“不受后有”，此言非尽智无生智等者，非是前三家别相属对，故言非。不一向，非也。然尽智无生智中，具此四种。若直言

“我生已尽，梵行已立，所作已办，不受后有”，如是说者，是尽智中四智。若言“我生已尽不复更生，梵行已立不复更立，所作已办不复更办，不受后有不复更受”，如此说者，是无生智中四智也。

［校注］

① 与十，【原】【乙】本作“学”。

依《毗婆沙》，“我生已尽”是断集智，依此文者，是断苦智。所以然者，《婆沙》据集能招生，故“我生已尽”是断集智。此经言苦有二种：一、分段生死苦，二、变易生死苦，二乘虽断分段之苦，变易犹在，故言有余。以不尽故，当更有生也。所以“我生已尽”智是苦智，故当更有生也。“有余梵行成故不纯”者，“梵行已立”[①]不究竟也。依《毗婆沙》，“梵行已立”是修道智，依此文是证灭智。所以然者，梵名涅槃，证梵[②]行名为梵行，是故说“梵行已立”是修道智。此经取梵行所证名为灭智，所证有二：一是有余，二是无余。分段尽处是其有余，变易尽处是其无余。罗汉辟支始证有余，虽有所成，而为变易因果所杂，名“有余梵行成故不纯”，故梵行已立是证灭智。“事不究竟当有所作”者，“所作已办”智不究竟也。依《毗婆沙》是证灭智，依此文是修道智。所以然者，依《婆沙》，证得涅槃名“所作已办”，故“所作已办”是证灭智。此经明修道有二：一、分段对治，二、变易对治，二乘但修分段对治，余者未修，是故说言事不究竟。谓修道事③不究竟故，当有所作，是故此经是修道智。“不度彼故当有断”者，“不受后有”智不究竟也。依《毗婆沙》是知苦智，若依此文是断集智。所以然者，苦果是后有，故《婆沙》“不受后有”是知苦智。此经明集有二种：一、分段因，二、变易因，二乘虽断分段之因，变易因在，名不度彼，故当必须断也，是故此经名断集智。若不须会，直依《婆沙》义且可尔，故诸胜鬘师有会不会者。上来夺其四智也。[1]

［校注］

① 立，【原】本作“立智”。

② 梵，【原】本作“梵之”。

③ 事，【原】本后有“不究竟也”。

［释评］

[1] 有关四智的第三种解释：阿罗汉的智慧不是尽智、无生智。这是从分段、变易两种生死的角度所给的判别。

“以不断故”下，第二、明涅槃不满。“以不断故”，牒前显后，理应具牒四智，但据后言之耳。“去涅槃界远”者，去大般涅槃，正明涅槃不满足也。又且得言夺四智，夺其有余。夺涅槃，夺其无余。[1]

[释评]

[1] 阿罗汉所证涅槃不圆满。小乘证无余涅槃，一乘证无住涅槃。

“何以故”下，上来明四智不圆、涅槃未满，此下第二，解释二乘不得所以。“何以故”者，问也。如来昔说二乘四智究竟涅槃满足，今何故言不满足耶？“唯有如来”者，此解问也。“以其不成一切德故”，是以二乘四智及涅槃皆不满足。就文为二：一、前解涅槃不满，二、从“罗汉辟支观察解脱四智究竟得苏息”下，释前四智不圆。[1]

[释评]

[1] 进一步解释小乘四智、涅槃不圆满的原因。

就初，约人有二，文有五对。言人二者，一明如来得般涅槃，二明罗汉辟支不得。此据佛得显彼不得，又欲显示二乘归依之处，故明佛得。言文五对者，下有五番，明如来得、二乘不得。今前总释涅槃大意。所以然者，此中既明佛涅槃，宜就此文释涅槃大意。此中有一义、二义、三义、四义、无义。言四义者，即是此中四种功德。言三义者，摄受五义，以之为三：初三句明般若，第四句明解脱，第五句明法身。所以明此三者，摄三德成总涅槃故也。次摄三为二：解脱一德累无不尽，法身般若德无不圆。次摄二句归一句：累无不尽，不可为有。德无不圆，不可为无。非有非无名中道一句。一句归无句。如《法华》云："究竟涅槃，常寂灭相，终归于空。"终归于空者，言亡虑绝，不可说涅槃及不涅槃。如肇公《涅槃论》云："有无绝于内，称谓沦于外，九流于是乎交归，群圣于是乎冥会。"次从无句而起于句。如《涅槃》云："低罗婆夷，实不食油，强名食油。涅槃亦尔，实无名相，强名相说。"此明至理不可说，涅槃不涅槃，不知何以美之，故强叹为涅槃耳。若言实有涅槃常，生死无常，则成断常二见，如下章说。若成断常二见，则生死涅槃皆生死。又生死涅槃皆是①，则生死涅槃皆涅槃家之彰，故不应定执言有涅槃也。[1]

［校注］

①【原】本"是"后有"生死"二字。

［释评］

［1］什么是圆满的涅槃。

今以五番为二：初四明四种功德，后一总结。初四番者，一、广狭相对，二、浅深相对，三、粗细相对，四、清净不清净相对。一一对中有二义、三义、四义。言二义者，约人论之：言佛有涅槃，言二乘无涅槃。言三义者，一明佛得涅槃，次明二乘不得涅槃，第三会教。言四义者，一、明佛得，二、释佛①所以，三、明二乘不得所以，四、正明二乘不得。“唯有如来应等正觉得般涅槃”者，此明如来独得涅槃也。“般”之言入也。“成就一切功德故”者，独释成佛得涅槃所以。佛成就一切德故得涅槃也。“阿罗汉”下，第二句显二乘不得涅槃所以也。“言得涅槃者”，第三会昔教也：其实不得，但昔方便言其得耳。“唯有如来”下，此第二对，亦有三：一明佛得，“成就无量功德”，释成佛得所以。“罗汉”下第二句，明二乘不得。“言得涅槃者”，第三会教。“唯有如来”下，第三对且有三句：初明佛得，次明二乘不得，“言得涅槃者”，第三会教。“唯有如来”下，第四对，且有三句：一明佛得，次明二乘不得，第三会教。初言“所应断过皆悉断灭”者，谓方便净也。“成就第一清净”，谓性净也。又以断一切过故，所以一切清净也。《佛性论》中，约位辨此四德，“一切功德”在第八地，“无量功德”在第九地，“不思议功德”在十地，“第一清净功德”在佛地。故论云：“一切功德即是第八不动地位，无分别，无穿漏，无中间，自然成。菩萨圣道恒相应故，诸佛如来无境界中，一切功德皆得成就。二、无量功德者，是第九善慧地位，无数禅定陀罗尼门海能摄，无量智所依止故，无量功德皆成就。三、不可思议功德，是第十法云地位，一切如来秘密法藏，证见明了，智慧所依故，故不思议皆得成就。四、究竟清净者，一切惑及一切习气一切智障已灭尽故，由灭尽智彰故，究竟清净功德圆满成就。”问：何故明此四功德？答：涅槃与此四功德相摄不相离故。故论云：“对身见众生说名法身，对颠倒众生说名如来，对始行大乘菩萨说名真谛。（此三后当释。）对十地菩萨说名佛有涅槃，具四功德。”②独佛有四功德。前约四人具四，后独佛有四，今此中但就佛论也。问：此四功德云何浅深？答：“一切”止是该罗之名，其义犹通。“无量”是数极，过前一切。“不思议”绝于图度，又过“无量”。此三就德门，故有胜劣。第四就断门，对二乘不净明佛净也。江南人明佛具有四功德，即是四智义。初是“我生已尽”智，第二“梵行已立”智，第三“所作已办”智，第四“不受后有”智也。对上二乘四智，故明佛有四智③。“唯有如来得涅槃”下，第五。前结叹如来得涅槃，“是故罗汉”下，结二乘不得，文处易知。言“瞻仰”者，降金刚已还，是众生位。如来居宗体极，道出三乘十地行外，为三乘十地众生之所瞻仰也。[1]

[校注]

① 佛【原】本作“佛得”。

②“德”后【原】本有“独佛有涅槃，余人无故”。

③“智”后【原】本有“今谓四文并云涅槃，非是明四智”。

[释评]

[1] 从五个方面解释了为什么佛得究竟涅槃、小乘不得。

言“阿罗汉辟支佛观察解脱”者，此下明四智不究竟。于中且合为二，离成四。合为二者，一、明二乘不得四智，“若知一切苦”下，明如来得。问：但应明二乘不得，何故明佛得？答：凡有二义：一、举佛得显其不得，二、欲标示二乘所入故也。前涅槃中初明佛得，后辨二乘不得。今前明二乘不得，后明佛得者，互现也。言离成四者，一、显二乘不得。二、“何以故有二死”下，释二乘不得所以。三、“若知一切苦”下，释如来得之所以。四、“如来正师子吼‘我生已尽’”下，释如来得。二乘前明不得，后明不得所以；如来前明得之所以，后明得者，皆[①]且互现也。前涅槃中，前明佛得，后明得之所以。今四智中，前明得之所以，后明得者，且是互现也。二乘涅槃中，前明不得所以，后明不得，方便言得。今四智中，前明不得，后明不得所以，且是互现。

［校注］

① 皆，【原】本作“此”。

明不得中有二：一、牒如来昔言，从“且是如来方便”下，会佛教意也。牒昔言中有二：一、明二乘四智究竟，二、从得苏息处，明二乘涅槃究竟。“阿罗汉辟支佛”，此是得智人也。“观察解脱四智究竟”者，是四智相。无学圣智，有为解脱，解脱即是四智正体。二乘出现[①]有中，观彼解脱，生四智究竟之想，名“观解脱四智究竟”。“得苏息处”，第二，得涅槃究竟，离分段死，故名为“苏”。六道之中不得往来，称之为“息”也。有人言：“观察者，依《杂心》：‘尽无生二智境界在四门，尽无生二智开之，即成四智。’境界在四门者，通观四谛为境界，故言‘观察’。言尽、无生二智境界在四门者，开尽、无生智成四智，如上释。境界在四门者，如言‘苦我已知’，是尽智。‘不复更知’，是无生智。余三亦尔，故云境界在四门。‘解脱’者，无学解脱位也。以得四智故，所以解脱四智究竟也。就释而言：二乘四智究竟得到彼岸也。”有人言：“此总结夺有余无余二果也。‘观察’者，即是有余果。‘解脱’者，即是无余果。‘四智’者，只以有观察故，四智有解脱故，便得苏息。‘苏息处’者，灰身灭智永寂之处也。”“且②是如来方便”者，第二会教。同上五对，故称为“且”。以方便者对实也。实录不得③言得，故称“方便”。望《法华》即是两种方便：未得四智谓④四智，皆⑤是三车方便。未得究竟苏息处，自谓已得，皆⑥是化城方便。又初句是《法华》前二周说，后是《法华》第三周说。但彼广故开三周，此略故但云一方便。“有余”者，明义不尽，对尽理之说。“不了义”者，对于了义也。[1]

[校注]

① 现，【原】【乙】本作“观”。

② 经中原文为“亦”。

③ 得，【乙】本作“得不得”。

④ 谓，【原】本作“谓得”。

⑤ 皆，【原】本作“此”。

⑥ 皆【原】本作“此”。

[释评]

[1] 总明小乘所得“究竟四智”，原来只是佛的方便说法。

第二，别明二种死

“何以故有二种死”下，上总明二乘不得四智，今第二别明不得也。又上来明不得四智，今释不得所以。就文有二：初，“何以故”者，问也。问意云：如来昔说二乘有四智究竟，今何故言不究竟？“有二种死”者，第二答也。答中有二：一、别释不得四智所以，二、“阿罗汉辟支佛后身菩萨为无明所覆”下，通释不得四智所以。且初是明二乘不得四智，次明二乘不得四智功德，即成四别。前辨“我生已尽”智是方便，“得有余”下，就“梵行已立”是方便。“凡夫人”下，就“所作已办”明方便。“所断烦恼更不能”下，就“不受后有”明方便。今前明“我生已尽”中，正以有二种生死者就断一生死尽，权言究竟。余有一生死在，故不究竟。是故今昔教不相违。余三智且尔。[1]

［释评］

［1］以“二种死”来说明为什么只是方便说。

“我生已尽”中，前明二死，次辨方便。初文有三：一举数，二列名，三“分段①者谓虚伪众生”下，约人显别。“有二种死”者，此举二数也。且有二生，但死是可厌之法，故偏说耳。二死别有义章，今略以四门解释。[1]

［校注］

① 分段，【原】本作“分段死”。

［释评］

［1］以下解释“二种死”。

第一、释名门。言分段生死者，谓色形区别，寿期短长也。言变易者，无复色形区别、寿期短长，但以心神念念相传，前变后易也。如《地持》云：“生灭坏苦，名变易苦。此微细生灭变易，通于凡圣。”次、三①乘所得法身，神化自在能变易，故名变易。此变易性是死法，名变易死。此之一义，圣有凡无。三、证得真实法身，隐显自在，名为变易。变易非死，但此变易，犹为无常死法所随，名变易死。此之一义，大有小无。今所论者，正据第二门说。圣人无漏法身为生死，不就神道②变化为变易，以其虽是无漏，犹是有为，故名变易。问：云何名生死？答：初受名生，命断为死。诸受根起，名生。诸受根没，次第不受根起，名死。后当释之。“不思议”者，三种人虽受彼生，不能测度，名不思议。又三界分段显然易了，变易取其微细改易，难可了知，名不思议。又此生死至佛方尽，故不可能测度也。

［校注］

① 三，【原】【乙】本作“二”。

② 道，【乙】本作“通”。

第二、出体门。有人言：“分段有二种：一者、系业分段，下二界用五阴为体，上界则用四阴为体。若不系业分段，用苦乐等受为体。变易亦有二种：一、自报变易，用无漏五阴为体。若为物变易依身起化，用色阴为体，此唯据佛一人也。”有人言：“变易无色，直是心识冥传，念念生灭，相续不断，其中无有分限隔绝，劫数近远，乃至菩提，此生死方尽，故但用心法为体。”

第三、明因缘门者，系业分段，用罪福不动业为因，四取为缘。不系分段，用微业为因，慈悲愿为缘。自报变易，用无漏业为因，无明为缘。为物变易，悲愿为因，众生根欲为缘。

第四、大意门者，诸法实[①]言亡虑绝，未曾生死，未尝涅槃，但于颠倒众生，故成生死。对彼生死，故强名涅槃。但虚妄有其重轻。虚妄重者，说为分段。虚妄轻者，称为变易。盖是圣人善巧方便，随虚妄颠倒，故立二死之名。此知分别空华，谈道阳炎，勿作实二妄解。此兴皇师大意也。

［校注］

① 实，【原】本作“实相”。

“何等为二”下，第二，列二死名也。

“分段[①]者谓虚伪众生”，第三，约人显别。虚伪众生者，以取相为因，相心虚妄也。又未得无漏实解，随惑受生，回转五趣，或堕或升，无有定实，故为虚伪。此就凡夫为释，不论圣人，以三界本是凡夫惑故也。若通取小乘法，凡夫人及三果四向，乃至二乘未入无余之前，所受报身，名虚伪众生也。有人言：“大乘法中，外凡善趣菩萨，皆于三界地中，妄爱受生，故言虚伪。若依旧明，从凡夫地径大乘，未受初地已来，悉受分段死。”此用《法华论》意释。《摄论》及《仁王经》云：“若如三藏云：‘十行第六心断惑，与二乘齐。未与二乘齐已来，并受分段身也。”

［校注］

① 分段，【乙】本作“分段死”。

“不思议变易谓阿罗汉辟支佛”者，谓二乘入无余之后，未回小入大之前，取此罗汉辟支佛。回小入大二乘有二人：一、在界内回小心，犹属分段所摄。二、界外回心，为变易所摄。此二人回心入大，并是大力菩萨。“大力菩萨”且有二种：一、直往大力，二、回小入大名为大力。言大力者，以不为业系，自在受生，故言大力。问：云何故[①]大力菩萨位耶？答：有人言：“所谓种姓菩萨。所以然者，二障烦恼，都未断除，而不为烦恼所牵。又于三界受生自在，故名大力。”此师虽云种姓受变易，而未判是何种姓。有人言：“地前菩萨，能作五生，称为大力。”地前位通，且未分判是地前何位。依三藏《释摄大乘》及《仁王经》并云：“十行菩萨断惑，与二乘齐。”即十行之人，为大力菩萨也。此大意同前二师，而判位在于十行。有人言：“六地犹属分段，六地终心，三界报尽，便受变易。”正取此经证。有人言：“有四种生死：一、流来生死，谓初托空，起一念识；二、分段；三、中间生死，二乘无学；四、变易。七地所受余习为因，不生三界，未至法有[②]，故中间生死。二乘无学，三界报尽，同生中间，闻《法华》等经，转为菩萨，习行满于七地终心，入八地法流，乃名变易。故以六地分段，七地受中间，八地受变易。”有人言：“不立四种生死，但立分段、变易二种生死。六地为分段，七地已去为变易也。”今谓位义难知，忆生罪过，不可定判也。若依《法华论》数处分明。又明地前是凡夫受分段身，舍分段身方入初地，则知初地已去是变易生死大力菩萨也。言意生身者，是初地已上一切菩萨，彼人受生，无碍自在，如心如意，名意受生。“意”有三义：一、遍到，二、速疾，三、无碍，故云意生身。此等皆是变易生死差别也。有人言：“从变易已去，无复形方分段，直是心识受生，故云意生身。”馥师云：“变易是借喻之名，杳深难测，如识代谢，故云意生身，乃至究竟无上菩提者，叙此生死分齐，至佛时乃尽耳。”又此举不受位处，对显受处位别也。

［校注］

① 故，【原】【乙】本作“是”。

② 有故，【原】【乙】本作“流故有”。

“二种死中”下，以无分段生死，故言“我生已尽”。此显二死中，但尽分段，未尽变易。此会释今昔二教义也。[1]

［释评］

[1] 以下分别解说小乘四智的不究竟处。第一，“我生已尽”智。

“得有余果证故说梵行已立”者，依《涅槃经》有二种：一、所修梵行已毕竟故，说已立。二、又舍学道，且名为立。今文明梵行已立，是证灭智。若就有余无余论者，分段尽处名曰有余，变易尽处说为无余，二乘但得分段尽处，名为有余证。如来就此，说其梵行已立，故是方便也。[1]

［释评］

［1］第二，“梵行已立”智。

“凡夫人天”者，此明“所作已办”是方便。《涅槃经》曰有二：“一、如本所求，今日已得，说言已办。二、修道得果，且说已办。”“所作已办”是修道智。道有二种：一、分段对治，二、变易对治。二乘但修分段对治，如来就此，说其所作已办，故是方便。文中两句，第一、对人彰释方便，第二、对障显释方便。凡夫不办，七学未作，是对人也。凡夫于彼无学圣道，未能成办，二乘对彼，故说已办。学人亦尔。问：但云凡夫便足，何故复云人天耶？答：凡夫者，内凡夫人也。人天者，外凡夫也。三果四向，此为七学人。问：“所作”、“已办”何异？答：“所作”、“已办”差别者，如《智度论》说，有其多种，今略显要者。断属爱烦恼名所作，断属见烦恼名已办。暖等四心名所作，苦法忍等无漏名已办。见谛名所作，思惟名已办。心解脱名所作，慧解脱名已办。今此二乘上果人所作已办者，应是心解脱名所作，慧解脱名已办也。随言义次第应言凡夫未作，学人未办。而今此文不然者，非凡夫力所能办，故言未办。学人未作者，但作学地之行，未作无学之行，故言未作。又若言学人未办，功滥①上果所作②。所以然者，如心解脱人望慧解③人亦是未办故也。若对凡夫及七种学人说言“所作已办”，若对诸佛菩萨，则“所作未办”。“虚伪烦恼断故说所作已办”者，第二句对障显也。一切烦恼无非虚伪，于中分别妄爱受生。虚妄中极，故偏名虚伪。如来以其所修正道，能断如是虚伪烦恼，是故说言所作已办。望于无明，故是方便。又显虚伪粗烦恼断，未能断细。[1]

［校注］

① 功滥，【原】本作“恐监”，【乙】本作“功监”。

② 所作，【原】本无。

③ 解，【原】本作“解脱”。

［释评］

[1] 第三，“所作已办”智。

“阿罗汉”下，此第四明“不受后有”智以为方便。不受后有智是断集智。集有二种：一、分段因，二、变易因。二乘但断分段，余因未断。如来偏就断分段因，说不受后有，故是方便。文中初言所断烦恼障，昔日是方便也。[1]

[释评]

[1] 第四，“不受后有”智。以下对第四智进行广释。

“非尽”已下，明今有余、不了之义。明今有余、不了义中，前略开二门，次广释之。言二门者，“非尽一切烦恼”，是第一门，谓不断集体。集体即是烦恼体。“亦非尽一切受生”者，是第二门，谓不断集能，谓烦恼招生用。又非尽一切烦恼，谓无尽智。非尽一切受生，谓无无生智。以此二智，为不受后有智体。“何以故”下，第二广释。“何以故？”者，问也：二乘两轮惑亡，三界生尽，今何故言非尽烦恼，非尽受生？“有烦恼”下，第二解释。释二章门即二：前明“非尽一切烦恼”。“又如取”下，广明非尽一切受生。前明“非尽一切烦恼”中又二：言“有烦恼是罗汉辟支所不断”者，略明非尽一切烦恼也。“烦恼有二种”下，广明非尽一切烦恼。初明“有烦恼”，是《烦恼章门》。从“阿罗汉辟支佛所不断”下，彰其不尽，是《不尽章门》。而云“有烦恼罗汉不尽”者，正取无明住地二乘不能尽。“烦恼有二种”下，第二解释。然但应释无明，其二乘不能断，而今释四住者，以举四住之粗，对无明之细故也。[1]

[释评]

[1] 小乘的“不受后有智”没有断尽一切烦恼、受生。

第三，别明五住地义

就文为二：前释《烦恼章门》，次释《不断①章门》。此中应有五住地义，今略以八门释。[1]

［校注］

①【原】本“断”后有“五住地义”。

［释评］

[1] 小乘未断的烦恼，以“五住地烦恼”来论述。先从八个方面来解释“五住地”的名相。

第一，释名门。“见一处住地”者，能生名地，令所生成立名住，心迷不解名惑，八忍七智推求谛理名见，缘一理总断烦恼故名一处，故云见一处住地也。有人言：“初一是见谛惑，系在三涂，一处具有五见，示其尤重以见谛为标。余三住地，即是三界思惟，受为系缚，故以受为名。”又解，五利烦恼推求名见，入见道一处并断，名见一处。言住地者，本为末依，名之为住，本能生末，目之为地。今言四住地唯有二种：一见，二受。合三界见，总为一处，故云见一处住地。以对离爱为三处，故云见一处也。爱地者，欲界地中一切烦恼，除无明及见，说为欲爱。以此地中，著外五欲，故名欲爱。然欲界亦爱自身，但著欲情多，故偏言之。又简上界所爱色身，偏说欲爱也。色爱者，色界地中一切烦恼，除无明见，说为色爱。

以此界中，舍外五欲，著己色身，故名色爱。然色界且爱己心，以此界中著色情多，偏说色爱。又简无色爱著心，故偏说色爱。有爱者，无色界中一切烦恼，除无明见，说为有爱。若就简下说之，应名无色爱。若随所取，应名心爱。但今为破患，故名有爱。外道多取无色界中以为涅槃，今为破之，故名有耳。有者，谓生死三有之法，故名为有。又总论五钝使，以爱为主，能感欲界果报者，名为欲爱。以爱为主能感色界果报者，名为色爱。以爱为主，能感无色界果报者，名为有爱。润业润生，爱结最强，故偏说爱。无有明解，染污如[①]此，目无明。

［校注］

① 原注："染污如"上下恐文脱或字误。

第二，得名门。若依初解，见于一理，名见一处，此从能治得名。若依后意，五利烦恼名见，见道时一切并断，名见一处住地。此从能治所治合解[①]名也。若四住地为二位，谓见与爱，离爱为三，以见为一，故名见一处住地。此则当体从处得名。余三住地当体立名，后一以过患为目。三释之中，以后意为正。所以然者，今释四住烦恼，且应从惑立名，岂得就解及惑合释也？《璎珞经》下卷释五住地："众生识始起一想，住于缘，顺第一义谛起名善，背第一义谛起名为惑。以此二为住地，故名生得善，生得惑。因此善惑为本，起一切善及惑。从一切法，缘生善惑名作，以得善作，以得惑作，而心非善惑。从二缘名，故名善惑二心。起欲界惑，名欲界住地。起色界惑，名色界住地。起心惑，名无色住地。以此四住地起一切烦恼，故为始起四住地。其四住前，便无法起故，故为无始无明住地。金刚智知此始起一想有终，而不知其始前有法无法。生得一住，作得三住，唯佛知始知终。”此经文难解，今略释之：“一切众生识起一想”，此是无明住地也。“住于缘，起一念善恶”，此是见一处住地。以初地也，一念生得善恶，故名见一处住地。以其顺谛起[2]恶，当应见谛断之，故名为见。从一念生得，起三界惑。三界惑，即名三住地。三界惑从前生得惑起，故名为作。从四住地，更生四住地烦恼，亦名为起。此以前念四住，生后念四住，亦得以性成四住，起现行四住。金刚心，但见初起一念识有终灭之义，而不知其一念识前为有为无，佛则具知始终。此与《涅槃经》同：“十地菩萨，但见其终，不见其始；诸佛如来，具见始终。”

［校注］

① 解【乙】本作“得”。

②“起”后【原】【乙】本有“善违谛起”。

第三，明体门。八十八使[1]，为见一处住地体。贪、瞋、慢、无明四使，为欲爱住地体。爱、慢、无明三使，为色、有二住地体。若以爱见二法为体者，三界见，为见一处住地体。三界爱，为三住地体。所以合见而离爱者，正欲彰爱过患。润业、润生皆由于爱，故今此经正明受生义，故广彰爱也。又众生多起于爱，少起于见，是故合见而离爱也。虽举爱见为端，其中有属爱属见烦恼者，皆摄入爱见中也。无明住地体者，谓不了生法二空及如来藏，为无明住地体。

［校注］

① 八十八使：见惑以意根对法尘起分别，有十种：(1) 身见，在五蕴中妄计身。(2) 边见，对于身见计断计常。(3) 见取见，以不真实的法为殊胜，谬见涅槃，生心而取。(4) 戒取见，取非戒为戒。(5) 邪见，因为无明，邪心取理。(6) 贪。(7) 嗔。(8) 痴。(9) 慢。(10) 疑。这十使，历三界四谛而增减不同，共成八十八使。欲界三十二使：苦谛下十使具足，集、灭二谛下各有七使——除身见、边见、戒取见三使；道谛下有八使——除身见、边见二使。色界、无色界四谛下如同欲界，只是每谛下，又除嗔使，故一界有二十八使。总成八十八使。

第四，地起门，有二种：一、同类分别。五住种子能生为地，上心所生为起。二、异类分别。四住地中，见一处为地，三住地从见一处住地起，名起。故《杂心》云："见谛所断，是一切染污法因。"又，无明住地，无始能生是地，恒沙烦恼从无明生，为起。次约粗细分别地、起。无明是地，四住烦恼为起。又人言："起有四种：一、性事分别，彼事识中，取性烦恼，名为性，或说之为地。余见爱等，缘境别生，说为事惑，通名为起。彼取性者，马鸣论中名'执取相'，亦名'执相应染'。余见爱等，马鸣论中名'计名字相'——寻名计我，及生诸结，名计名字。《成实论》师大意，且同此解。以通取相为根本，名住地。别相烦恼为枝条，故名为起。二、本末分别。于前事中，十使为地，余缠垢等，以之为起。三、成起分别。一切烦恼，宿习性成，同名地。对缘现生，斯名为起。四[①]、前能生后，通名为地。后起依前，同名为起。"

[校注]

①"四"后【原】【乙】本有"前后分别一切烦恼"。

第五，相应不相应门者，一、就作缘念法，辨相应[①]不相应：不作缘念法不相应，即五住种子是也。上说心相应，故此文云"起者刹那心相应"。无始无明不相应，恒沙烦恼是相应。二、粗细分：四住地是相应，以其粗故；无明不相应，以其细故。故《起信论》云："粗惑名相应，细惑不相应。"

[校注]

① 相应，妄心和烦恼契合在一起。

第六，依止门。见一处住地，及有爱住地，此二依意识生。欲爱依六识生，色爱依身眼耳意识生。无明不了性空及如来藏，依意识生。五住种子，并依本识生。

第七，门[①]断惑位[②]门。断惑义别有大章。若依三藏，十信伏见谛，十解断见谛，十解伏思惟，十行断思惟。从十行第七心去，伏无明及四住习。从初地已去，断无明四住习。今此大意，四住二乘所断，无明佛地断尽。若依前文，罗汉辟支及大力菩萨，此三人同受变易生死。若尔，则二乘与初地菩萨同断四住尽，从初地至佛地断于无明。其不尽者，《地持》、《法华疏》中已释也。

［校注］

① 门，【原】本作“明”。

② 位，【原】本作“住”。

第八，大意门。然凡夫随名著名，随相取相。闻说有五住烦恼，则言有惑可断；二乘未除，唯佛能尽，则言有人能断，有五住可断，则成断见。惑断而证涅槃，则成常见。《法华》中以此喻穷子，是除粪之人。以有惑可断、有人能除，故名除粪。今大乘学，还作此解，是大除粪人也。《金光明》云：“无明体性，本自不有，妄想因缘和合而有。无所有故，假名无明，是故我说名曰无明。”无明既尔，四住且尔，岂可言有五住可断！但今约空，谓众生故，强名五住，知此五住本来无生，故名为断耳。《大品》云：“若法先有后无，诸佛菩萨则有过罪。”此经云：“非坏法灭，本性清净，故名为灭。”须留[1]此门也。

［校注］

① 留，【原】本作“留意”。

就释烦恼又为三：一、别明四住，二、“心不相应无始”已下，别彰无明，三、“此四住地力”下，四住、无明相对辨异。就释四住中有三：“烦恼有二种”，谓标数也。“何等为二”下，第二列名也。“住地有四种”下，第三广释。释上二门即二：一、释住地章门，次释起章门。释住地章门中前列四数：“此四住地生一切起烦恼”者，总释住地之名。此之四种，性成在已，故名为住。地者，能生现起，故说为地。今言此四住生一切起烦恼者，对所生显能生为地。亦是能生起烦恼为地，起烦恼依之得立名住。“起者，刹那心刹那相应”，次释起章门也。外国称刹那，此云念也。王[1]一念缘境，烦恼法数随心而起，同时不相离，故言刹那相应。故马鸣言：“心异念异，而同知同缘，名相应染。若非起烦恼，心自缘境，烦恼不起，不与心[2]应。”彼名爱结为念也。有人用《成实论》释，欲明从地起烦恼转粗，便有识想受行四心之异，前后想受，同缘一境，故言相应。此释意，唯是一境，识得此境上实法，想得境上假名，次想后起受，领境上好恶，次行于境起善恶。四心前后，缘一境，故名相应。[1]

[校注]

① 王，【乙】本作“心王”。

② 应，【原】【乙】本作“相应”。

[释评]

[1] 四住地生起烦恼。

“世尊！心不相应无始无明住地”下，第二，辨无明住地也。心不相应者，简上刹那心相应。无始者，简心刹那刹那起。若是起烦恼，与心别体，共心相应。此无明住地，即指妄想心体以为无明，不别心外有数法，共心相应，是故说为心不相应。故马鸣言：“即心不觉，常无别异，故名不相应。”此无明住地，久来性成，不同起惑，作念现生，故言无始无明。暗惑之心，体无慧明，故曰无明。为彼恒沙起惑所依，名之为住。能生恒沙，故称为地。有人言：“心不相应无始无明者，无明住地惑。即于一切有漏三性心中，以三性心，皆取相不悟理实，悉名无明。与心无别体，无可说相应，故名不相应。一切时恒有，不同余烦恼或有或无，故说无始。良以无明与一切有漏三性心无别体，故不可说相应。复以义异，故三性诸心或有或无，无明常有，故说无始也。体非慧明，故名无明。在一切心中成就，不同现起，故名为住。以此无明住，生一切烦恼，故说为地。”问：四住中有住有起，无明中何故但说住不说起？答：以无明住地，更无别起，故不别说起。只以前所列见受等，通说为无明所起也。有人言：此无明是生死本因，故云无始是始①，是以《摄论》云：“无始者，即是显因也，若有始则无因。”以有始则有初，初则无因。以其无始，则是有因。所以明有因者，显佛法是因缘义。有人言：无始无明者，始背明入暗时，烦恼微细，唯同是一无明，无有四心次第起，故言心不相应。此师云：“所以明相应不相应者，为欲简惑粗细。惑粗者有四心，故相应。惑细者无四心，故不相应也。”无始者，有二释。一云：“无明无有始，故众生无头，波若无底。”二云：“无明最在初，实录有始，但无有一法在此前者，故言无始也。”[1]

［校注］

① 是始，【原】【乙】本无。

［释评］

[1] 无明住地为生死根本。

“世尊！此四住地力”下，此第三，辨四住与无明优劣。为彰二乘有断不断，所以须辨也。又虽举五住，意在无明。就中前彰四住之力不及无明，后说无明胜过[①]。“此四住力”者，总以标举。四住能生现起，故名为力。“一切上烦恼依、种”者，显其力相。此举所生，显前能生是力义。四住所起烦恼，粗强名上，故云一切上烦恼。四住，与上烦恼作依作种。已起烦恼依之得立，故名依也。未起烦恼，四住能生，因之为种。以作依作种，故称为力。“比无明住地”下，对胜显劣也。“世尊！如是无明住地”下，此第二、辨无明胜四住。“如是无明住地”者，总以标举也。“于有爱”下，对劣显胜。初法，次喻，后合。“于有爱数四住地”者，牒举前劣。有爱是其第四住地，前三皆是有爱品数。举后括前，名有爱数四住地也。“无明住地其力最大”者，辨胜过劣也。问：云何名算数譬喻？答：算数者，依振旦法，从一乃至载[②]，数之极也。依外国，且从一数起，十万为一罗刃[③]，十罗刃为一阿知罗刃，十阿知罗刃为一居致，十居致为一摩陀，十摩陀为一阿由陀，如是乃[④]百二十转，至阿僧祇，名为算数。过算数道，名算数不能及。恒沙、微尘，是譬喻辞。“譬如恶魔”下，第二，譬说。恶魔喻无明地。魔名杀者。“波旬”，此云极恶。《智度论》说恶有三种：一名恶，所谓有恶而加报也；二名大恶，无事横加；三恶中之恶，所谓于有恩处，反加毁损。今波旬者，前世于三宝中殖因，得此天报，不念报恩，返欲加损，故名极恶。然佛出世，都有一百二十部邪正，更相影向，得弘道利人。经言："住不思议解脱菩萨，多作魔王。"即百二十部中之一部也。既言多有，必有非菩萨者。林公云："外国法，佛在世及灭后，共魔语，皆悉笑之，为'波卑面'。"此云恶者，且[⑤]恶物。

［校注］

①"过"后【原】【乙】本有"四住"。

②《五经算术》中说："按黄帝为法，数有十等。及其用也，乃有三焉。十等者，谓亿、兆、京、垓、秭、穰、沟、涧、正、载也。"

③ 刃，【原】本作"叉"。下同。

④ 乃，【原】本作"乃至"。

⑤ 恶，【原】本作"云恶"。

此天有六种胜：一、色胜。色中有二：一、资貌等色，彼云盘泥；二、青等色，彼留乌，此云蕻[①]。此方色字，翻彼二色。三、力胜，四、眷属胜，五、众具胜，六、自在胜。应有寿命胜。人中千六百年，是彼天一日一夜。彼三十日以为一月，于人中四万八千年。彼十二月以为一岁，于人中五十七万六千年。彼天寿命万六千年，于人中则有九百二十一居致。居致，此方云千万。汉经常以亿字翻之，故千万为一亿。王民皆尔，多减少出。问：《涅槃》云："兜率中有三事胜，谓寿命胜等。"今兜率天不及他化，云何言寿命？答：此取命能值佛，故言胜，不云命长胜。

且可上天寿命不定，而兜率寿命定也。此魔居在第六天上，邻近他化，且领于他化，而胜他化。“色力寿命”者，正报胜也。“眷属众具”者，依报胜也，喻前文中于有爱等，其力大也。合中云：“如是无明力”者，合前恶魔。“于有爱”下，合于他化自在胜也。“恒沙等”下，显其力也。“于恒沙等数上烦恼依”者，此辨无明能生恒沙力也。无明所起众多，喻同恒沙；所起增强，故名为上。且覆于诸佛上法，故名为上也。恒沙等惑，依无明得立，故称为依。“且令四种烦恼久住”者，前明四住烦恼，但能与四住所起为依为种，其义则劣。无明住地，能生恒沙，故能持四住，故名为胜。总论以四义为胜：一、为众惑所依，二、令见思久住，三、二乘不能除，四、唯佛能断。[1]

［校注］

① 原注：“蕺”恐“严”字草误。

［释评］

［1］无明住地的力量大于四住地。

“阿罗汉”下，上广明烦恼，从此下去，彰其不尽，即是释不断章门。就文为三：初明二乘不断无明，二、“唯如来”下，明佛能断，三、结无明其力最大。但应明二乘不断，今为欲举佛能①，显二乘不断也。又明二乘不断、唯佛能断者，此显上无明力最大故也。后结云：“如是，世尊！无明住地其力最大。”故云大力也。问：佛是无学之人，菩提无学之智，云何以无学人，秉无学智，更断烦恼耶？答：佛智断与不断，自古及今，凡有两释。一云：“金刚心为无碍断，佛果起证，则金刚心断，佛果不断。《大品》云：‘菩萨在无碍道中行，佛在解脱道中行也。’”二云：“金刚心无碍伏，佛果起则断。用此文也。”今所明者，检众经论，以金刚心断，而此文云佛果断者，诸②佛果解脱道起证，故名断耳。又无明常相续，金刚心断其前念，佛果起，镇惑无处，而遮后念。种类不生，故名为断。又《佛性论》云：“二乘住安立谛，故不能断。佛住非安立谛，故能断。”安立是二谛观，无安立谛是中道观。又云：“安立者名有所得，无安立者名无所得。”故《涅槃》云：“有所得者名为二乘，无所得者名为菩萨。[1]”

[校注]

① 能，【原】【乙】本作“能断”。

② 诸，【原】【乙】本作“铭”。

[释评]

[1] 佛能断五住地烦恼。

“世尊又如取缘”下，广明非尽受生，即是释上节①二章门。就文为二：一、从“又如取缘”明受生差别，二、从

“无明住地异离四”下，明断惑不同。前中还三：一、四住受生，二、无明受生，三、四住、无明相对辨异。与前一切烦恼相似，举粗，正显细者不能断也。“又如取缘有漏业因而生三有”，是第一段。前已广明不尽烦恼，今此更明不尽受生，是故言“又”。前明惑体，今明惑用，故言“又”也。“又如”者，是指示之辞，指彼分段因之与果，是故言“如”也。“取”者，是其爱之别称。爱心取著，故名为取。助业牵生，因之为缘。理实诸结，皆名为缘。爱力增强，故偏说也。古疏多云：“取支之取，起有漏业，如十二缘中取缘有也。”馥师注且尔。斯则通说诸使助业取果，非止四取也。《中论》云：“若取者不取，则解脱无有。”又言：“取者，谓四取：欲取、戒取、见取、我语取。”欲界一切烦恼，除戒、见，名欲取。上二界一切烦恼，除戒见，名我语取。三界见名见取，三界戒名戒取。执受境界名之为取，炽然发业亦名取。又《佛性论》云：“取有二：一受资粮[2]。受取者，如因受生爱。受资粮者，贪此受故，取四种资粮。四种资粮者，即四取也：一欲取者，贪欲界六尘；二见取者，于欲界中，唯除戒取，所余四见，名之为见，贪著此见，名为见取。三戒取者，于三界取世间邪正二道，为离苦得乐，是名为戒。贪著此戒，故名为戒取。四我语取者，缘内身故，一切内法，名为我语，贪著内法，名我语取。言缘内法者，色无色界定，缘内法成，故名我语。贪著此定，名之为取。此四，前二属断见，但执现在，谓无未来。后二属常见，执有未来故。又前二是在家人起，后二出家人起。又前出家在家斗争因，后二是在家出家人修行因。又前二欲取为所成，见取为能成，后二我语为能成，戒取为所成。”缘谓缘助，业为正主，牵生苦乐二受，故名有漏业因。问：何故名有漏业？答：烦恼是漏。善恶之业，从于漏生，与漏相随，名有漏业。问：今明四住受生，何须论业？答：由业受生，方得为缘，是以论云：“烦恼为缘，有漏业为因。因缘具足，故得受生。”[1]

[校注]

①节，【原】【乙】本作“第”。

②检《佛性论》，此处有脱文，当作：“取有二：一、受取，二、受资粮。”

[释评]

[1] 小乘未尽断受生。先说他们取有漏缘，所以要受生。

“如是无明住地缘”下，第二、辨无明受生。就文为二：一、彰无明能生变易，二、“此三地”下，彰彼变易同依无明。初中言“无明缘”者，其两义：一、润业牵生缘。用此无明①瞙，润前生无漏，令因牵生果报。二、发业缘。发业有二：一、前为后缘，以前无明覆障真法，修起后治，故名为缘。故《地持》云："以有无明，乐求净法，净法得生。故十因中，名已有因。二、同时缘。无明住地，是妄识心。依此心体，修起得治[②]，如依睡心，起梦中解，故名为缘。""无漏业"者，三乘圣人无漏之解，正能感于变易，故说为因。《成论》师云："有二种润：一、瞙润，二、入体润。"入体润有二说。一云："其解之体，带无明惑，得变易报。"二云："三十心中相似之解，及七地之前观外[③]无漏体，带无明惑，得变易之果也。"问：今正明无明受生，何须论业？答：业牵生，方得为缘，故须辨也。问：无明为缘，斯事不疑。既称无漏，云何是感生因也？答：此无漏是有漏耳。但对三界内之有漏，故三界外者名无漏耳。问：云何对界内名为无漏？答：诸胜鬘师多不寻经首尾，好疑此事。下文云："生死有二种：一、有为生死，二、无为生死。"分段是有为生死，变易无为生死。变易对界内名无为，实是有为。今且尔，感有为生死业，名为有漏。对此有漏故，感界外生死者，为无漏而体实是有漏。若体实是有漏，此即是入体润，非瞙润。以此释之，映如明镜。问：若对界内有漏业，名界外为无漏业者，且应对界内四住之暗，名界外之惑名明？答：通义悉例，界外生死果，是无为因，是无漏缘，亦得是明。今文分四住受生，无明受生，是故不得说之为明也。《佛性论》明九种烦恼，释第五无明住地烦恼"在罗汉心中，为无漏业生家因”。流有三义：一、流入三界；二、退失，如退失色界、生下界等；三、流脱功德善根，失戒定慧。今无三流，故名无漏。业者，作意为义，能生四种生死，今文但作一变易生死。问：无漏云何是业？答：即此无漏作意之义，故名为业。生罗汉业④，是变易果。生相云何？如《智度论》云：“有妙净土，出过三界，是阿罗汉当生彼中。”[1]

［校注］

① 瞙，【原】本作“映瞙”。

② 得，【原】【乙】本作“后缘”。

③ 外，【原】本作“解”。

④ 业，【原】【乙】本作“等”。

［释评］

[1] 接着解释“无明”所起的生死：变易生死、无为生死。

所言“三种意生身”者，如《楞伽》说，一、三昧意生身，二、觉法自性意生身，三、种类俱生无行作意生身。初地至五地，禅度增强，是故说为三昧意生身。六七地，知法无性，故名觉法自性身。八地已上，无功用行，任运续起，名种类俱生无行作身。此之三种是其因行，用此三种因行，随意受生，故皆名意生身。今谓文云意生身者，非谓三种意为因而受生，三种意乃是所生之果。此三种果，由无明缘无漏业因所生。故文云："三种意生身生，皆由无明。"又圣谛章云："灭意生身阴，名为苦灭谛。"若以意为因受生者，意是集谛。不得云灭意生身阴苦名苦灭谛。有人言："三种意生身者，三界外阿罗汉、辟支佛、大力菩萨谓三也。此中唯是意，念念冥传，相续不断，故名意生身。"今谓《楞伽》三种，约十地分之，乃是明菩萨有此三种生。今文乃明罗汉、辟支、大力菩萨三乘人意生身，不应以《楞伽》为释。后见林公疏同吾此释。[1]

[释评]

[1] 由无明，起意生身。

"此三地，彼三种意生身生"者，第二、明彼变易因之与果，同依无明。就中前辨，后结。辨中，初言"此三地"者，此世间中三乘地，谓阿罗汉辟支佛大力菩萨，是三乘地。故《宝性论》云："此三乘地，彼三种者，彼三乘变易三种果。"复言"生"者，总显上三地及三种身起，名之为生。有人言："上来明别润，谓无明别润无漏业，生三界外。从'此三地'去，辨无明通润三界内外。'此三地'，谓分段三界地也。'彼三种意生身'者，牒变易三种生也。复言'生'者，是分段及无漏业生者，谓无漏业能得变易之生。简异昔教，无漏不招生，故别称之。此二生及无漏业，悉依无明，故有是远相，由是通润义也。”今谓不同此释，如前解也。有人言：“‘此三地’者，即是三界也。‘彼三种意生身’者，如上解，谓三界外罗汉辟支大力菩萨，此三人以是意生。‘及无漏业生’者，上三种意生身也。‘依无明住地’者，明因果皆由无明也。‘有缘非无缘’者，重显依之分齐。显无明与彼作缘，故有能生，非无缘而有也。”“是故三种意生身”者，此第二、自①结也。“是故”者，能生所生无明。“故三种意生身及无漏业，缘无明住地”，略不结彼三地也。[1]

[校注]

① 自，【原】【乙】本作“句”。

[释评]

[1] 三界内外的生死都依无明。

“世尊！如是有爱住地”下，第三，明四住、无明相对辨异。为彰二乘有尽①，故须辨之。“如是有爱住地数四住地”者，牒前四住。“不与无明住地业同”，对后辨异。此乃烦恼作果，名之为业，非是行业。四住之业，唯作分段，无明之业，能作变易，故曰不同也。上明四住不与无明同，今辨离无明不与四住同。上明惑不同，今明断惑不同。无明、四住不同者，谓障弊不同、治道不同、为润不同、粗细不同、本末不同。一释云：“四住未断，则不起无明。若起无明，则四住已断。”又释云：“四住惑中，带无明住地分起。”“无明住地异离”下，上来广明一切受生差别，以下明断惑不同。就文有三：一、总标离粗细有异，二、举佛能尽于细，“何以故？”第三、问答，辨释二乘，但能离粗，不能离细。“无明住地异离四住地”者，略以标举。无明受生，离在如来。四住受生，离在二乘，故云异离，即是离无明住地。异于离四住，故云无明住地异离四住[2]也。“佛地所断”下，第二、举佛能尽，显其异相。佛地所断，就位论也。对二乘不能断，故佛位能断。菩提智断，就行论之。又佛地所断者，明能离位异也。佛菩提智，明能治智异也。实是金刚断，而言佛菩提智断者，《毗婆沙》第三十六卷，明双道断惑，具有此释，谓忍能断。忍属于智，故言智断。如属王之人，其所作，皆言王作，今且应尔。实是金刚[3]尽，故云佛断。“何以故”者，征前起后：何故无明唯是佛断，余人不断？下对释之，就文有二：一、显二乘但能断粗，“无漏不尽”下，第二、明不能断细。于中有三：一、无漏不尽者，总显不断。以二乘无漏不能尽无明，故云无漏不尽。又解云：五住烦恼通名为漏，二乘但断四住之惑，谓所无之漏不都尽也。林公云：“二乘无漏，犹是无明。”无漏不尽，即无明不尽，故云无漏不尽。二、“不得自在”已下，显不尽相。不得自在力者，显不得无碍道正断自在力也。“亦不作证”者，且不作解脱道证除也。有人言：“由不断无明，故灭道不圆。不得自在力者，道谛不圆。且不作证，灭谛不圆也。”三、“无漏不尽者即是无明”下，指出所未断者体也。此中有二句：“无漏不尽”者，牒上二乘无漏不能尽也。“即是无明住地”者，出所不尽者之体性也。[1]

［校注］

① 尽，【原】本作“尽不尽”。

② 住，【原】【乙】本作“住地”。

③ 刚，【原】【乙】本作“刚断”。

［释评］

[1] 前面分别解说了四住、无明引起的“受生”，这里说明二者的区别。

“世尊！阿罗汉”下，上来别明罗汉辟支不得四智，此下总明其不得所以。又上来别明罗汉不得四智，今明不得四种功德。“所以然”者，恐物但言罗汉不得四智，得诸功德，是故今明非但不得四智，亦不得四智之外四种功德，故有此章来也。就明不得四智功德中有四。言其四者：一、断过有余；二、“以不断”下，明三事有余；三、“以成就”下，知谛有余；四、“名得少分”下，得涅槃有余。此四次第者，初接上无漏不尽即是无明住地，故前明断过有余。以不断无明故，但得有余解脱，故次明三事有余。以三事有余，但知有余四谛，故明知谛有余。四谛为归涅槃，故明涅槃有余。又四中，初一明二乘人有余过不净，第二不成一切功德，第三不成无量功德，以不能观无量谛故，第四不成不思议功德，不能即寂而常用故。具此四义，故二乘人不得四智，与《涅槃》中四义相似。[1]

[释评]

[1] 以上说明了小乘未得真正的“四智”，这里解说未得“四智的功德”。

初中有二：一、彰二乘及后身菩萨，为无明覆故，不能证见诸法，二、“不知见”下，显不能证见，故不能除障。罗汉、辟支、后身菩萨，为无明所覆，是障也。“罗汉、辟支、后身菩萨”者，举被覆人也。菩萨之人，于最后生未成佛前，名最后。此等皆为无明所覆。最后既覆，余不待言也。问：正应言二乘不得四智，为无明覆，何故举菩萨也？答：举菩萨显二乘被覆深重。宗师通以变易望分段为最后身，馥师且尔。此意不局补处为最后身也。“于彼彼法不知不觉”，是无治也。如来藏中，恒沙佛法，是彼彼法。是无明覆，故不知不觉。罗汉辟支，全不断故，一向不解，名为不知。后身菩萨，虽断未尽，不得同佛圆觉，故云不觉。“以不知见故”者，以不证见，故不能除障，亦是无治有障。以不知见，是无治也。不见由是前之不觉。“所应断者不断、不究竟”者，是有障也。二乘不知，是故不能分断。后身不见，显后身虽断不尽，故不究竟。[1]

［释评］

［1］三乘断障不尽，未得第一种功德。

“以不断”下，第二，明三事有余。“以不断故”者，牒前起后也。“以不断故”者，谓不断无明。“名有余解脱”者，离四住之因分段之果也。“非离一切解脱”者，未离无明之因、变易之果。故《法华》云：“但离虚妄，名为解脱。”其实未得一切解脱也。当知《法华》与《胜鬘》无异，而昔执五时四宗之流，谓《法华》未了，斯经了义，其言误矣！“有余净非一切净”，此明法身有余也。二乘所得五分法身，名有余净，未得真如法身，非一切清净。问：清净与解脱何异？答：解脱从离过受名，清净是当体为因。故《法华论》云：“法身者，是自性清净。”若三德各分，解脱离业障，法身离报障，故云清净。此如上释。“有余德非一切德”，此明般若有余也。若福智分别，般若非功德。若通论之，则般若亦是功德。慧有断障照法之功，故名为功。此功是慧家之德，故云功德也。二乘但得戒定慧功德，名有余功德。[1]

［释评］

［1］所成就的是有余功德，未得第二种功德。

第三，知谛①中，牒前三事以起后："知有余苦"乃至"修有余道"，正明二乘知谛有余。但知有量，不知无量，故曰有余。[1]

［校注］

①"谛"后【原】【乙】本有"有余"二字。

［释评］

［1］成就的是有量功德，未得第三种功德。

第四，涅槃有余之中，"名得少分"，是小涅槃。涅槃云灭，但灭分段因果，故名少分。又少分者，三德不备，故言少分。得身智时，未有解时，无复身智。"向涅槃"者，向大涅槃。良以二乘不成此等，故四智不究竟。[1]

［释评］

［1］未成就第四种功德。

"若知一切苦"下，上来第一明小乘不得四智，此下明佛得四智。就中为二：第一前明得之所以，由佛成就一切功德故。从"如来应等正觉师子吼"下，正明佛得。前涅槃中，初明如来得般涅槃，后明如来得之所以，今此前明得之所以，后方明得者，文互现意。又对二乘不得四智所以，是故今明佛得四智所以，且是钩锁相生。又上明二乘不得四智所以，次明二乘不得四种功德，今前明佛得四种功德，后明得四智者，对二乘不得四种功德，即明佛得四种功德，此是钩锁相生。四种功德者，翻前二乘四种有余，明佛得四种无余：一、明如来知谛无余。二、“于无常坏世间”下，明涅槃无余。三、“无优劣”下，明三事无余。四、“若无明地不断已”下，明断过无余。此四无余次第者，谛是根本，故前明知谛无余。虽有四体，为归涅槃，故次明涅槃无余。举三事无优劣，释成涅槃，故次明三事无余。所以得三事一味者，由断无明，故次明断过无余。又四中，初二明佛成就无量①世间，为物依故，第三明成一切功德，三事等故。第四明佛无过清净，灭无明故。具此四义，故得四智。[1]

[校注]

①“量”后【原】【乙】本有“功德，以佛能知无量谛故。第二，成就不思议功德，得大涅槃，不舍”。

[释评]

[1] 佛成就了四智的功德。

初①，谛中，“知一切苦”者，分段、变易二种因果及对治，皆悉知也。第二，涅槃无余之中，有二：一、显自利德，二、“无覆护世间”，明利他德。自德中又二：“于无常坏世间”，明其所离。“得常住涅槃”，明其所得。分段世间名无常坏，变易世间名无常病。分段以五阴离散为死，变易犹有生灭之患为病。通称生死以为世间。馥师以苦集是世间，苦是无常坏、集为无常病。此则通论因果[②]亡，故得涅槃。又释：变易圣人，皆有法身，死法随故，说为病苦，乃形上望下为名。若唯望下，但是法身，不得言病。若唯望上。一向是死，且不得论无病。又，坏者，死也，义则重，故是分段生死。病义则轻，如变易生死。又，病者，苦也，故变易生死有苦。又变易与功德身作病。如来于此二种世间，断之毕竟，故得涅槃。

［校注］

① 谛，【原】本作“知谛”。

② 果，【原】【乙】本作“果累”。

“于无覆”下，是利他德。虽住涅槃，无缘大悲，不舍世间，故名化他德。若以三德论之，于无常坏世间谓断德，常[①]住涅槃谓智德，今明恩德。就化他德亦二：一、举无护无依，二、为护为依者，显涅槃德作护作依。“无覆护世间”者，分段世间也，离佛更无余人覆护。“无依”是变易出世间，离佛更无余人可依。以变易人觉生死过，求归依处，故就彼人说其无依。言“为护”者，如来为彼无覆护世[2]作覆护也。言“为依”者，为无依世间作归依也。使外恶不侵为护，令物始终凭附为依。馥师云：“以道化物为护，以灭化人为依。”此是对前苦义为死，集义为病也。

[校注]

① 常，【原】本作“得常”。

② 世，【原】本作“世间”。

第三，三事无余之中，初“何以故”，征前起后：何故如来独得涅槃？“法无优劣故”者，第二、释也。就文为三：初总标无优劣，从“智慧等故”下，第二、明[1]别释三事无优劣，“是故涅槃一味等味”下，第三、结无优劣。“法无优劣”者，举后显前。正以如来三事等成，故得涅槃也。法无优劣者，总明如来三事平等也。于一心中随义互分，故无优劣。如无累边名解脱，照义边名波若。又复同是究竟穷满，故无优劣。如世“伊”字无优劣，故得涅槃[2]。答：上“何以故”问佛何故独得常住涅槃，今释此因，以佛得三法无优劣故得涅槃，下别显之。“智慧等”者，名般若无优劣。“解脱等”，明解脱无优劣。“清净等”者，名法身无优劣。三事平等，故名为等。问：何故前明般若，次解脱，后法身？答：生死法，前烦恼，次业，后报。今对烦恼，故前明般若。对业故，次明解脱。对报故，后明法身也。“是故”下，结也。“是故涅槃一味等味”，就总结别。是前所说，“法无优劣”，三事平等得涅槃，故涅槃之法一味等味。“一味”结前“法无优劣”，“等味”结前三事平等。所言“味”者，从喻为名。如彼大海，虽复广大，同一醎味。涅槃如是，三德虽广，体同一味，是故言味。《涅槃经·文字功德品》，分四德为八味。今对于异，故正为一味。于三德中，对昔涅槃，以解脱为要，故独云谓解脱味也。又出世法中有三种味：一者、法味，二、禅悦味，三、解脱味。今言味者，是何等味？故下说言：谓解脱味。此乃是共通名解脱。一切诸德，出离垢障，故名解脱。如《地论》云：“法身所③解脱及般若等，通皆名为净相解脱。”又有人言：法无优劣故得涅槃者，道理之中，无有下中上三种涅槃之优劣，诸佛同涅槃，故言法无优劣也。智慧等故得涅槃者，诸佛同一平等大慧，无有声闻下慧、缘觉中慧、菩萨上慧也。解脱等故，明无有三乘优劣解脱，一切诸佛同一解脱。清净等故，且无三乘优劣清净，一切诸佛同一清净。是故涅槃一味者，谓同一涅槃味也。等味谓解脱味者④，如《法华》云：“为大众说甘露净法，其法一味：解脱涅槃。”前释就三德无优劣，故云等。后释无有三乘之优劣故，故云无优劣。以理言之，应如后说。

［校注］

① 明，疑为衍文。

②“槃”后【原】本有：“问：何故言三事无优劣得涅槃？”

③ 所，【原】本无。

④“者”后【原】本有：“等味，摽也，谓解脱味者，释也。以同一解脱味，故云等味。”

“世尊！若无明住地不断”下，第四，明断过无余。前略明三无余，今广明断过无余，互其文也。又欲广彰无明过患，故广彰断过无余。第四断过无余之中，前反后顺。从初乃至“缘无明地”，反明如来不断之失。“世尊！于此起烦恼”下，顺明如来断之为得。何故须反？为欲举失，彰其得义故，如瓶羊斗。

将前更却，[1]二章各两：初章①者，一、明由不断无明故，不得一切佛法，二、从“是故无明住地”下，显无明生一切烦恼，障一切佛法。初又二：一、略明不断无明，不得三事；二、广明不断无明，不得一切佛法。初段中，“若无明地不断、不究竟”，返明不断。不断②无明地体，一向未除，名为不断。断犹未穷，名不究竟。“不得一味等味”，返明不得三事功德，显果解脱离无明，名为明解脱味。又对二乘灰断，故以圆觉湛然，体无众累，谓明解脱。《摄论》云：“一味，谓一真如味。”一味就其得，解脱明其离。又诸佛说法，意在解脱，故偏明之。第二段中，初“何以故”，征前起后，何故不断无明住地，即便不得三事功德？“无明住地不断”已下，用后释前。由不断无明住地，故不得恒沙一切佛法，是故不得三事功德。就文为二：一、明不断无明住地，故恒沙不断。烦恼多于恒河边沙，名过恒沙。烦恼是虚空[3]法，圣所应断，名为断法。问：何者是恒沙惑？答：略明二种：一、就心粗细分别，住[4]性无知，是无明地，于诸法中缘而不了，是恒沙惑。二、痴妄分别，痴暗之心，是无明地，妄取分别，是恒沙惑，谓八妄[5]等。“不断不究竟”，义同前解。二、“过恒沙不断故”下，明由不断恒沙惑，故不得过恒沙一切佛法。佛法多于恒河边沙，名过恒沙。“应得不得”，明无始解。缘观相应，名之为得。谓以实相智，观实相理，故言缘观相应。“应证不证”者，明无终证。灭缘观相应，目之为证。此则内外并冥，缘观俱寂。又解，不得菩提，不证涅槃，故言应得不得，应证不证。又释，应得不得失智，应证不证失断。今不以断德为涅槃，为对二乘智断不具，故作此说。

［校注］

① 章，【原】【乙】本作“章二”。

② 不断，【原】【乙】本无。

③ 空，【原】【乙】本作“妄”。

④ 住，【原】【乙】本作“任”。

⑤ 八妄，据《宗镜录》解释：(1) 自性妄想。妄执根尘等法各有体性，不相混滥。(2) 差别妄想，诸法差别、无差别的妄想。(3) 摄受积聚妄想，妄执五蕴和合而成一切众生。(4) 我见妄想，执有我。

(5) 我所妄想。(6) 念妄想，执著可爱的净境。(7) 不念妄想，不缘念可憎之境。(8) 念不念俱相违妄想。

[**释评**]

[1] 以下强调不断“无明”的过失。

第二段中，前彰无明能生恒沙，次明恒沙依于无明。前中合有十二句文：初句是总，余句是别。“是故无明积聚生一切修断烦恼上烦恼”者，是初总也。“是故”之言，承前显后。是前不断无明住地，过恒沙等且不断故，无明住地积聚生于一切烦恼。“积聚”者，谓从轻之重，品数无极，故云积聚。所生烦恼，应为道治，是故名为“修断烦恼”。一切对治道，名修道①。覆诸德上，名“上烦恼”。又起增强，且名为上。又起自根本之上，故名为上。“彼生心上烦恼”，是其别也。别中前七，能覆因上。后之四句，能覆果上。“彼生心上烦恼”者，覆菩提心。彼无明地，生于菩提心上烦恼，于大菩提，不知愿求，是其相也。举此能治之心，别所治烦恼，故名生心上烦恼。言“上”者，显心所治者是增强烦恼，故名为上。又通言“上”者，上是诸德之处名也。如物在瓶上柱上等，故名为上。有人言：“心为万行之体，覆行则覆心，故云心上烦恼。”此句是总，不只局菩提心也。下有六句，覆菩提行。止是定初，观是慧初，故叡师注《净名》云：“止观，定慧之根也。禅与正受，是定行成也。”世俗八禅，名之为禅。合理之静，说为正受。《杂心》云：“谓灭尽定名正受。”馥师以四禅为禅，无色为正受。瑶师以诸禅为禅，三三昧为正受。一释云：“以静为禅，以散为障。”一释云：“以静知为禅，散动无知为障。方便与智，是慧行成。功用之慧，名为方便，实慧名智。”菩萨行中，略明定慧，“止”、“观”是定慧之因，“禅”与“正受”是定果，“方便”与“智”是慧果。二智障者，或以无知为障，或以偏执为障。下覆果中，“果上”是总，后三是别。“得”是功德，“力”与“无畏”，是佛智慧。又，“果”是涅槃，“得”是菩提，“力”、“无畏”等，是菩提别义。又菩提涅槃，智断不同；力无畏，内外有异。有人言：“《十住论》云：‘菩萨成就堪受等七法，以菩提为德，七法为果。若就小乘，八贤圣为得，智断为果。’”此则人法相对，故有果得不同。此“果”、“得”等，虽不正断，且有证断之义，故举以别烦恼也。又此中直举能障之惑，以彰诸德，不即明诸德即断此惑也。于此等行，不知修习，名为烦恼。

［校注］

① 道，疑应为“断”。

上来无明能生恒沙，次显恒沙依于无明。“过恒沙一切皆依无明住地所建立起”者，以恒沙依无明地得存立也。无明望恒沙有三义：一者、无明生恒沙，故是因义；二者、有四住①种子，藉无明而生，故是缘义；三、由无明方生恒沙，令恒沙迷境障牵②生，故名建立。上来第一反明不断，从“世尊”已下，第二顺明佛断。断中对前文还有二：一、明如来断无明，故恒沙随断，翻上第二。二、“如是一切上烦恼断，过恒沙等如来得”下，明由断恒沙惑，故得恒沙佛法，翻前第一。所以第一翻第二者，由上第二无明生一切惑，是故今明断无明故一切惑断。第二翻第一者，上明由不断无明不得一切佛法，是故断无明故得一切佛法。初中有三，谓法、譬、合。三文各二：法中二者，一、双牒粗细，二、明粗依于细。前中初言：“于此起烦恼刹那相应”，彰恒沙惑粗于无明，于此无明起恒沙惑，名于此起。作念而起，名刹那心。作念所起，与心别体，共心相应，名“刹那相应”。“世尊！心不相应无始无明”下，彰无明地细于恒沙。“心不相应”，翻前“相应”。“无始”翻前“刹那心”也。久来性成，非作念起，故曰无始无明住地，对前于此起烦恼也。问：前明二种烦恼粗细之相，今何故辨？答：今为欲结如来能断，故复举也。又欲明烦恼若粗若细，皆是无明住地所持也。“世尊！若复过于恒沙”下，第二粗依于细。“过恒河沙如来菩提智应断”者，彼恒沙惑佛应断也。“一切皆是无明住地所持立”者，彰彼恒沙依无明也。所持者，能生。所立者，能增长。然四住望无明，悉是无明家起。但就起中，复分住地性成在已者，名四住地。现行于缘，说之为起。然此四种住地性成者，现行缘时，且得说四种现起。即此恒沙起者，性成不行缘时，且得说恒沙住地也。若此四住起正使者，若治断时，无明不必断。论其习气，要断无明尽，习气方尽。如《地持》说："十地断习气，佛地断无明。"又四住望恒沙，四住粗，恒沙细，故四住是界内惑，恒沙是界外惑。若通论之，四住、恒沙，并是恒沙烦恼。何以得知？如止上烦恼、观上烦恼等，岂当是恒沙烦恼，非四住烦恼？

［校注］

① 住，【原】本作"住地"。

② 牵，【原】本作"智牵智"。

"譬如一切种子"下，第二譬说，亦二：一、明种子依地，二、明地坏彼且随坏。所以作二譬者，欲显无明是众惑根本义，以一切惑皆依无明，无明若断，一切惑断。"如是过恒沙"下，第三合譬，亦二：初，合种子依地譬。"若无明"下，合第二地坏故种子坏也。"如是一切上烦恼"者，自上已来，明断无明，故一切惑断。今第二断无明，故一切惑断，得恒沙功德。翻前第一不断无明，故不得一切佛法。上有二：一、不断无明，故不得三事；二、不断无明，故不得一切佛法。今翻二即二：初翻第二断无明，故得恒沙功德。次翻第一断无明，故得三事功德。所以不次第者，由上明断无明，故一切惑断。以一切惑断，故得一切佛法，文势相接故也。次翻第一得三事者，欲显三事犹属恒沙功德所摄故也。今前第一明恒沙功德，“一切知见”下，第二、明得三事。“一切知见”，得般若也。“离一切恶”，得一切功德法身也。“法王”已下，得解脱也。法王、法主，得解脱人，于法自在，故名法王。佛得诸法，故名法主。“而得自在”，是解脱德。于二障中智心无碍，名得自在。“登一切法自在之地”，是解脱位。解脱山顶名自在①。

［校注］

① 在，【原】本作“在地”。

自上已来，明佛得智所以也。“如来”下，正明佛得四智。详文钩锁相生，由属恒沙德摄。若就曲分，上明四智所以，今正明得四智。就文为二：前辨、后结。“如来等觉”，是得智人。“正师子吼”，正明得智。内德难彰，寄言以显。师子吼，喻说也。所言不怯，名师子吼。“我生已尽”，法说言也。“是故”下结，是佛具前四种功德，得四智故，正师子吼：“我生已尽，梵行已立”等。“是故世尊”，结得智人。“以师子吼”，结师子吼。“依于了”下，结“我生”等。如来四智，究竟穷极，名为“了义”。于此了义，“一向记说”我生尽等。彼二乘人，望下言得，望上不得，名两向说。如来唯有望下说得，名一向记说。林公云：“外国或名说，或名记，此方翻之不悉，故记说两存。”众师并云：“佛得四智中有二：一者明佛得四智所以，第二正明佛得四智。”作此判者，于文不足。若二段皆明四智者，于四无余中，但得知谛无余耳。以知四谛，故名四智。若尔，便失三无余意。今详文大意者，以不断无明，故不得一切佛法。由断无明，故得一切佛法。一切佛法，难可具叙。上来略明四种无余，乃至最后明得恒沙佛法及四智等也，略寄四智一条，如上所判文也。

第四，会小入大

“世尊不受后有智”者，上来广明二乘有畏，从此下第二会之入大。以有畏者，终趣无畏。就文有二：第一、牒前二种四智，二、“从彼先所得地不愚法”下，会小入大。

牒四智者，由佛四智究竟，二乘四智不究竟，是故会二乘以入佛乘也。“不受后有智有二”者，总牒大小二种四智。举后以牒，是故偏言不受后有智有二也。下别牒之，前牒佛智，“罗汉辟支度生死”下，牒二乘智。牒佛智中，前牒三事得智所以，“一切尔炎无碍慧”下，正牒智体也。得所以中，上有四无余，今具牒三事：前牒法身、次牒般若、后牒解脱。就法身中，初至“出世”，明其位极，余显德满。三事之中，齐有此二。位极中，“无上调御”，对治胜也。佛善调御中极，故曰“无上”。“降伏四魔”，离过尽也。如来善断生死因，故降烦恼魔，亦能灭除生死果，故降伏阴魔及以死魔。内患既除，外无不伏，故降天魔。《智度论》云：“得无生法忍，降烦恼魔。得法身，降伏阴魔。得无生法忍及法身，降伏死魔。得不动三昧，降伏天魔。”如《大集经》中，对四种功德，破坏四魔：一、对四谛智以说，若知苦能坏阴魔，若断集坏烦恼魔，若为证灭坏死魔，若能修道坏天魔。二、对四法印智以说：若能见苦坏阴魔，若见无常坏烦恼魔，若见无我坏死魔，若见涅槃寂灭坏天魔。三、对四念处智以说：若能观身坏阴魔，若能观受坏烦恼魔，若能观心坏死魔，若能观法坏天魔。四、对三空门智及回向智以说：若观空坏阴魔，若观无相坏烦恼魔，若观无愿坏死魔，具足三法回向菩提坏天魔。此等悉是随相别德。若实论之，一一行通坏四魔。今显如来证穷后际，究竟降伏四魔，出一切世间，位中极也。超过分段变易，名“出一切”也。下德满中，“为一切众生之所瞻仰”，应身也。“证得不思议法身”，真如身也。就波若中，“于尔炎地无碍自在”，彰德满也。生智境界，名尔炎地。如来于此具知，名“于一切无碍自在”。“于上无作、无所得地”，明位极也。佛望上更无所作，明其因圆。无所得地，彰其果极。亦可诸佛种智圆备，名无所作；一切智满，名无所得。就解脱中，“十力勇猛”，彰德满也。十力坚固，魔不能动，故得勇猛。“升于第一无畏之地”，明位极也。亦可前句明得十力，此明无畏。上来牒三事明得智所以，下牒智体。“一切尔炎无碍智观”，牒上般若。般若是智体，故复牒之。“不由他”下，就前所牒明不受后有不由于他，简大异小。小乘四智由他教得，如来自证故。“不受后有智师子吼”者，正说智体。如来得此无碍智时，名不受后有。说无碍智，名不受后有智。道理决定，名师子吼。[1]

[释评]

[1] 彰显佛所得的四智圆满。

“世尊阿罗汉”下，次此牒二乘四智。于中亦二：一、明二乘自谓四智究竟，“世尊阿罗汉辟支佛观第一”下，第二、自谓涅槃究竟。所以明此二者，前是智究竟，后是断究竟。前是菩提究竟，后是涅槃究竟。又前是有为功德究竟，后是无为功德究竟。初文有三：一、明其所得相；二、“作是念”下，说其自观所得究竟；三、“罗汉辟支观察时”下，结自谓究竟也。“罗汉、辟支”，举得智人。“度生死畏、次第得解脱乐”，是四智体。度生死畏者，度分段生死畏也。次第得解脱乐者，得有为无为解脱乐也。观四谛及九地，皆次第断次第得。初果见谛尽，二果六品尽，三果欲界尽，罗汉、辟支三界尽。因尽果亡，是次第得解脱。脱生死之苦，故得无为之乐。“作是念”下，是四智相。出观有中，缘己所得，生究竟想，故言作是念。“我离生死……不受生死”，离生死，现除苦因。不受生死，当无苦果。又离生死，现灭诸苦。不受生死，当苦永息。又我离生死怖，不受生死苦，犹是得解脱乐。但前就得说，明得解脱乐。今就离过说，故云不受苦。[1]

[释评]

[1] 阿罗汉自认为所得的四智究竟。

“世尊阿罗汉观察时”，第三文也。名向作念，为“观察时”。为此观时，生得智想，是故名为“得不受后有智观第一苏息处”。有人言：“此是牒大小两涅槃。观第一处涅槃者，牒上如来所得涅槃。胜鬘观佛所得涅槃，故名为观。如来所得苏息中极，名第一也。涅槃地者，出其息处。”有人言：“还是二乘自知变易外有圆极第一涅槃。”今谓不然。上来明二乘自谓四智究竟，今明二乘自谓涅槃究竟，故云第一苏息处涅槃地。彼前所得地者，有人言：“上第一苏息是大乘涅槃，今牒小乘涅槃。”今谓不然。上明小乘自谓涅槃究竟，今牒彼小乘涅槃不究竟，欲明会入究竟。[1]

[释评]

[1] 阿罗汉自诩所得涅槃究竟。

就文为四：一、牒不究竟，会入究竟；二、“何以故”下，问答辨释；三、“是故三乘即一乘”者，结也；四、“得阿耨菩提”下，就所会入一乘普摄众德，即显所入一乘是究竟也。“彼前所得地”者，有人言：“二乘所得涅槃，对后际大涅槃，故名为前。”有人言：“‘彼前所得地’者，谓干慧地、性地①，内凡之始，五根成立，便自知还原，必应作佛，名‘不愚于法’。然因时本自知，非至果始自知，但厌苦情深，且取小果耳。”有人言：“犹是牒前句，故称为‘前’。”今谓不然，二乘自谓四智究竟，涅槃满足，此是“愚法”之时。后值善友，闻说一乘，得“不愚法”。愚在不愚之前，故名彼“前得地”也。[1]

[校注]

① 干慧地，三乘共同所证的十地中的第一地。此时，智慧干燥而未淳熟，故名。《大乘义章·十四》：“虽有智慧，未得定水，故云干慧。又此事观，未得理水，亦名干慧。”性地，三乘之人在内凡位时，对于无漏真空法性之理，颇有领悟，所以叫性地。所谓内凡位，指心已在理内，但没有证得。无漏，已经断了见、思之惑，不漏落三界生死了。

[释评]

[1] 一乘才是究竟的。

“不愚于法”者，举所会人。声闻有二：一、愚法人，二、不愚法人。现在时中，种性声闻，执小迷大，名为愚法。退菩提心声闻，知小解大，名不愚法。问：愚法之人，何时得不愚耶？答：愚法之人，未来无余涅槃之后，心想生时，值佛闻说《法华》，方得不愚于法。故《法华·化城品》云："我灭度后，复有弟子不闻是经，自于所得生灭度想，我于余国作佛，为说是经，得入佛慧。"不愚法者，不愚迷大乘究竟法也。问：前云谓四智究竟，后云"不愚于法，自知不究竟"，为是一人，为是二人？答：犹是一人。初自谓究竟，名为愚法，后闻一乘经，回小入大，自知不究竟，名不愚法。今明本乘声闻、退菩提心声闻，并是愚法。所以然者，夫自知作佛，必不证罗汉。若证罗汉，则自谓究竟，不知作佛。二种声闻并证罗汉，自谓究竟，悉是愚法。此之二人，若闻一乘经，回小入大，自知作佛，皆是不愚法。于二人中，根性无量，或利或钝，入大早晚，若回小入大，并是不愚法人。问：二人何异？答：本乘声闻，昔不闻大乘，未发菩提心，无一乘种子，入无余后，值佛闻经，方乃发菩提心。退菩提心声闻，昔曾闻一乘，发菩提心，有一乘种子，但中途退大乘取小，现在闻一乘经，续发菩提心，自知作佛，故二人为异。问：此之二人，藉二种他：一者人他，谓佛菩提[1]，二者法他，谓一乘，何故言不由于他，自知作佛？答：实由二种之他，但今言自知者，若明由他方知作佛者，则作佛义不分明。今欲明了了自知作佛，是故说不由他。后当广说。问：何故明二乘之人了了自知作佛？答：欲明无二有一故也。所以然者，非但佛说道理有一无二，亦二乘之人自知有一无二。具斯二义，故有一无二义成。所以会入义显也。“亦自知有余”者，非直不愚大乘是究竟法，亦知自分，有余非究竟故。“必当趣菩提”者，既知自分非究竟、大乘是究竟故，必当舍不究竟入于究竟。[1]

[校注]

① 提，【甲】本作“萨”。

[释评]

[1] 罗汉听闻一乘经典之后，能够分辨究竟与不究竟。

“何以故”下，第二、问答辨释。“何以故”者，问也，二乘与佛乘异，何由能得无上菩提？下对释之：彰彼二乘同入大乘，故得菩提。依《法华论》，三乘人法身无异，是故三乘同入一乘。又说一为三，故三是一也。问：大乘一乘，云何同异？答：有人言：“大乘通因果，一乘唯是果。”今明此中是异名，或名大乘，或名一乘。但显所入一乘是佛乘，故是究竟。[1]

[释评]

[1] 三乘人同一法身，所以能够会三乘归一乘。

“是故三乘即是一乘”者，第三、结。是二乘入一乘，故三乘即是一乘也。问：何故或言二乘入一乘，或言三乘入一乘？答：若言二乘入一乘者，唯会别二乘以归一，故但说二乘入一也。若言三乘入一乘者，有多意：一者非直会别二归一，亦会权大以入实，故具说三以入一也。二者，然但会二而言三者，但二是三中之数，故通以举，言三而实二也。此如《法华疏》说。又如四卷《楞伽》说："三乘亦非乘，一乘亦非乘，最上摩诃衍，是名为大乘。"彼说会二归一，及会权大以入实，故说三乘亦非乘。并复会实因以入果，故言一乘亦非乘。言非乘者，非究竟果乘也。摩诃衍名大乘，名究竟果大乘也。又一就理释之：三乘一衍①，并非真乘，非三非一，中道之法，始是大乘。此如《法华·方便品》同异门中说。

［校注］

① 衍，【原】【甲】本作"乘"。

"得一乘"者，第四、明一乘并摄众德，显所入者是究竟。就文有三：初以一乘即摄众德；二、"得究竟法身即一乘"下，以众德即一乘；三、"究竟无边不断"下，显究竟一乘，德无不含，体是常住。一乘即众德中，初以一乘即菩提，次菩提即涅槃，后以涅槃即法身。所以但明三法者，以三法即三德，菩提即般若，涅槃即解脱，后明法身。三法并"即"者，对二乘三法异体。二乘般若法身是有为，涅槃是无为，是故今明三法同体，皆是无为。又菩提与涅槃异者，菩提为智，涅槃是断。菩提为果，涅槃为果果。又《涅槃》云："生因所生，名曰菩提。了因所显，名曰涅槃。"此明菩提为生因所生，名为始有，是方便净。涅槃为了因所了，名为本有，是性净。又同体义分，一切诸德，圆通无碍，悉名菩提。寂灭无为，通称涅槃，得究竟法身。第二众德即一乘，亦开三别：初法身即一乘，二、如来即法身，三、复宗还明法身即一乘。初句如文。"无异如来"者，第二句。"无异如来"，明法身不异如来也。"无异法身"，明如来不异法身，如来即法身，结成无异。问：何故明人法不异？答：人闻乘是所乘之法，如来是能乘之人，谓人法异，是故今明人法不二。又叹一乘无义不摄，非但摄法，亦摄于人。又上来明三法相即，未明人法相即，是故今明人法即也。"得究竟法身"者，第三还复宗结：法身即一乘也。江南庄严旻师，用因为一乘，今不得释此文。竺道生以果为一乘，而未见此经，玄与经合也。"究竟一乘即是无边不断"者，第三。上来虽明人法相即，然众德不可具举，故总结之。一乘德无不摄，称曰"无边"。体是常住，目为"不断"。馥师以果为一乘，云："法身常住，故云无边、不断。"有人言："以因为乘，总万行，故曰无边。相续成佛，故云不断。"又旷该五乘，故曰无边。传化无尽，是不断义。今如前释。[1]

［释评］

［1］三乘即是一乘。

(4) 广释有归

自上已来，广释罗汉有畏义竟。从“世尊！如来无限齐时住”下，第二，广释有归。所以须广释，凡有四义：一者，前明能归，未显所归，故须辨之。二者，前说归佛，未说法僧，故须辨之。三者，说权归，未曾显实，故须辨之。四者，昔说别归，未说一体，故须辨之。问：上明二乘有怖无四智，今明二乘无究竟归，须归依佛，此二何异？答：略有三种义异：一、自他异。二乘无四智，佛有四智，此论自德。三归，论化他德。二乘犹须归他，不能为他作归，佛则为他作归，不须归他。二、人法异。四智中，但就人明，二乘人四智非究竟，佛究竟。三归中，明二乘法僧非究竟，一乘法僧是究竟。三者、有无异。会二乘归一乘，无复二乘。会别体归入一体归，犹有三归。问：何故非类？答：三归是佛始终教门。昔为翻邪三，明别体正三。今对别体三，故明一体三，故始终皆明有三归也。三乘义则不尔。昔为众生未堪受一，故于一说三，以三乘调柔其心竟，堪受于一，是故会三同归于一，则无复三乘，故与此非类。问：何故始终并说三归？答：昔说三归，凡有三义：一，为翻邪三明正三。但邪三有二种：一者、事天有邪三，如以自在天等为佛，所说教为法，行法人为僧；二者、事人邪三，如迦毗罗等为佛，僧佉经等为法，行此法者为僧，为翻此三邪，故以如来为佛，所说经为法，行法者为僧。二者，治病说三，众生有烦恼病，以佛为良医，法为妙药，僧为看病人。具此三种，烦恼病差。为此义故，所以说三。三者，为免三怖，如鹿为猎师所逐，得三跳故，则便免怖。众生为生死魔所逐，归依三宝，得免生死怖。今说一体三者，明昔三归异体是无常，法无常法，故非究竟。如《涅槃》云："如汝父母，各各异故，故是无常。"今明一体三，即是常住。以常住故，即是究竟，故明一体也。二者，此经意昔日以罗汉为僧宝，为他作归依处。今明罗汉犹自有怖，须归依他，不能为他作究竟归，唯佛究竟，不依于他，为他作依。小乘法义亦尔，非究竟，若究竟之法，则堪为物归也。是故今教亦明三归。问：对昔别体归，明今一体，亦得道对昔邪三别体，明今正三一体不？答：亦远有此义。但昔别体之三，已破邪三。今一体三，复破昔别体三，故义不同也。问：外道执别体邪三，以正三治之，亦得言外道自有一体三，今以一体正三治之以不？答：未见外道执。设有，治亦无妨。问：今明常住一体三归，为永废别体三归，为二种合用？答：实中具权实，一体则是实归，别体此是权归，须具识之，当时而用。权归之中，但有权归，无有实归。一乘三乘，义亦类之。昔三乘则无一乘之体，今一乘之体具有三乘之用。用识三体①，方识一乘。此义不尽者，《法华疏》已说。[1]

［校注］

① 用识三体，【原】【甲】本作“识用识体”。

［释评］

［1］以一乘佛为最终的皈依。

第一，佛依是究竟

前会四智中有二：一、明会入，二、明会入所以。今亦二：一、正明会入，二、“何以故”下，明会入所以。就初文又二：第一、佛依是究竟，二、从“法者是说一乘道”下，显法僧二归有究竟非究竟。若即佛果辨二归，便是究竟。不即佛果辨二归，不究竟。今泛举三归有究竟不究竟者，只欲显二乘人是不究竟僧归。以不究竟故，归依如来，趣入究竟，远释成前阿罗汉归依佛也。[1]

［释评］

［1］罗汉的皈依不究竟，应皈依佛。

前明佛归，文别有三：一、明归德，二、“无限悲无限安”下，寄说显德。“故”下，第三、结德属人。初中四句，初两自德，后二化他。就自德中，“如来无有限齐时住”，明时有二种：一、有限时，日月岁等；二、无限时，犹如虚空。佛果常住，出过时分也，故说如来无限时住。

“如来等觉后际等住”者，明证涅槃常住义也。“涅槃后际”是所得，彼是法常，如来等之，故曰常住。又，言“等”者，诸佛道同，故名为等住。今谓生死有三际，谓前际、中际、后际。生死后际既无边，如来与后际等住亦无边，故言后际等住。问：何故明此二住？答：前明法身常住，后明应身常住。应身常住者，常化众生，无休息时，故名常住。后释为胜。《佛性论》云：“世间有得四神足者，尚能住四十小劫，何况如来为大神足师，而当不能久住化物？”又云：“众生无尽，故化身常，化物无尽。”问：若以二住明二身住，则法身是自德，应身是化他，复何得言初二句是自德，后二是化他？答：前虽明二身住，未明利益，故说为自德。后两明利益，故说为化他。“如来无限齐大悲”下，第二化他德。无限大悲，是化他心。无限安慰，是化他行。亦可得前句是大悲无量，无限安慰是慈无量。心之与行，慈之与悲，不简彼此，有缘普益。又无缘慈悲等众生界等，故称无限。

“无限大悲”下，第二，寄说显德。就文为二：前就化他德，寄说以显。承言便故，后就自德，寄说以显。就化他德中，“无限大悲”，牒上初句。“无限安慰”，牒上后句。“作是说者是名善说”，言称佛德名善说也。又举说者是善，显所说得是实非虚也。“若复说言”下，第二明自德。“若无尽法”，牒上文中无限时住。“常住法”者，牒前文中后际等住，此当相显德。“一切世间之所归”者，佛具前德，为世归趣。“亦名善说”，显于自德，义善同前，故言是名善说。

“是故”下，第三，结德属人。但就自德结以属人，不结化他德属人也。“是故”者，是佛具前无尽常住二种功德，为一切世间之所归故也。“于未度世间、无依世间，为作归依”，分段世间，名为未度。变易世间，名为无依。“与后际”下，正明如来与作归依。“与后际等”者，尽未来际为物作归依也。“无尽归”者，犹是前无尽法。“常住归依”者，犹是常住法也。问：无尽归依，常住归依，此二何异？答：无尽者据应身，以众生无尽，故佛出世无尽，为物作归依也。常住归依者，据法身也。法身常住，是为真归。以具①应二归者，谓是如来等正觉也。

［校注］

① 具，【原】【甲】本作“具真”。

第二，法僧二归有权有实

“法者即是说一乘道”，此下第二，次明法僧二归有权有实。初明权归，谓不究竟。从“归依第一义是归依如来”下，第二明实归，究竟也。

就不究竟中有二：一、当相以显二归非究竟，从“若有众生如来调伏”下，约能归显所归非究竟。前当相中有三：一、举宗辨非究竟，二、“何故”下，问答解释。“是故二归”下，第三、结。辨宗中有二：一、出法僧别，二、“此归依”下，通辨二归非究竟。问：此中为明二乘所归趣处，但应论实，何须辨权？答：有三义：一、举权显实，二、欲令人舍权归实，三、欲彰彼权归不真，终须通实。问：何故法僧归中，举权显实；佛不如是，唯彰实乎？答：理应义齐，但今为明佛中权者，即是实佛大悲之用，不须破之，故不别论佛权义也。法僧二归，通真及伪，伪妄须舍，所以论之。初言法者，有人言：“标举权法，即是说一乘道，略示其相。”“此言不足。若具足应言说一乘为三乘法，如上文言，说大乘戒为毗尼等，其义相似。亦可此言举实显权：真实之法说一乘道，则知三乘是权也。”今谓此二解悉非。今言法者，牒昔教法也，近取则三乘法，远取五乘法。即是说一乘道者，一乘谓佛果也。五乘三乘之法，是佛果之因，故名为道。即是《法华》中“种种譬喻、种种说法”。是法智为一佛乘故，是以一切诸法，为一乘家道也。“僧者是三乘众”者，“僧”者，标总权僧，“是三乘众”，略示其相。问：声闻缘觉，可是权僧。何者是大乘中权僧？答：如三藏中所辨，菩萨三僧祇但修有漏六度成佛者是也。又若望一体归，大乘菩萨未与佛一体，故亦非究竟。问：僧既言三乘众，法何故不言三乘法？法既言一乘道，僧亦应言一乘僧？答：亦得如此，但互文显意也。但法据修会，故说一乘道。僧约未会，故说三乘众。此会未会亦是互说也。“此二归依非究竟”者，略明不真。非是真归，故非究竟。但是权归，故名少分。此就权实义门释也。又此二未成果德，故非究竟。但是因位，目为少分。“何以故”下，此是解释。“何以故”者，问也。今言乖昔，是故致问。“说一乘道法”，此答释也。明法权①中，一乘道得究竟身，于上更无一乘法事。一乘因道，得果德“究竟法身”，举所得身是究竟果，故知能得之因非究竟也。“于上更无说一乘法”者，于究竟法身上也。故显法身可得是究竟，即显于说一乘道上更说得究竟法身，故知一乘道非究竟。“三乘众”者，牒前权僧，下辨其相。言“有恐怖”，明恶未尽。“归如来”等，明善未满。亦可怖者，对治未成。归如来等，彰果②未尽。“求出修学向三菩提”者，释上有恐归依如来，以求出恐怖，故修学大乘善法，谓发菩提心，行菩萨行，故趣向无上菩提。“是故”下，第三，结。是前二归非真实，故非“究竟归，是有限依”。有限由是前之少分归耳。又，二乘人不能常住，不能无限为物作归，故名有限。[1]

［校注］

① 法权，【原】本作“随权法”，【甲】本作“随权”。

② 彰果，【原】【甲】本作“障累”。

[释评]

[1] 方便的皈依。

"若有众生"下，上来第一，当相显二归依非究竟，今第二，约能归显所归非究竟。就文亦三：一、明能归；二、明归依法僧者，辨所归；三、"是二归依"下，牒所归彰未即佛果，故显非究竟二归也。"若有众生"者，泛举能归之人也。"如来调伏、归依如来"者，释归法僧所以也。由如来调伏归依如来，是故归依法僧也。所言调伏者，佛未出世，众生归依外道及以天神。佛降伏故，得翻邪入正，故名调伏。"得法津泽，生信乐心"者，由如来调伏归依如来，故得法津、生乐心也。此即是能归之心。"归依法僧"者，以生信乐心，故归依法僧①，即是所归依。"是所归依是二归依"者，重牒归依僧也。"非此二归依是归依如来"者，明此二归依，非即佛果，显非究竟也。问：何故举能归显所归？答：欲显二乘人随分得是归依也。"归依第一义者是归依如来"者，上来第一明不究竟归依，今第二明究竟归依。就文亦二：一、举二归即佛果，二、"何以故"下，问答解释。就前又二：一、略辨，二、"此二归依第一义"下，重辨。言"归依第一义"者，此言不足。若具应言"法僧二归依是第一义"也。言第一义者，非是空理名第一义，乃名果德为第一义。此文意正欲显法僧二归，是果德第一义。归依此第一义，即是归依如来也。“此二归依第一义是究竟归依如来”者，重论前也。显此法僧二归是果德第一义，即是究竟归依如来。“何以故”下，何以二归即佛归？故对问辨释中，初相望显无异，后正出即一，简除相似。“无异如来”者，法僧不异如来。“无异②二归依，如来即三归依”者，正明即一也。问：但应言如来即二归依，云何乃言即三归依？答：据如来德体以辨，故言即三。如来，举体觉义为佛，举体轨义为法，举体和义为僧。又解，二归乃是三中之二，故通举言三。如《涅槃经》言：“世第一法缘于四谛，然实但缘一谛。”就通以举，故言缘四，此亦如是。此中举佛归者，正欲辨即佛法僧是究竟。[1]

[校注]

①“僧”后【原】【甲】本有“法僧”二字。

②【原】【甲】本“异”后有“二归者如来无异”七字。

[释评]

[1] 究竟的皈依。

“何以故说一乘道？”此文来意，有远有近。远生者，从上罗汉有归怖大段第二会彼小果以入一乘，讫“何以故”下，第三，释会所以。“何①故”，问也。三乘皆是如来所说，何故上来会二入一？下释会意，明一乘道是佛实说，余二方便、非实说，故会入一。于中初明一乘是实；

“若如来”下，第二明二是权；“即是大”下，第三会权入实。明一实中，“说一乘道如来无畏师子吼”者，依实而说，内心不怯，故名“无畏”。所言决定，名“师子吼”。明二权中，若“随彼欲而方便”者，佛随小欲方便为说二乘法也。下会入中，即大无二，摄权入实，二乘入一，释“无”所以。以入一，是故言无也。“一乘即是第一义乘”，辨定所以。前入是其第一义乘也。又此即是《法华》中三轮之义。从初至“师子吼”，是根本法轮。若“如来随彼”下，是支末法轮。“即是大乘”下，是摄末归本法轮也。又，此文近生者，上明三归究竟非究竟，“何以故”下，问、解释。问意：云何如来昔说三归非究竟，今说一体归是究竟也？解释亦明三轮：初辨一体归，是根本归。“随彼所欲”，支末归依。“即是大乘”，摄末归本归依。夫如来出世，但为明根本归依，为物不堪，故方便说支末归依。调柔心竟，然后方说摄末归本归依。又初为直往菩萨说，次为二乘，后为回小入大菩萨说也。[1]

［校注］

① 何，【甲】本作“何以”。

［释评］

［1］会权归实。

无边圣谛章第六

一、释 章 门

“世尊！声闻缘觉”下，此是第六《说无边圣谛章》，略作八门释之也。

一，来意门。上说法中有二：第一明一乘行，从此已去说一乘理。行所以得成，要由于理，故次行明理。行中有二：《摄受》明广大出生，《一乘》明无二收入。如上所明，前五章，人无异释。今就境中，有八章经，但古今南北解释不同。或依章名次判文处，此则得于大章，而失钩锁相生之意。或但直明钩锁相生，而失大章之智。今具两用，方得释文。[1]

[释评]

[1] 判摄全经，大体可以分为“理”、“行”两个部分，前五章经讲“行”，以下八章经讲“理”。

上明说行有出生收入，开之为二，今明乘理，亦分为二：初四章经，总明有量、无量，显无量是究竟，有量非究竟。《一谛》、《一依》已下，重就无量谛中分别取舍：前三谛是虚妄非究竟，一苦灭谛是真实为究竟。此皆大判为言也。就前四章，即为四别。今前序其来意。初举无边圣谛者，通而言之，从经初五章始叹佛、发心，终一乘之果，并是明大乘行。行不孤生，起必托境，故今明无边圣谛，出行境也。就别而言，举无边圣谛有量无量，有量之谛非究竟谛，无量之谛为究竟谛，以显一乘二乘究竟非究竟义。一乘依无量谛起，故是究竟，二乘依有量谛起，故非究竟。是以次明一乘，以明无量谛也。又此欲说佛法大事。佛法大事，所谓四谛。如来出世，初转四谛法轮，小乘之人执为究竟，今欲破之，明昔说四谛，此是不了义说，无量四谛，是了义说。令彼小乘识无量谛，更知苦、断集、证灭、修道，得成佛也。从《一乘章》至此，凡夺四种四法：初明佛有四种功德，故有涅槃，二乘无四种功德，故无涅槃。次明二乘无四智，佛有四智。次明二乘无四无余，佛有四无余。今明二乘无四谛，佛有四谛。又一乘是佛果德，四谛是佛所证。前已明果，今次辨证，故有此章来也。又一乘依如来藏，要由见佛性，故得成一乘。如来藏由四谛而显，故须明谛也。[1]

［释评］

［1］一乘之理，先解说“有量四谛”和“无量四谛”，再就“无量

四谛”中细细分别。

第二，释名门。今前释四谛名，余三名后当解。此章名为“说无边圣谛”，无分别中，善巧分别，故名为说。苦集灭道，审实不虚，故名为谛。又能生不颠倒实解，故名为谛。圣谓诸佛，就圣辨谛，故云圣谛。又此谛能生无漏圣解，目之为圣，故云圣谛。有量之谛，名曰有边。无量之谛，名曰无边，故云无边圣谛。[1]

[释评]

[1] 无边、无量，文异义同。

第三，名义门者。苦者，逼恼为义，经云“逼迫相”。集者，招集牵后义，经云“能生长相”。灭者，离有为相续义，亦是已有还无，经云“寂灭相”。道者，能除义，除谓除障，经云“除障”。又能通义，通至于灭，经云“大乘相”。[1]

[释评]

[1] 苦、集、灭、道，都归“大乘”。

第四，出体门。二种生死果为苦谛体，一切烦恼漏无漏业为集谛体，五住惑无为灭谛体，常无常戒定慧为道谛体。[1]

［释评］

［1］四谛的体性。

第五，约人门，经云："凡夫有苦无谛。"苦集二种，凡夫有之，然不能解，是故无谛。"寂灭无为，或有或无。"凡夫之人，断惑则有，不断惑则无。"道谛一向无。""声闻有苦有谛，而无真实。"有有量之苦，故云有苦。了达有量，是故有谛。未有大乘正观，故无真实。经言："菩萨有苦有实有谛。"凡夫有一，谓有苦也。声闻有二：有苦、有谛。菩萨有三：有苦、有谛、有实。经又言："菩萨之人，解苦无苦，而有真实。"此据佛地诸菩萨也。问：何位菩萨，具有三耶？答：三藏言："从十解至十行菩萨，与声闻大同。十回①已上，乃至诸佛，具三义也。[1]"

［校注］

① 回，【原】【甲】本作"回向"。

［释评］

［1］谁的四谛？

第六，渐顿门。若依《杂心》及此经，二乘渐渐见谛：初见苦，乃至后见道。若依《成实》，见道前渐见四谛，见道已去顿见四谛。有人言："十解菩萨与此经同，明渐见义；十行已去与《成实》同。"至经文当更释也。[1]

[释评]

[1] 见谛是顿见、渐见?

第七，料简门。问：四谛中“道”与“菩提道”何异？答：莫问大小乘，四谛中道，名为因道，即是无常。故云：“集谛为因，苦谛为果；道谛为因，灭谛为果。”无上菩提，谓果道也，即是常住。问：《大品》云：“菩提即是道，道即是菩提”，此明何义？答：菩提者，即是无上菩提果也。道者，谓因道也。此欲明因果不二，所以言即。但名字之中，“菩提”据外国音，“道”就此间说。前①无漏业，因无明为缘，生三种意生身，此则无漏属集谛。今复用何为道谛耶？答：三乘无漏，凡有二义：一，为无明润牵，生之义，名之为集。即无漏有进趣、断惑之功，说之为道。[1]

[校注]

① 前，【原】【甲】本作“问前”。

[释评]

[1]“道”与“菩提”的因果关系。

第八，大意门。《华严经》云：“法界非有量，亦复非无量。牟尼悉超越，有量及无量。”此意明约虚妄重轻，故分量与无量。虚妄重者，名为有量苦集，离重虚妄，名有量灭道。虚妄轻者，名无量苦集，离轻虚妄，名无量灭道。然虚妄本自不生，今则无灭。不生故未曾苦集，不灭故何有灭道？故非苦非集，非灭非道，岂是量无量耶？须深得此意，若定作量无量解，则成有所得，不识经之旨趣也。[1]

[释评]

[1] 无言之教。

就文为二：初一章，明二乘依有量谛，若无智无圣无谛。佛依无量谛，故有此三法。次三章，于无量中说如来藏法身空义隐覆，故无量甚深，即显有量谛不说此三法，故有量非甚深。始终论之，有量无六法①故。佛依无量谛故究竟，二乘依有量故不究竟。[1]

[校注]

①“法”后【原】【甲】本有“无量有六法”五字。

[释评]

[1] 以下四章经文的关系。

二、明有圣无圣

（一）圣法有无

此章名“无边圣谛”，宜依章名以开文，文为二：前明有圣无圣，次明有谛无谛。初又二：初明有圣法无圣法，次明有圣人无圣人。如《涅槃》云：“以何义故名圣人耶？有圣法故，有圣戒故，有圣定故，有圣慧故，常观诸法性空寂故，以是义故，诸佛菩萨为圣人也。”是故前论圣法，次明圣人。圣法乃多，今正论慧。慧中四对，明量无量智异：初一对显谛有渐至、非渐至。第二、“金刚喻”下一对，显第一、非第一。三、“以无二圣谛智”下一对，明思议不思议。四、“若坏一切烦恼藏”下一对，显究竟不究竟。[1]

［释评］

［1］以四对概念来解释“圣法”。

初对中，前明观有量谛智渐至，后明观无量无渐至。问：此中约如来智以明无边谛，何须说彼二乘智耶？答：凡有三义：一、举小以显于大，二、欲简小取于大故，三、欲令小入于大故。问：四对中，何故初明渐至非渐至耶？答：渐至、无渐至，即是渐见四谛、顿见四谛。二乘人渐见四谛，大乘顿见四谛。今欲明大小二种见谛不同，是故今初论有渐至无渐至义。前有四句：一、“初观圣谛”者，明二乘中声闻、缘觉初观圣谛。总以标举，对后如来无作谛观，说彼为初，故经云：“声闻见谛之始，佛见谛之终也。”问：缘觉观十二缘，今此何故说言观谛？答：缘觉所观因缘，是苦集摄，故名观谛。又复缘觉就十二缘，作四十四智观，此亦是四谛观故。四十四者，十二因缘次第相生，有十一对。一一对中，各观四谛，名四十四也。又须解，小乘法中，明悟道义，虽言为声闻说四谛、为缘觉说十二因缘、为菩萨说六度，此[①]教有三耳。若入道断惑，终观四谛。若不观四谛，无断惑法。今据此义，故声闻缘觉同观四谛也。故《智度论》云："菩萨若证四谛，成辟支佛。"二、"以一智断诸住地"者，明二乘人，单用初一有作谛智，断四住地，不用无作断无明地，故名一智。一智者，灵味寺谅法师及馥师悉云："以一平等智断四住地。"今不用，如向释也。第三、"以一智四"者，明二乘人，单就初一有作智中，约境历分，故成四智，名一智四也。从"断"下，别列也。断者，断集；知者，知苦；功德者，修道；作证者，证灭。余经论中，前果后因，今依顺观，所以前因后果。此则四智渐至。有人言："'以一智'者，上直言以一智断诸住地，犹未识是何智，为用有智断惑，为用空智断惑？是故释云：非用有智断，正用一空平等智断，故云一智也。'四断智'者，四住地烦恼断也。"智乃非断，以智断烦恼，故说断知。此因智得断，果中说因，故名断智。如《毗昙》说九断知，《婆沙》亦云断知，《阿含》亦云断知，故名善逝。此皆以惑断因智而得，故云断知也。"功德作证"者，烦恼断处无，为功德也。声闻证此无为功德为果也。"善知此四法义"者，此第四、显善知有量四谛义。上"一智四"明四智渐至，今明四缘渐至。无量中既言无渐至，故知有量有渐至。有人言："亦善知此四法义者，出空观缘四谛差别分明，故言善知四法义也。当在无生空平等理观时，不见四谛苦集之异。若得四谛空解者，识有中便分明，故云亦善知此法也。"[1]

［校注］

① 此，【原】【甲】本作"此约"。

［释评］

［1］二乘与佛的四谛的区别："有作"还是"无作"。

显无渐至中有二：一、辨上上智无渐至，二、从"如是出世间上上智"，此明无渐至者是上上智。如此翻覆相成说也。"无有出世间上上智，四智渐至、四缘渐至"者，对二乘人观有作圣谛，有四智渐至及四缘渐至，是故今明出世间上上智无有四智渐至及四缘言①，此对有明无也。而言"上上智"者，二乘观有作谛之智，对凡名上。对观有作之上，明观无作是上上智。又菩萨智慧是出世，佛智过彼，名上上智。如《涅槃经》言："上智观故，得菩萨菩提。上上智观故，得佛菩提。"故名上上也。正对二乘也。"无有出世间上上智"，此明上上智无渐至义。"无渐至"者，明佛果起时，无有前得苦智，不得余三，故言

“无出世间上上智四智渐至”也。“及四缘渐至”者，一切境界于佛心内显现，故言无四缘渐至也。以佛顿得四智、顿见四境故也。无渐至法者，总结一切诸佛同无渐至法。如是出世间上上智者，此出无渐至智断也。有人言：“有二种四谛解也。其止得一种。是得智之渐，故云四智渐至。境是发智之缘。其止得一智之境，故亦云渐至。若金刚行满，照八谛佛心顿了，为无渐至，乃是出世上上智也。”今不用此释。但二乘渐见四谛，佛顿见也。有人言：“小乘宗有二：一、次第见谛、二、一时见谛。次第见谛，则有四谛渐至及四缘渐至，故有渐至法。一时见谛，无四智渐至及四缘渐至，无渐至法。”今胜鬘评量道理无渐至，不用有渐至，即是对有渐至明无渐至，故言无有出世间上上智，四智渐至及四缘渐至。无渐至家凡有二种：见谛道前，次第见谛，故有渐至。见谛已去，空平等顿见四谛，无有渐至。见谛道前，从四念处至世第一法，名之为上。见谛已去，过于彼上，故云上上。今捡《佛性论》声闻有二种：一利根人，于一念中等观四谛，八十八惑一时俱断，皆名为见谛。若钝根人次第观，即初念见苦不见余三谛，但苦下四谛名为见谛。今明前解，以声闻为渐见，佛为顿见，以声闻多渐见谛也。[1]

[校注]

① 言，【甲】本作“渐至”。

[释评]

[1] 第一对：二乘渐见四谛，佛顿见。

第二对中，前明佛智是第一义，却明二乘非第一义。有人言："金刚心惑尽照圆，名金刚①能断。如说得佛时，犹有首楞严定及金刚定，故说金刚心为金刚也。"今明佛智是常，不为生灭所坏，类同金刚坚固，不为物坏，故云金刚喻者。又金刚无惑不摧，如云无明住地，佛菩提智断。又彻穷际，本非际不停，佛智亦然，彻穷无作谛理，非住有作四谛而停也。能灭无明，见第一义，故名"第一义智"。"非声闻缘觉"者，此明二乘无第一义智。初"非"之一字，对上是起。上明金刚喻者，是第一义智。今对彼是，故明二乘非也。须长牵非字向下，谓"非声闻缘觉不断无明初圣谛智是第一义谛智"也，声闻缘觉不断无明住地。此句明二乘不断无明，谓断惑不尽。"初圣谛智"，此明二乘初观有作圣谛，谓见理未周。"是第一义谛智"者，结非也。不用二乘断惑不尽见理未周之智，为第一义谛智也。[1]

[校注]

①"金刚"后【原】【甲】本有"喻以夺二乘不断无明金刚"。

[释评]

[1] 第二对：二乘非第一义智，佛得无作第一义智。

“世尊！以无二圣谛智断诸住地”，此第三对。承言便故，前明二乘断障不穷，是可思议，第二明佛断尽，是不可思议。明二乘中“以无二圣谛智断诸住地”者，二乘但得一有作智，断四住地，不得第二无作智，故不灭无明。有人言：“二乘无有作及无作二圣智，断五住烦恼，故无第一义智。诸住地者，总五住地，故言诸也。”有人言：“此语承前文，前云二乘既非第一义智，今何者是第一义谛智？是故言以无二圣谛智断诸地。无二者，是一实智，故能断五住惑。惑尽，故言‘以无二圣谛智断诸住地’也。”有人言：“‘以’之言用，谓用无作智观理尽，以境非二，故言无二也。”后之二解，语虽小异，无二之言，同约佛智也。“世尊如来应等正觉”，若依前门，无二圣谛，辨二乘不尽，今明佛尽。“如来等觉”，举能断之人。“非声闻”下，明能断智。就此智中，言非声闻缘觉境界者，对劣显胜。“不思议空智”，正明智体。“断一切”下，明能尽障。五住皆灭，名断一切。问：何故言不思议空智耶？答：佛乃双照有无。然断烦恼，要是实相之智。然实相实非空有，但对有故名之为空。问：但应言空智，何故言不思议？馥师云：“佛智能照空照有，而非空非有，故名不思议空智。得此空智，故一切惑断。”龙树云：“空有三：一、外道邪见空；二者、但空，谓二乘空智；三者、无所得空智，谓菩萨空智也。”今是无所得空智，非二乘所知，故言不思议。问：何故言烦恼藏？答：四住及无明，摄一切烦恼皆在其内，故名为藏。又此惑能藏如来法身，故名为藏。[1]

[释评]

[1] 第三对：是否无二圣谛智（不可思议）。

“世尊！若坏一切烦恼藏”，此第四对。承前便故，前明如来果德究竟，后明二乘果德不究竟。明佛智中坏一切烦恼者，牒前起后。“究竟智”者，正明其相。是名第一举境以结。“初圣谛智”下，第二明二乘果不究竟。“初圣谛智”，牒二乘智。“非究竟”者，正辨其相。“向菩提”者，显不究竟义。[1]

[释评]

[1] 第四对：是否究竟谛智。

（二）圣人有无

“世尊！圣义”下，自上已来第一明有圣法无圣法，此下第二明有圣人无圣人。上二乘无圣法，佛有圣法。今亦应明二乘非圣人，佛是圣人。而文但明二乘无，即显佛是有，故不别明佛是圣人。就文有二：一、明实无，二、辨权有。初言“圣义”者，总以标举，穷极大圣义也。即是明佛有圣义也。圣者，正也，以理正物，名为圣义。如

《涅槃》云“二乘之人名邪曲见”，故非正义。又《法华》云“二乘之人，眇目矬陋”，亦非正也。二者，法性为正。穷体法性，故名为圣。三者，圣以对凡为义，二乘苦法忍时，以断凡法，凡法未尽，则圣义不显，佛则五住顿尽，二死皆亡，始绝凡夫法，圣义方满，故称为圣。大圣不在二乘，是故言非也。“声闻缘觉成就有量少分功德名为圣”者，第二明权有。此文释疑故来，二乘若非是正，昔何故说名为圣耶？是故释云：二乘但有少分功德，故昔说为圣耳。“有量功德”者，有三界内治道断四住烦恼尽，所得无为，名有量功德。“有量”以对“圣无量”，“少分”以对“多分”。若望《法华》五百由旬，但度三百，未度二百，故言“有量”。“有量”正约无为功德，“少分”约有为功德也。[1]

［释评］

［1］二乘没有圣人，权且说有。佛是真圣人。

三、明有谛无谛

（一）二乘无圣谛

“圣谛”者，自上来明圣义竟，此第二次论于谛。就文为二：第一明二乘无谛，第二明佛有谛。言“圣谛”者，谓无作谛也。言“非声闻缘觉谛”者，境非彼法也。“亦非声闻缘觉功德”者，能观之智非彼德也。又解，谛者，通四谛也。“亦非声闻缘觉功德”者，偏夺其道灭二谛，谓圣道不足、无为不满也。有人言：“圣谛者非声闻缘觉谛，偏夺苦集也。谛名虽通四，下次明功德，别其灭道，故此偏其集苦。苦集相生，起因缘之原，此理幽玄，非二乘所了。谛名虽同前，理亦从智为体①称，二乘智浅不能穷理，故云非其谛也。”第二句云“亦非声闻缘觉功德”者，是夺其灭道。四卷《毗昙》云：“建立功德恶，次第见真谛。”长行释云：“恶是苦集，功德是灭道。”今言非其功德，是夺灭道。夫修道证灭，是修功所得，二乘不尽其理，故复夺之。[1]

［校注］

① 体，【甲】本无。

［释评］

［1］无作谛才是真谛，二乘人未得。

（二）佛有圣谛

“世尊此谛”下，上夺二乘谛，今明谛唯属佛。经文应具明二句：一者对前二乘非圣，唯佛是圣，二者对前二乘非谛，唯佛是谛。今以①文中略无初句，但明谛是如来。就文有三：一、明如来有谛，二、叹谛甚深，三、出谛名义。初文又三："此谛"，谓无作四谛也。第二，"如来初觉智"者，明此谛是如来圣谛所以，如来所知、如来所说故。又此文来者，即是解圣。以如来知此谛、说此谛，是故佛名为大圣。即显二乘不能知此谛，不能说此谛，故不名圣谛，亦不名大圣。"初觉"者，依《法华经》有二种初：若据化身，伽耶初觉。若就报身，久久初觉。《涅槃》"师子吼偈"云："世间皆处无明壳，无有智慧能得破，如来唯乃②能初破，是故名为最大觉。""然后明壳藏"下，前是自觉，今是觉他。"壳藏"有二：一是四住，二是无明。四住烦恼，覆障众生，名四住壳藏。无明覆障，谓无明壳藏。所覆众生，名为世间。佛为四住壳藏众生，说有作谛，为无明壳藏众生，说无作谛。通名壳者，所化人为于无明缠覆。如鸟在壳，为壳所藏，故名为藏，故名为藏。问：何故偏言无明壳藏？答：正明二乘人犹在壳内。又简异为四住壳藏，说有量谛。"是故"下，第三结也。是故者，是无量谛。佛圣所知，故名圣谛。良以此谛，是佛大圣所觉所说，故名圣谛也。[1]

［校注］

① 以，【原】【甲】本作"此"。

② 唯乃，【原】【甲】本作"智唯"。

［释评］

［1］无作谛是佛才觉悟的。佛才觉悟如来藏真义。

（三）叹谛甚深

“圣谛者说甚深义”下，晚讲人从此是《如来藏章》，次此后明《法身章》，今不同也。依古旧犹是《四谛[1]》。上正明佛有圣谛，此下第二举藏及法身叹谛甚深义。所以非别章者，此章名《四谛章》，释四谛义犹未竟，而复明《如来藏》及《法身章》者，则义成杂乱。是故举藏及身叹谛甚深，犹属《圣谛章》也。就叹谛甚深，更开三别：一、举藏甚深叹谛甚深，二、举藏类[2]法身，三、总举身藏权实劝信解二谛。

［校注］

① 四谛，【原】【甲】本作“四谛章”。

② 类，【原】【甲】本作“显”。

1. 举藏及法身叹谛

(1) 释如来藏义

此章既言涉于藏，即得释如来藏义，以二门释之。

来意门者，上已明佛有圣谛，今就谛说藏深。欲举藏深叹谛深义，是故说如来藏也。又一乘由于藏成，故须[1]藏。远而言之，由如来藏故，一切颠倒及不颠倒，其义得成。言由如来藏颠倒成者，众生失佛性，故轮转苦海。如《涅槃》云：“是一味药，随其流处，成六道味。”又如来藏为生死作依持、建立，是故颠倒由藏而成。言不颠倒由藏成者，若无佛性，虽起大行大愿，不得成佛。如龙树云："铁无金性，虽复锻炼，终不成金。"要由来[②]有佛性，然后起大行大愿，然后成佛。如龙树云："如黄白石有金银性，由人功炉冶，故有金银。"故不颠倒法由藏而成。又颠倒由藏而成，故有苦集，不颠倒由藏而成，故有灭道，故四谛义成由如来藏。故就四谛明藏义也。又破二乘执——自谓究竟，故说如来藏。唯如来藏无有余[③]乘。又为破外道，故说如来藏。如《楞伽》云："大慧！我说如来藏者，为诸外道执著于我，摄取彼故，令彼外道离于神我妄想见心执著之处，入三解脱门，得成菩提，故说如来藏。"又为断见众生，谓众生之性同于草木，尽在一期，无复后世，为破此故，是故今明[④]如来藏，必当作佛，不同草木，尽在一期。故《涅槃》云："佛性者，非如墙壁瓦石也。"如《法华》常不轻菩萨，为令增上慢人发菩提心，故说众生悉有佛性。又令众生知自身中，有于佛性，发菩提心，修行成佛，故说佛性。又令众生知他心身中悉有佛性，不行杀等十恶业罪。又于众生不起二乘等见，既唯有佛性则无复二乘，故于众生不起二乘之见。又欲说波若，故说佛性。波若即是中道智慧。中道智慧者，令众生远离有无二见，令知生死之中，无虚妄我故，息其有见；有如来藏，息于无见。如《摄论》云："为破外道邪我，故说波若为我因。以如是等诸因缘故，说如来藏。"此是佛法之大意也。[1]

[校注]

① 须,【原】【甲】本作“须明”。

② 来,【原】【甲】本作“本”。

③“余”后【甲】本有“藏故唯有一乘无有余”。

④ 明,【原】【甲】本作“明有”。

[释评]

[1] 如来藏成立一乘,成立一切世出世间法。如来藏显示一乘、无作深意。

第二,释名门者,言“如来”者,体如而来,故名如来。依《佛性论》,“藏”有三种:一、所摄藏,二、隐覆藏,三、能摄藏。所摄藏者,约自性佛性,说一切众生无有出如如境者,并为如如之所摄,故名藏也。则众生为如来所藏也。隐覆藏者,如来性住在道前,为烦恼隐覆,众生不见,故名为藏。前是如来藏众生,后是众生藏如来也。能摄藏者,谓果地一切过恒沙功德,住应得性时,摄之以尽,故能摄为藏也。第一句以实摄妄,第二句以妄摄实,第三句以实摄实。问:既得以实摄实,亦得以妄摄妄不?答:亦有。以一切烦恼并摄在五住之中,前文云断一切烦恼藏也。又此文中,出生如来,是故亦名如来藏。虽有诸义,今此文中如来在隐不现也,故名如来藏。三藏云:“亦言如来胎。如来藏在烦恼之中,名如来藏。”[1]

［释评］

［1］如来藏的“三藏”义。

如来藏即是佛性。佛性有三：一自性住佛性，二引出佛性，三至得佛性。引出佛性，从初发意至金刚心，此中佛性名为引出。引出者，凡出五住①：一出阐提，二出外道，三出声闻，四出缘觉，五出菩萨无明住地位。诸佛三身，即是至得佛性，以前二为本。此语出《佛性论》。[1]

［校注］

① 住，【原】【甲】本作“位”。

［释评］

［1］如来藏即是佛性。

（2）就谛明藏

就文为二：一、就谛明藏，二、从“如来藏处说圣谛”下，就藏明谛。初有四：第一，言“圣谛者说甚深义”下，第一总标甚深。“微细难知”下，第二，显甚深之相。“何以故”下①，问答、释。“如来藏者如来境界”，第四，寄人显深。“圣谛者，说甚深义”，第一文也。此文从上生。上结云“是名圣谛”，今续此文，即名②明圣谛甚深。明圣谛甚深者，为成上佛有圣谛，二乘无圣谛，故有此文。言“甚深”者，此藏中出如来法身，微妙难知。又如来藏为烦恼所隐，非二乘所知，故言甚深也。又，三义故甚深：一、生死即如来藏，故甚深。如《华严》云："心佛及众生，是三无差别。"《法华论》云："众生界则涅槃界。"不离众生界有如来藏性故。二、众生身即法身，故甚深。如《中论》"如来身绝四句，众生身亦绝四句"。《维摩》云："观身实相，观佛亦然。"是故众生身即法身，故甚深。三、明圣谛即一实谛，故甚深。深中之极，是故言甚。一实谛者，非苦非集非灭道，故名一实谛。又言圣谛者，通举八谛说甚深义。甚深有三：一、则十地不能见，当体为甚深。此即是自性住佛性甚深。二者、佛性即是极灭③，隐而未彰，须万行了出。所了既深，能了亦深，是则道谛甚深，谓引出佛性甚深也。三者、四谛俱深，谓苦集能覆甚深之藏，彰甚深之道，故苦集为深。如因缘之理，皆性下坠，唯佛能见其始，故极深。斯则四谛俱深，原由佛性。故将明八谛，举之致叹。[1]

[校注]

① 此处疑缺"第三"二字。

② 名，【原】【甲】本无。

③ 灭，【原】本作"深"。

[释评]

[1] 解说"甚深"。

“微细”者，第二显甚深相。细中之妙，故言微细也。非闻慧境，故言“微细”。非思慧境，故言“难知”。非世间修慧境界，故言“非思量”。非报趣生识智境界，以是真证智境界，故言“是智者所知”。又解，“微细难知”，此非闻慧境。“非思量”者，非思慧境。“是智者所知”，是修慧境。依《胜天王波若经》，有四种慧，谓闻、思、修、证慧也。证慧者是修慧后分，故从“微细”等，即是三慧，“智者所知”，是其证慧。“一切世间不能信”者，有三慧者不知，无三慧者不信。又亦得为三：初明非二乘所知，是智者所知，明唯佛能知。佛名智者、觉者、见者。“一切世间”，明凡夫不知。应有四句：一、凡夫不知不信不见故，下以生盲者为譬。二、二乘信而不知，菩萨知而未见，佛则知见了了。第三、“何以故”下，解释“甚深”。“何以故”者，问也。四谛唯染净因果，此义浅粗，何故言深？下次释之。以此谛处，说如来藏，是故言深。第四、“如来藏者如来境界”下，寄人显之。是如来境，就胜显深。“非声闻缘觉境”者，就下显深。问：何故唯说非二乘境界耶？答：凡夫全不观谛，非彼境界，故不说凡夫。问：何故不言菩萨？答：地前菩萨能信，地上菩萨能知，是故不说。[1]

［释评］

［1］以“微细”说“甚深”。

(3) 就藏说谛

“如来藏处说圣谛义”下，第二就藏说谛。句别有三：初言藏处说圣谛者，如来藏不染而染，为苦集谛；非净而净，为灭道谛，故就藏处说圣谛矣。“如来藏处甚深故”下，第二，以藏甚深，类显谛亦深，显就藏说谛之意也。将谛摄藏，藏即谛实，故谛深也。藏即谛实者，四谛通虚实，佛性即灭谛，故言藏即谛实。“微细难知”下，第三，显甚深相，还同上非三界境界，是智者所知也。[1]

[释评]

[1] 以如来藏甚深，显示无作圣谛甚深。

2. 举如来藏类法身

“若于无量烦恼藏烦恼所缠”者，若钩锁相生者，即是第二举藏类身。欲将身藏类谛，故有此章来也。既言法身，亦得释法身义，作二门释。

一，来意门。前明如来藏，藏义则隐，法身是显。藏义既隐，此则难明。法身居显，斯则易辨。欲以出缠易显之身，显彼隐时难明之藏。此则为成藏义，故辨法身也。二者就正道论之。言亡虑绝，身未曾隐显，但于颠倒众生不了，是故名隐。约缘了悟，所以言显。上已论缘迷成隐，今次辨了悟名显，是故名法身也。然如来藏之与法身，更无有二，只是隐显之名：隐法身故名如来藏，显如来藏故名法身。斯则隐于显，故名隐；显于隐，故名显也。隐于显故名隐，隐实无所隐。显于隐故名显，显亦无所显。故就正道未曾隐显，随缘迷悟，故称隐显耳。复须了迷悟之义。虽随缘迷名隐，然迷实无所迷。虽随缘悟名显，然悟实无所悟也。故《华严》云："如来深境界，其量齐虚空。一切众生入，真实无所入。"入者悟也。对入辨出，出者迷也。入既无所入，则知悟者无所悟。出既无所出，当知迷者无所迷。故知法实非隐非显，不迷不悟也。若言实有隐有显，有迷有悟，还是有所得义。《涅槃经》云："有所得者，是魔眷属，非佛弟子。"又须识无增减义。若隐名如来藏，则在隐不减，显名法身，则显亦不增。故经云："有佛无佛，性相常住。"又隐名如来藏，如来藏不减，颠倒生死不增。显名法身，法身不增，颠倒生死不减。故《大品》云："虽生死道长，众生性多，菩萨应如是正忆念：生死边如虚空，众生性亦如虚空，是中无生死往来，亦无解脱者。"又《波若》云："无缚无脱，是名菩萨大庄严义。若有缚脱增减，则是二见，名为丑陋，不名庄严。若离缚脱增减，得于正观，名大庄严。"须深得如是意。不尔，还成有所得。有所得易信易解，无所得则难信解，故此经云："一切世间所不能信"，则其事也。[1]

［释评］

［1］"如来藏"与"法身"名异实同。

第二，释名门。所言藏、法身者，经论不同。或明一身、二身、三身、四身，如《法华经论》中说。今此中明法身者，即是实相真如法也。此实相正法隐，名如来藏；此实相法显，故名①身。唯是一实相法，约隐显不同，故有藏之与身。又法者，谓诸功德。法之所依，名身。故《摄论》云："与功德法相应名法身。"即此经下文："成就一切佛法，说名如来法身。"问：若显名法身者，何故《法华论》云："法身者，谓如来藏性净涅槃？"答：经论不同，各有其义。《法华论》明三身次第义，隐时是真如法隐，故云自性清净心。即此法有体，故名为身。显时修因所得，故名为报。有应物之用，故称为化。今此经就隐显分之。隐为烦恼所藏，则身义未现。若出烦恼胎，身相便现，名法身。如世间云，在胎中之时，身相未现，但名处胎。出胎之时，身相方现。是故经论义不相违也。[1]

[校注]

① 身，【原】【甲】本作"法身"。

[释评]

[1]"法身"是从功德来说的。这是本经的重点。

3. 举身藏劝信二谛

"于说如来藏如来法身不可思议"下，第三总举身藏劝信二谛。初言"于说藏"者，举如来藏。"如来法身"

者，举佛法身。此双牒藏身二句也。

“不可思议境界”者，明藏身真实，则非余人所测，故不思议。唯佛所知，名佛境界。“及方便说”者，明藏身权实也。问：何者是藏身权实？答：藏实者，谓真如佛性。藏权者，如说生死以为藏等。又说如来藏明众生有佛性者，此是真实。说有三乘等性者，此是方便。身实者，所谓诸佛法身。身权者，所谓化身。又如来藏及法身，有佛无佛，性相常住，非是说时便有，不说便无，故是身藏实也。及方便者，昔说无常教也。有人言：“明佛善巧，能为众生说如来藏以为作无作二圣谛，名方便说。”此师以所说身藏为真实，巧方便说名方便也。今谓不然，正以身权实，类谛亦有权实。有作为权谛，无作为实谛。“心得决定者”，于彼藏身权之与实信不疑也。信者，是决定义也。“此则信解说二圣谛”者，以前类后。若能信彼藏身权实，当知亦信谛权实也。[1]

[释评]

[1] 从如来藏、法身的权实二义，类比说明有作、无作二谛的权实关系。

（四）广释二谛名义

“如是难知难解”下，第三广释二谛名义。就释二谛为四：一、标二数；“何等”以下，第二、列二名；从“说作圣谛义者”已下，第三、广释二圣谛；从“如是八圣谛”已下，第四明开权显实。

“如是难知”下，标二名。“何等”已下，列二数①。权名“有作”，亦名“有量”，实名“无作”，亦名“无量”也。言“作”、“无作”，从行立名。举小乘谛圣②后，更有大乘观谛，可以修作，名为有作。以有作观智，名所观谛，故名有作谛。举大乘观谛圣后，更无余观可作，名曰无作。以无作观智，名所观谛，名无作谛。又释有边四谛，是二乘所观。其人未是究竟，方有所作。无边四谛，是如来所照。佛是究竟，更无所作，故作无作从人为别。又云：“有为谛名作，以有为法是起作义。无为谛名无作，以无为法无起作故。”故下文云：“有为生死无为生死”。亦云有量、无量者，二乘智力有限量，佛智无限量。边无边亦如是，二乘智有岸极为有边，佛智无岸极为无边。悉是随人为名。

[校注]

① 数，【原】【甲】本作“名”。

② 圣，【原】【甲】作“望”，下同。

今以四义释之：一、粗细门。若说分段因果，及能治灭道，称为有量。若说变易因果，及能治灭道，称曰无量。二、广狭门。若说苦集唯其分段因果，灭道唯是分段对治，故名有量。若说苦集该通分段变易两种因果，灭道该摄分段变易二种对治，故名无量。三、浅深门。小乘所愿，唯知染净因果法相，此毗昙宗①也。又说极深，唯知四谛，因缘假有，无性之空，此成论宗②也。故名有量也。大乘所观，明空则本性寂灭，辨有则穷如来藏，故名无量。四、总别门。小乘法中，虽观四谛，总相粗知，名为有量。大乘法中，随别细知，名为无量。知一苦中，具知法界微尘数苦，集等亦然，故《涅槃经》云："所说苦等，中智所知，分别苦等，有无量种，非诸声闻缘觉所知，我于彼经竟不说之。"今且约行明作无作也。[1]

[校注]

① 毗昙宗，小乘二十部中的萨婆多部。此部以《发智》《六足》等诸阿毗昙论最具足，故名。立"我无法有"之义。

② 成论宗，即成实宗，印度小乘佛教最后所立的宗，是小乘的空宗，酷似大乘。以诃梨跋摩所造《成实论》为所依。传入中国后居于十三宗之一，立南北两派。吉藏以前诸师，有认为是大乘的。日本没有成实宗，将它附属于三论宗。

[释评]

[1] 引众多经论、宗派的教义中所说的有作、无作二谛（之名）。

1. 说作圣谛义

"说作圣谛义"者，三，广释。释"二"即二：前释有作，次释无作。

作中四：第一牒，二、略释，三、“何以故”下广释，四、“是故”下，结也。“作圣谛”者，牒也。“是说有量”，转名显示，第二、略释也。“何以故”者，第三、广释。何以故有作名有量？下对释之：明二乘人因他知故，不知一切，故名有量。文言“非因他能知一切苦”者，二乘是因他得悟之人，今明非是因他之人得知一切苦，故名有量。有人言：“若观解中，未知万法唯心，谓心外有法，心依境起，名曰因他。若因他知者，非是一切，是有量也。”今谓“非”无唯识之义，此法师安不得所。今如上释也。“是故世尊”下，第四结也。是二乘人，因他不知一切苦，故但知有为生死，不知别更有其无为生死因；他不能知一切灭，故但知有余涅槃，不知别更有其无余涅槃也。[1]

[释评]

[1] 有量四谛因他力而见。

“有为生死无为生死”者，此二生死立名，凡有四种：一者，分段、变易，如上所释。二者，思议不思议。分段粗近，易可测度，名可思议。变易微细，难可测度，名不思议。三，有量无量。分段局在三有，名为有量。变易出于三有，乃至金刚，名曰无量。四，有为无为。分段名曰有为，变易名曰无为。分段之因名为有漏，变易因名无漏。分段果名有为，变易果名无为。对界内有漏，语界外为无漏，然实是有漏。对界内有为，名界外无为，然实是有为。又出三界分段桎梏笼烦，名为无为。而有念念生灭，称为生死。如《法华》诸子出于火宅，到于空地。空地即是无为也。此以重苦为有为，轻苦为无为。如以重苦为苦，轻苦为乐。灭有为生死名有余，以其犹有无为生死故，灭无为生死名曰无余，以其无复余生死故。有人言：有为生死者，盖是从人以判名。凡夫学人，于三有中造有漏业起分段生，故曰有为。有为众生所受生死，名有为生死。无学人不造结业起分段生，名曰无为。无为圣人所受生死，名无为生死也。[1]

［释评］

［1］从“二谛”来分辨“二生死”。

有人言：“有为生死者，为之言作，犹是有作智所观生死。无为生死者，犹是无作智所观生死也。涅槃亦有有余无余。有余涅槃，是有量灭谛，有余①不尽。无余涅槃者，是无量灭谛，无复余果②也。”有人言：“二乘方有所为，能知分段，故谓分段，名有为生死。如来无复所为，能照变易，故曰变易，名无为生死。”此并从人得名。有人言：“有漏业报得分段名有为，无漏因无明缘起变易名无为。”此从因受名。有漏因感名有为，无漏因感名无为。依《宝性论》云：“三种意生身，因无漏善根所作，名为世间。以离业烦恼所作，故亦名涅槃。”有人释此论云：“约有为义，名有为生死。约无为义，名无为生死。约世间名有为，名有余涅槃；约无为涅槃，名无余涅槃。”今此论文者，三种意生身人，无复分段名为涅槃，犹有变易名为世间，故此人亦是涅槃人，亦是世间人。故有四句：一、但生死非涅槃，谓凡夫及学；二、但涅槃非生死，所谓佛也；三、亦生死亦涅槃，谓二乘人也；四、俱非者，泯上三句。故《华严》云：“生死及涅槃，二俱不可得。”此得无为涅槃人，所感生死，名无为生死。未得无为涅槃人，所感生死，名有为生死也。得无为人所得涅槃，名无余涅槃。未得无为所得涅槃，名有余涅槃。望后犹有大涅槃在，故名有余。此是将后别前，故名有余，无余可知。有人言：“从人别余无余。有余果人所证，故曰有余。无余果人所证，故曰无余。”

［校注］

① 余，【原】【甲】本作“余累”。

② 果，【甲】本作“累”。下同。

泛经论中，明余无余涅槃，略为五对：一、唯就小乘说。因亡名有余，果尽名无余。二、唯就大乘说。因尽名有余，果尽名无余。如变易因尽为有余，变易果尽为无余。所以然者，金刚心断变易因尽，而变易果犹存。有余累故，曰有余。佛果为解脱道起，则无复因累。变易生死果亦亡，则无复果累故，故名无余也。问：若尔，小乘金刚心断分段因尽，分段果犹存。罗汉果作解脱道起，分段因既尽，分段果亦应无？答：不类。佛解脱道起，此是常智起。常智起，即是常身起。常身起，故无常身即谢。小乘解脱道起，此是无漏智，非是变易报，不得言智起，变易报亦起，分段报即谢。所以然者，无漏智是变易因故，文云“无漏业因”。无明为缘，感变易报，所以无漏起时，非变易报起，是故分段报不即无。问：要待佛果常身起，无常报方无者，亦应要待变易报起，分段报方无？答：非类。断分段因尽，而灰身灭智。分段报任运无，变易报方起。如人报谢，故天报起。不由天报起，故人报谢。佛果法身，与此非类，要由解脱起，解脱道是法身故，法身起，变易报方无。所以非类也。问：金刚心断变易因尽即名有余涅槃者，亦应金刚心断变易因尽即是尽智？答：此是一类义。要由佛果起，方名尽智。要由佛果起，方名有余涅槃。但约佛果望因尽义边为有余，望果尽义边名无余耳。非金刚心断惑尽，即名有余涅槃。问：若尔，金刚心断惑不尽？答：虽尽，要待解脱道起，证惑无处，始相离，故金刚心未得尽智①名。问：若佛果起，变易因果即无，若今②岂非生死断为断见，佛果起为常见？如下文“见诸行无常为断见，见涅槃常为常见”？答：有所得人，非③此解者，则堕断常。今明悟变易因果，本来无生，故名为断。非前有法断，即今无也。三、菩萨所得因果无处为有余，佛所得因果无处为无余。四、如《摄大乘论》及《金光明》“应化身为有余，法身为无余”，故金光明云：“是二身者，是假名有，念念灭故，名曰无常。”此取其非究竟义为有余，法身究竟故名无余。五、大小相对。小乘中因果尽名有余，大乘因果尽名无余。《佛性论》云：“二乘有三种余：一烦恼余，谓无明住地；二业余，谓无漏业；三果报余，即意生身阴。”问：前具明四谛，今何故但云生死涅槃？答：略论苦灭二果，集道二因。集道易知，又举二死结苦集，举涅槃结灭道。虽对举二种，意明二乘止度一死、止证一涅槃也。[1]

［校注］

①“智”后【原】【甲】本有“未得涅槃”四字。

② 今，【原】【甲】本作“尔”。

③ 非，【甲】本作“作”。

［释评］

［1］各乘所说的两种涅槃辨异：一乘涅槃无作、超因果。

2. 说无作圣谛义

“说无作圣谛义”者，第二释无作谛也。就文有三：一、牒，二、略释，三、广释。“说无量”者，转名显示，第二、略释。“何以故”者，第三、广释。何故无作名为无量？次下释中，以“一切”释无量也。“如来自力故知”者，谓如来不从他悟，自力知故，能知一切也。问：何故云一切受苦？答：馥公云：“凡有识知痛痒皆名为受。”又释，变易之苦，无别外具，宜是受性。三谛随之，皆云受也。一切苦报，由因纳得，名为受苦。受苦家集，名为受集。受苦家灭，名为受灭。受灭家灭道，名受灭道。今云受者，依《毗昙》，无漏五阴直名五阴，有漏五阴名受阴，故名为受也。问：有漏五阴何故名受？答：有二义：一、为过去业烦恼受得，故名为受，二、复能成受未来果报，故名为受也。经论中明四谛智，皆是知四谛，故名四谛智。而苦上言知，乃至道上立言修者，但苦智当相以彰，故名知苦。余三就知意以说。知集之意欲断，乃至知道之意欲修，故经论中差别说四谛智也。若就智功能，随提一谛智，则具四能。知苦智，知苦时，断迷苦烦恼名断集，未来苦果不起名舍，因果无处属已名证灭，苦智增名修道。乃至知道智亦具四能，唯有知苦知道之异也。如此四谛智各具四能者，所谓“我生已尽，梵行已立”等四智是也。[1]

[释评]

[1] 无作四谛。

（五）开权显实

“如是八圣谛”下，第四开权显实。就文为二：一者权实双举，第二偏释于实。权实各四，故云八谛。“如来说四谛”者，第二偏明于实。就文又二：一者略说，二者广论。前八之中，无作四谛，是佛所知，故言“如来说四谛”也。馥师云：“虽有作无作者，其名目唯苦集灭道之四。此意离故成八，合成四也。”“如是四无作圣谛义”者，此下第二广辨。无作四谛是如来谛，即是显如来唯说无量谛之所以。前开二门，次广释之。如是四谛如来究竟，第一章门。“非罗汉”下，第二章门，成上如来说四谛所以。所言“事”者，谛有三种：一者解究竟。所谓一切染净法相、自身染净因果、究竟解知一切四谛法相。二行究竟。于已谛事，苦集断尽，灭道修满。三说究竟。既如实悟，还如实说。佛具此三也，故云“事究竟”。二乘事不究竟亦有三义：一、解不究竟，于四谛法知之不穷。二、行不究竟，于已苦集断之不尽，于已灭道证之未圆。三、说不究竟，既不如实悟，亦不如实说。是故二乘事不究竟也。“何以故”下第二释也。前释二乘非究竟，次释佛究竟。“何以故”者，问也。何故二乘谛不究竟耶？“非下中上得涅槃”者，此答释也。有人言：“此文是倒。若正，应言‘下中上法非得涅槃’。二乘随别渐观四谛，名下中上。以渐观故，不能究竟除苦断集证灭修道，故名非得涅槃。所谓不得大般涅槃。以不得故，名四谛事不究竟也。如来顿得涅槃、究竟尽原，始与无作名也。”有人言：“非二乘利钝中根人得究竟涅槃。”有人言：“下中上者，七学为下，罗汉为中，辟支为上。此三随所灭处，皆是涅槃。”有人言：“下者声闻，中者缘觉，上者佛也。如《涅槃》云：‘声闻之人，以小涅槃而般涅槃。缘觉之人，以中涅槃而般涅槃。诸佛如来，以上涅槃而般涅槃也。’明涅槃体性平等，无三差别。良以大乘者，得涅槃究竟。中下二乘，未得此理，故言事不究竟也。”今明此文非倒。所言“非”者，非是下中上三法差别得大涅槃也。

“何以故”下，此释如来究竟涅槃。前问，次答。问意：何故如来于无作谛事究竟？“以一切如来”下，第二对问解释，明四谛究竟，即四成[1]别。“知一切苦”者，于苦究竟。“断一切烦恼”下，于集究竟。“灭意生身阴”下，于灭究竟，坏一切烦恼藏。“修一切苦灭道者”下，于道究竟。所以须示文处者，以此中文相交加，故宜应记之也。“知一切未来苦”者，佛断现在习尽，则未来报不起，故言知未来苦也。又苦果对于集因，则因在现，果在未来。有人言：“苦轮通于三世，过去已谢，现事易知，未来无极，二乘方所应经[2]，故别言之。”馥师云：“意生身苦，于二乘是未来。能知是苦，则无苦不知。”“断一切烦恼上烦恼所摄受一切集”，五住根本性成者，是一切烦恼。五住所起，是上烦恼。此二烦恼，通摄分段变易因尽，故言摄一切集。有人言：“所摄受一切集，是所润之业能招变易者也。断一切烦恼者，无明住地也。上者，恒沙及四住也。所摄受一切集者，明一切烦恼皆悉摄尽，总名集谛。”[1]

［校注］

① 四成，【原】【甲】本作“成四”。

② 经，【原】【甲】本作“离”。

［释评］

［1］如来的“无作”境界。

“灭一切意生身、除一切苦灭作证”者，上来略别释佛知苦究竟、断集究竟，今第三广释知灭究竟。就文有三：一、略明知灭究竟。二、“非坏法故”下，广明知灭究竟。“一切苦灭，唯佛得证”下，结佛知灭究竟。所以须示文处者，亦以文相交加故也。初地已上，变易之身，是意生身阴。然佛实具灭分段变易因果，但对二乘，故偏说灭变易耳。“一切苦灭”者，上但言灭意生身，恐畏疑灭苦不尽，故云一切苦灭作证。“世尊！非坏法故名为苦灭”者，第二广明知灭苦究竟。就文为二：一、简非，二、明是。“非坏法”下，简非也。二乘得灭，名坏法灭也。昔教以身灰智断，是坏法之灭。今则妙有常住，无累湛然，非同此灭。问：小乘灭分段苦集，既是坏法灭，大乘灭变易苦集，何故非坏法灭？

答：了变易因果，本自不生，则今无所灭，说此为灭耳。《大品》云："若法前有后无，诸佛菩萨则有过罪。"即其证也。《佛性论》云："破三界谛得有余，破四种生死、思惟烦恼，得无余，此皆是坏法灭。"与《大品》意同。"所言苦灭"者，第二明是。"无始"者，理灭本有也。非生因造，故云无作。若为生因造作，则是本无今有，故名为起。既非本无今有，故无起。若本无今有，则已有还无，故名灭尽。既非本无今有，则非已有还无，是故无尽。有尽故则是无常。今既离尽，是故常住。"自性清净"者，未现之时，名为性净。显现之时，为方便净，故云自性清净。"离一切烦恼藏"者，本隐之时，有惑不能染。显现之时，无惑之可染，故云离烦恼藏也。有人言："无始无作者，显理灭不同于道，始生终作也。无起无尽者，显理灭不同于苦，始起终尽。离尽常性①者，显前无起无尽②，故离尽。以无起，故常住。自性清净，故离一切烦恼藏。上对苦明灭，今对集明灭。以自性清净故，非是对治故令烦恼灭也。"此释对三谛明灭，故灭谛异三谛。[1]

［校注］

① 性，【甲】本作"住"。

②"尽"后【原】【甲】本有"以无尽"三字。

［释评］

［1］无作则无灭，是真寂灭。

法身章第七

“世尊！过于恒沙”者，释此一章不同，凡有二说。一、古旧释云：“上来所说虽有藏身，并为成圣谛。此文始是《法身章》，下‘不离烦恼藏’，是《如来藏章》。问：依后立名次第，前《如来藏》，后《法身》。今乃前明《法身》，后《如来藏》，何故尔耶？答：上已论藏身次第竟，今直说身藏体，故不相违。问：今何故不依章名次第，前《藏》后《身》，而前《身》后《藏》？答：谛是果，法身亦是果。欲接果，故[①]灭果。明法身果，却明此果本由于藏，故次明于藏，故前章前藏后身，是一种次第。今前身后藏，复是一种次第。”第二、江南旻师等，从此文即明《空义隐覆》成上《如来藏》及《法身章》者，上举身藏，为明圣谛甚深，故在《圣谛章》内。今明在昔，所以未说。由于众生常我病重，出世之始，须说苦空，破物常我，未得早明甚深之理，是为空义隐覆于理，又是空教隐覆真智，故名空义隐覆真实，略同《涅槃》涂乳之譬。彼释文云：“‘过于恒沙’者，谓五住烦恼数过恒沙。法身理隐在众惑之内，故云‘不离不脱’。与惑识混然未得相异，故云‘不异’。二乘不能思议，故名‘不思议’。以是大觉真性，故云‘佛法’。了因具足，烦恼断除，真性显现，是法身‘成就’。”[1]

[**校注**]

① 故，【原】本作“故次”，【甲】本作“次”。

[**释评**]

[1] 前人对“法身”的理解。

今亦不同此说，凡有三意：一者，此中未有空义隐覆之文，二者，此文亦无无常隐覆之说，三者，此文乃明法身不离不脱①，不应就佛性释之。今所明者，如上说。上来明谛体相竟，今第二明法身体。二者，若长观文意，此二犹属释灭谛文。但释灭谛体有三：初正明灭谛体，今次约灭谛明法身，次约法身明如来藏。所以然者，欲明灭谛、法身、如来藏体一义异。约苦灭义，称为灭谛。即此苦出缠之义，名为法身。即此法身为烦恼所藏，名如来藏。故就灭谛体中，明此三法。又于灭谛明三法者，二乘之人苦灭之时，同于虚空，无有法身，亦无如来藏。为对此义，故就苦灭明于身、藏。又亦是对二乘明于四法：一者，二乘坏法明灭，今明不坏。二者，二乘但灭分段，不灭变易，今则一切俱灭。三，对二乘灭谛无有法身，今明法身。四，对二乘灭谛无如来藏，今则明有。以是义故，就灭谛中明此四法也。问：何故此章明小灭无四，大灭有四？答：灭谛是大乘究竟极地，是故须明大小差别。下辨其相。是诸佛同体义分，非今②别体，故言“不离”。又对生死五阴成身，其体各别③，故云“不离”。体真常住，不可因缘易脱使失，故云“不脱”。对众生五阴成身前后易脱，始终不变，名为“不异”。对众生身十时之异，故云“不异”。妙出情外，名“不思议”也。“佛法成就说如来法身”者，上来解法身体，此正解法身名。以一切佛法成就，故名为法身。[1]

［校注］

①“脱”后，【原】【甲】本有“不异”二字。

② 今，【原】【甲】本作“全”。

③ 各别，【原】本作“义分非全别体”。

［释评］

［1］从大小乘关于灭谛解说的差异来说明法身。

如来藏章第八

“世尊！如是法身不离烦恼藏名如来藏”者，此第八《如来藏章》。约法身显藏，显时法身，本为烦恼所隐，名如来藏也。[1]

［释评］

［1］如来藏的名、义。

空义隐覆真实章第九

一、释　章　门

“世尊！如来藏智”下，此是第九，次明《空义隐覆真实章》。略以二门释之。

一，来意门。所以次明空义隐覆真实者，前明如来法身不离如来藏，但如来藏有其能藏、所藏。所藏即是真实，能藏即是虚妄烦恼。今欲论能藏之法，成所藏义，故有此章来。

次释章名者，妄法非有，名之为“空”。有空所以，故目之为“义”。空覆佛性，名隐真实。又虚妄之法，情有理无。以理无故，名为空义。以情有故，障覆实性，故名为“空义隐覆真实”。

问：云何名为情有理无？为[①]五住常四绝，故名空义。四绝常五住，故称为隐覆。就人作[②]之，六道常四绝，故名为空义。四绝常六道，故称为隐覆。三乘亦然。三乘常四绝，故名为空义。四绝常三乘，故名为隐覆。问：六道可尔，云何三乘亦然？答：下云“二乘及大力菩萨”。大力菩萨，即是大乘。“本所不见，本所不得”，故知虽复四绝，于缘成三，名为隐覆。然无覆而覆，覆无所覆，是故三乘本来四绝，名为空义。此乃是佛法之大宗、得失之根本，可留心于其间哉！欲见此旨，当寻龙树《正③观论》也。问：此是何等妄法覆真实耶④？答：众生闻真实是所覆，烦恼为能覆，则谓能覆、所覆，并是真实。是故今明能覆者，此是虚妄，非实有法。如空中华，以覆虚空，非实有法。是故说能覆之法，名之为空。又言空义隐覆者，约二乘人有四转⑤倒，谓苦、无常、空、无我，四种转倒，俱覆真实。于四法中，略举其空⑥义隐覆。又此四转倒法，并是虚妄，故名为空。问：但有众生覆义，亦有佛覆义耶？答：就教而言，亦有佛覆。若⑦说无常，以覆佛常，故言是覆。昔说有量，覆佛无量，亦名为覆。然通有诸义，若就别，正以妄法覆真也。林公言：“应言空义真实隐覆，以二乘执空为真实，故隐覆如来藏。”[1]

［校注］

① 为，【原】【甲】本作“答”。

② 作，【原】本作“论”。

③ 正，疑为“中”。

④“耶”后【原】【甲】本有：“答：一切烦恼并是虚妄，故覆真实。问：何故用一切烦恼是其虚妄覆真实耶？”。

⑤ 转,【原】【甲】本作“颠”。下同。

⑥“空”后【甲】本有“故言空”三字。

⑦ 若,【甲】本作“昔”。

[释评]

[1] 何谓“空义隐覆真实”。

二、佛有智不为空覆

就此章中,人二,文别有四。言人二者,一、明佛有智不为空覆,二、明余人无智,为空所覆。问:是中为明隐覆,但应明余人被覆,何须明佛耶?答:有二义:一、对智辨愚,举不覆以显覆义。二、欲使人舍愚求智,举于不覆也。言文四者:一、略明如来有能知二藏之智。二、“从一切阿罗汉”下,略明二乘及大力菩萨无二智。三、“有二种”下,广释如来有二智。四、从“此二空智”下,广释二乘大力菩萨无二智。[1]

[释评]

[1] 有没有两种“空智”,是是否被覆的关键。

初文中,“如来藏智是如来空智”者,如来智藏,名为藏空。知藏之智,绝离取相,故名空智,故言“如来藏智①如来空智”也。问：此文因何生耶？答：上云“不离烦恼藏名如来藏”，如来藏即是所知。今对所知，故明能知。知所藏义，名不空智。知能藏义，名为空智，故有此文来也。江南二释。一云：“此文举智显境。‘如来藏智是如来空智’，隐名如来藏，显名如来空智。谓众累脱尽，隐显不同，理常无二，随义生知，而同一常解，故云藏智是如来空智。”又释：“法身具万德，从此生解，是如来藏智。隐时未有万德，照此生解，为如来空智。”今不同此解。[1]

［校注］

①“智”后【甲】本有“是”字。

［释评］

［1］如来藏空智。

第二段中，“罗汉辟支大力菩萨”，举无二智人。“不见”、“不得”者，正明无二智。见者是解，得者是证。此智昔来于藏于空，未解未证，名“不见”、“不得”。又前明唯上能知，此显非下所测也。然小乘法中，凡夫学人，亦未见得，但据胜偏举罗汉辟支，胜尚不见，况劣见耶！大乘法中，外凡善趣，亦未见得，据胜偏举大乘大力菩萨也。二事覆故不见：一为烦恼覆。如《涅槃》云：“十住菩萨为无我轮之所惑乱。”又言：“十住菩萨，见法有性，故不见佛性。”此证菩萨无有空智。菩萨尚尔，况复二乘！地上分见犹名不见，地前故不足论。[1]

[释评]

[1] 如来藏空智只有佛证得，三乘未见。

“世尊！有二种”者，此第三段。就文有二：一者双标，二者双释。双标，“有二种”。二种者，举其数也。“如来藏空智”，列其二名。照于二藏，故名二种如来藏智也。复有人言：“空智者，能照之智离相，故名空智。如甚深妙智，以自空无诸相名为空，非是照空故名空智。”此标能知之智也。有人言：“如来藏，此是藏智。空智者，此是空智。则知真名藏智，知妄名空智。”此则藏智与空智分为二也。今如前释，知二种藏名智，智体无相，故名空智。问：今明藏智、空智，欲明何义？答：欲明佛知如来藏义。所以名如来藏者，有能藏、所藏，故名如来藏。佛了了知能藏之法，从本已来，无生、毕竟空。如《大品》云：“菩萨知众生所著处，无毛发许所有。”佛照能藏之法毕竟空故，名空如来藏智。佛知所藏中道佛性，具一切德，故名不空。此如《涅槃》云：“智者见空及以不空。空者二十五有，不空大般涅槃。”以明佛照能藏所藏，故有空不空二智。问：二乘之人，可无不空智，二乘知空，应有空智？答：二乘人亦不知一切烦恼，从本已来，毕竟空，是故亦无空智。又空如来藏[①]，即是明如来藏是中道义。空藏明烦恼毕竟空，故不可为有。不空藏具一切功德，故不可为无。非有非无，即是中道。故《涅槃经》云："佛性者，是三菩提中道种子。"中道种子者，此举隐时为言，故名种子。中道显现，即是佛也。故《涅槃经》云："中道之法，名之为佛。"得空不空二智，即是得于中道，故《涅槃经》云："得中道故，名大法师。"问：妄法云何名藏？答：以能藏故。问：云何名空？答：以妄法无所有故。问：真实之法，云何名藏？答：以前[②]所藏故。问：知藏智、空智，云何俱名空？答：以二智体无相及无性故。问：何故明二智体绝一切相？答：众生闻佛知空不空二智，则谓智体是有，故今明智体绝于四句。如云："波若波罗蜜，法不转倒[③]，念想观已除，言语法亦灭。"又如马鸣说："是真如法，从本已来，离一切相，谓非有相，非无相，非非有相，非非无相，非有无俱相，非一相，非异相，非非一相，非非异相，非非一异俱相。如是一切妄心分别，皆不与真如相应，故说无相。"问：云何名无性？答：如来藏中，恒沙佛法，同一体义分。如就诸德，说名为常。离诸德外，无别有一常性可得。我乐净等，类亦同然。又就常等，说为解脱。离常等外，无别有一解脱自性。法身、波若，类亦同然。如是一切。是故诸德，皆无自性，无此性相，故说为空。问：世法缘集无性，则是无常。真法缘集，以何义故，非是无常？答：世法别体缘集，以别体故，可离可脱，可断可异，故是无常。如来藏中，虽具诸法，同体义分。以同体故，不离不脱，不断不异，故非无常。如世虚空、无为、无碍、无有、不动，同体义分，不可易脱，故非无常。问：上来所引马鸣说，乃是明如来藏离于性相耳，何关证佛智离于性相？答：如来藏显成于佛智。如来藏既离性相，当知佛智亦离性相。[1]

[校注]

①“藏”后【甲】本有“不空如来藏”五字。

② 前，【原】【甲】本无。

③《大智度论》：“般若波罗蜜，实法不颠倒……”

[释评]

[1] 中道佛性，即二空智。

“世尊！空如来藏”者，上双标，此下双释。标谓能照智，双释中，明智所照境。释二即二：前明空藏，次辨不空藏。空如来藏即是妄，不空如来藏即是真也。“世尊！空如来藏”者，将欲释故前牒也。释有二种：一、妄法中空无真实如来①藏。此是互无空也。二、妄法虚诳，故名为空。此当体明空，以此空义，能藏如来，故名空如来藏。“若离若脱”，此辨释其相。妄法别起，其体不一，是故言“离”。可以对治，因缘易脱，故名为“脱”。始终变改，目之为“异”。“一切烦恼”者，指示其体。烦恼业苦，皆是空藏。就本以说，偏言烦恼。“世尊！不空如来藏”者，牒也。恒沙佛法，体有不空，故名不空。“过恒河沙”，列其数也。“不离脱”等，辨其相也。言“佛法”者，指示其体。此佛本法，非果法矣。江南师释云：“二种如来藏空智者，一是照隐，二者照显也。下两句，还释隐显。从‘世尊！空如来藏若离若脱’，此释空如来藏，谓脱离众惑烦恼藏。无累故云空，蕴万德故云藏。此则法身也。此大意明法身显时，空无诸果，故言空如来藏。‘世尊！不空如来藏’者，此明隐时之藏。隐时未脱离，异于烦恼，为不空如来藏。以其深隐，故云‘不思议佛法’。以未脱众累，故云‘不空’，隐而未彰，名之为‘藏’。大意明随时佛性为烦恼所覆，故云不空。”今谓此释二事不可。一者，正明如来藏空②，云何乃明法身及如来藏空不空耶？二者，文云“一切烦恼”，此乃明烦恼为如来藏，不应取于法身。次明不空如来藏，此明佛性具于万德，不应言具于众累。[1]

［校注］

①“来”后【原】【甲】本有“性名空如来”五字。

② 空，【原】【甲】本作“空不空”。

［释评］

［1］二空智的正确解释：烦恼无体性，佛性具万德。

三、余人无智为覆

“世尊！此二空智”者，上来第三广明如来有二智，此下第四，广明余人无二智。文有三句：一、举如来二智，二、明有能信之人，三、正明被覆之者。“世尊！此二空智”者，总牒二智也。知空不空二种藏义，名二种空智。“诸大声闻能信如来”，寄人显深。佛智深故，唯大声闻能信如来。如来有此二智，能知二藏。有人言：“诸大声闻，犹是前大力菩萨。受教得智，故名声闻。前据不见不得处同，故三人通举。今就不起转倒，能信有异，故别举也。”有人言：“地前菩萨，阿含行成，名大声闻。依教信佛，能知二藏，名信如来。”今谓不同此二释。上来明大力菩萨，乃是初地，不应称为声闻，故不同第一。经自言是声闻，不应言地前菩萨。今明如身子等，大利根声闻，闻佛说教，则信佛也。“一切阿罗汉”下，第三明被覆之者。就文为二：一、辨不得所以，二、“是故罗汉”下，结不得也。罗汉辟支，举能覆人。言空智，是能覆心。所解不解不信[①]，故名空智。又二乘智，随分离相，故名空智。又执著于空，“于四不转倒境界转”者，正明覆真也。如来藏性，常乐我净，说为四种不转倒境，二乘妄谓无常苦无我不净，目之为转。又于常等四境，转为无常等四，故名为转。又，“转”之言

"起"，于常起无常倒也。"是故"下，结也。是二乘人，于四不转倒转，故于如来藏不见不得。凡夫、二乘、地前菩萨，智不见得。今偏说二乘者，二乘尚不见，何况凡夫？又二乘于如来藏起四转倒，过障深重，是故偏说。地前菩萨，信佛语故，起常乐相，无四转倒。问：空如来藏、不空如来藏，二乘于何藏起倒？答：正于不空如来藏起四倒也。不空藏具常乐我净四德，而彼谓苦无常空无我也。故《涅槃经》云："二乘人但见于空，不见不空。"又于不空藏而见空，故是转倒。苦无常实非有，而见为有，又是倒也。"一切苦"下，明知苦灭有三：一、略释，二、广释，三、总结。今是第三也。但上来就广中，即明空义隐覆。既明空义隐覆竟，即是释于灭谛，是故今总结也。问：何故就灭谛体中，明空义隐覆真实？答：通别二义。言通义者，真实即是灭谛。此真为空义隐覆，故就灭谛明空义隐覆。言别义者，上灭谛体中明二法：一、法身，二、如来藏体。如来藏体，即是真实。此真实为空隐覆，故接于藏体明空义隐覆。"坏一切烦恼藏"者，上来明佛三谛究竟，今第四释佛知道谛究竟，悟烦恼本来不起，故名为坏。非前有今无，故称为坏也。[1]

［校注］

① 解不信，【原】【甲】本作"真"。

［释评］

［1］二乘不得空智，不知无作真谛。

一谛章第十

一、释　章　门

“世尊！此四圣谛”下，此是第十，《一谛章》。上来前四章，通明量无量、究竟非究竟。此下四章，就无量谛中更明取舍，谓三谛不究竟，一灭谛究竟。上四章为二：初明无量谛，次三章辨如来藏、法身、空义隐覆。今四章亦开为二：初章正论谛究竟非究竟；次两章，谓如来藏依持及清净隐覆。初二章论谛即二：第一，对三谛非究竟，明灭谛是究竟。第二，对昔依非究竟，今一灭谛依是究竟。问：何故《一谛》对今，《一依》对昔？答：前《圣谛》章，以对昔有量，明今无量，故《一谛》不复对昔。上来对今三谛非究竟，是故须对今三非究竟，明一灭究竟。上来未对昔依明今一依，是故对昔依非究竟，辨今依究竟。《一谛章》以对今三非究竟，明今一灭究竟，是故一依不更对今三依非究竟，一依是究竟。[1]

[释评]

[1] 四章经的次第：就无量谛中更明取舍。

就此一章，以二门释之：一，来意门。从《圣谛》至《空义隐覆》上，已论昔谛非究竟，今无量究竟。今就无量谛中，自简三非究竟，一是究竟，故有《一谛章》来。又欲明佛教大宗舒卷之义。佛法广说则八万四千，摄八万四千在于八谛，次摄八谛唯成一四谛。虽有四谛，终归一谛。唯此一谛，是其真实。对多是故言一。若归一谛，则无复多。无多亦不可言一，故《法华》云："是法不可示，言辞相寂灭。"《大品》云："是四谛平等，佛不能行，佛不能到。"盖是佛法之大宗也。

第二，释名门。言一谛者，四谛之中其唯简取一苦灭谛，故名为一。此一非虚妄及异，故名为谛也。[1]

[释评]

[1] 无量四谛中，三谛不究竟，灭谛究竟。

二、对虚明实

就文二：一、对虚明实，二、"不思议"下，对情显深。

初中，前略，后广释之。“此四谛，三是无常，一是常”者，是其略也。“此四”者，牒上无作四也。上从“一切如来”乃至“坏一切烦恼藏修一切苦灭道”，此是广释无作四圣谛竟，故今牒之，所以云此四圣谛也。“三是无常”者，谓苦、集、道也。此之三谛，四义故无常：一、相各异故，二、因缘生故，三、本无今有故，四、已有还无故。灭谛翻此四，故名为常。然若通就理论之，则四谛同入真如，故悉名为常。此是差别无差别义。若无差别差别者，宜开四句：一、苦集二谛，但是无常；二、灭谛但是常；三、道谛亦常无常。若是四谛中道常，此是因道，故名无常。若是佛果之道，称之为常。四、泯上三门，归乎一相，言亡虑绝，不可说常无常也。故《中论·观如来品》云“寂灭相中，无常等四”也。即此章下文，若定执涅槃常、生死无常，是堕二见，故知理未曾常无常也。“何以故”下，第二广释。前问起发：何故三谛皆是无常，一谛是常？下解释之也。前解三谛有二：初正解，“是故苦谛”下，总结也。正解凡有六句：初三明是，后三辨非。“三谛”者，牒前也。“入有为”者，苦集及道为三相所为，故曰有为。又有为是总，三谛是别，收别入总，故言入有为相。本无今有，已有还无，故是“无常”。实无有法，倒有情所起，故名“虚妄”。言

“非谛”者，非是真谛。言“非常”者，非是真常。言“非依”者，非是真依。有为刹那不住，不能作染净依持，故言非依。总结易知。[1]

[释评]

[1] 三谛不可为依。

下释一谛亦二：初释，后结。还翻上六：三句明非，三句明是。“离有为相”者，异上初句，不从缘集，故离有为。言“是常”者，此句正应名“非无常”，异前第二。“非虚妄”者，异上第三。言“是谛”者，对前非虚妄是真谛。《涅槃》云：“若法不真，不名实谛。”此是就体为言，若智会前理，智亦名谛。是则二乘有苦谛，而无真实。今以境实为谛，如云诸佛菩萨有谛有真实。言“是常”者，对前第二明理是常。言“是依”者，对上非依。以是常住、是可依。“是故”下结。结中少前二句，谓非常非依。

有人言：从“一苦灭谛”，是第十一章，《常住安隐一依》。前明有虚妄法非是依，今明真依者，乃是金刚心外众苦尽处。离有为相，常住不变，此真依也。今明此中虽辨于依，为成灭谛，故不同此释。[1]

[释评]

[1] 灭谛与前三谛恰好相反，可以作依。

三、对妄情显深

（一）理出情外

上来第一对虚明实，“不思议”下，第二对妄情显深。于下初言“不思议”者，总叹显深。绝凡圣境界，故名不思议。下别显之。别中有二：一、理出情外，二、“凡夫识者二见颠倒”下，有人言此文是《颠倒真实章》。既言二见颠倒及二乘，如七日婴儿，以二乘执苦无常，不见常乐灭理，亦是颠倒。一灭谛理，出此凡圣境界，称为真实。此释于今文及义并好。但后列十五章名，《颠倒真实》是《一依》之后，今乃明在《一依》之前，有此一好，未敢用也。[1]

［释评］

［1］不可思议，即是出于凡圣情外。

（二）情不及理

今谓上明理出情外，此辨情不及理。初中有三：谓法、譬、合。三章各二：初二者，灭谛“过一切众生心识所缘”者，出过凡也。“亦非二乘智慧境”者，过二乘。以出过凡圣境界，则释上“不思议”也。有人言：“从‘是灭谛过一切众生心识所缘’，是《颠倒真实章》。”今且依前说也，但须知之。譬中二者，“如盲”喻不见众色，譬过众生心所缘也。色譬灭谛，盲喻凡夫也。“七日婴儿不见日轮”，第二譬过二乘境界。日喻灭谛，七日婴儿喻二乘也。七日婴儿，但见余色，不见日轮，二乘能观苦空，日轮既盛，翻有损眼之义。以譬常住，二乘所未宜知。凡夫全不见，如生盲；二乘分见，如婴儿婴儿有眼，而眼弱，日轮强，故不明了。又婴儿但见光，全不见轮，喻二乘但得事灭，不体法身本性寂灭。下合亦二：“苦灭谛者”，合前众色及日轮也。“非凡心缘”，合生盲不见。“亦非二乘”下，合婴儿不见日轮也。[1]

［释评］

［1］以比喻辨明二乘对无作灭谛不能思议。

1. 凡夫过失

“凡夫识者”，上来第一理出情外，自下第二情不及理，又法、譬、合，明凡夫、二乘不见本性寂灭谛。此下释不见所以。凡夫二乘并有过失，是故不见灭谛。就文为二：一、双标二门，二、双释二门。初中有二：一、标凡夫过失章门。“一切罗汉”下，标二乘章门。凡夫章门有二：初《二见章门》，次《颠倒章门》。二乘智是“清净”者，对凡夫二见颠倒，故目二乘为清净。“边见”者，此下广释。章二，门即二：初释凡夫过失章门，次释二乘章门。初门中，前释“二见”，后释“颠倒”。[1]

［释评］

［1］凡夫陷于二见、颠倒中。

（1）释“二见”

前中初言“边见”者有三：谓标、释、结。断常二见，乖于中道，故目为边。若以无见为断见，有见为常见，此则通于五见。今唯边见，为断常正是五见中之一也。释有二：一、依我起边，二、“见诸行”下，依法起边。依我起中，“凡夫者”，出起见人也。“于五受阴”，起见境界。“我见妄想计著”，生见者，正明起见。明起见中有二：一、起我见，二、起断常。于五受阴前起我，身中有我，则是身见。故经言六十二见①，以身见为本。身见为本，身见即是断常之因。是故前明起我见。“妄想”者，起我见所由。无我计我，所云妄想。执实有我，起决定心，名为“计著”。“生二见”者，此明从我见生边见，计即阴我，阴灭我灭，而生“断见”。离阴计我，阴灭我存，而生“常见”。“是名”下，第三，结也。若望正道，凡夫有三重颠倒：本来无阴，而计有阴，一颠倒也。二于阴上，复计为我，二重倒也。三而于我上复起断常，谓三重倒也。故《法华论》解“种种惊怖”云：“无人法，谓人法即是颠倒惊怖也。”“见诸行无常”，第二计行断②，就法明断常。昔罗什法师云："断常有二：一执人断常，二计行断常。"当罗什在世，未有此经，而解与经合。[1]

[校注]

① 六十二见：外道的邪见，以五蕴为起见的对象，起常、无常、亦常亦无常、非常非无常等二十见；起有边际、无边际、亦有边际亦无边际、非有边际非无边际等二十见；起有去来、无去来、亦有去来亦无去来、非有去来非无去来等二十见。加上根本的色、心二见，共成六十二见。

② 计行断，【原】【甲】本无。

[释评]

[1] 凡夫依"我见"而起边见。

就依法中，初依生死涅槃二法，以起边见。二依色心而起边见。就初生死涅槃法中有二：初别明于生死涅槃起断常见，次总明起见过失。"见诸行无常是断见"者，依生死法起断见也。五阴集起，名为诸行。又《中论·行品》云："五阴从行生，故名行见。"此诸行无常灭坏，故起断见。"是断见非正见"者，结以显非也。"见涅槃常是常见"者，依涅槃法起常见也。别论正是大涅槃，通则三乘所得，皆是涅槃。问：涅槃实常，还见为常，应是正见，何故言是边见？答：涅槃虽复是常，是因缘常，非定性常。取为性常，故是边见。"是常见非正见"者，结以显非。理实生死涅槃中，皆起断常。但众生现见生死无常灭坏，多起断见，见涅槃法无为永安，多起常见，故偏说之。“妄想见故”者，总明断常起之所由。妄想见故，起于断常。言“妄想”者，实非是常，横谓言常，故云妄想。《宝性论》云：“不灭有为行，以离断见边。不取无为涅槃，以离常见边。”所以尔者，以生死即涅槃，故无可灭。涅槃即生死，故无别常。故论云：“第一义谛，说生死法名为涅槃，此二法不分别故。”彼论云：“无分别之人，不分别世间，不分别涅槃。”有人言：“明此计非①是念念生灭无常，乃言一切万法死后②生见。净佛国土见，亦不应除也。”

［校注］

① 计非，【原】【甲】本作“非计”。

②“后”字后【甲】本有一大段文字：“不复更生，此是大无常。又如外道得五通，知未来八万劫事，八万劫外便不知。齐己所见八万劫事，言有相续生，八万劫后便断也。有人言：‘但见分分灭，不见念念生，失于相续，故成断见。’又云：‘尽于一报，无复后世，方为大断见也。’又云：‘神识终可灰无，不知还源常极，故名断见。’‘见涅槃常是常见’者，此非计佛常乐我净涅槃，但计即五阴身为涅槃也。又计无想、非想以为涅槃，名为常见。涅槃之见，自属见取，计之为常，即是常见。正迷念念，兼迷相续，故云常见。今明具有二义：若外道计常无常、若佛法人执定性常无常成于二见，并是断常。《中论》云：‘若有所受法，即堕于断常。当知所受法，若常若无常。’有所得人才一念心作有解，即堕常见。才起一念心作无解，即堕断见。然诸法实相

不可说常与无常，亦未曾涅槃生死，如《华严》云：‘生死非杂乱，涅槃非寂静。’又云：‘生死与涅槃，是二皆虚妄。’是故入佛法中学问求道者不应于生死涅槃起于二见也。若言执涅槃是常，不应彼经言佛见法见成就众”。

“于身诸根”者，此就色心起边见，亦二：初明边见，次明过失。然于色心得具起断常。于色法起常见者，如谓五大是常，及微尘之常。心法亦起断见，如受灭我灭。今此中就色明断、就心辨常者，并据显现为言耳。“于身诸根”，分别见坏、于续不见，起断见者，依坏色起断见也。眼耳鼻等，是身诸根，现见尽灭，名见法坏也。于未来世，更有报起，名有相续。愚暗不见，谓之断。此是见坏，而不见续，故是断见。“妄想见故”者，明起见所由也。“于心相续”下，明依心计常。心法续起，明心相续。凡夫不知，谓是常然。“愚暗不解不知，刹那间意识境界”，显不解相。“刹那”是念。念念之中，前为意根，后为意识。意根意识，分齐各异，名“刹那间意识境界”。凡夫不解故，便起常见。犹如小儿，见旋火轮，谓不断绝也。问：何故云意识境界起常见，不云五识起？答：意识多缘无量境界，故多计意识为常。五识各主一尘，代谢易知，故偏言意识。又五识托现五尘，不得循环[1]、长久在缘。意识通缘去来，或忆本事，故于意识通缘[2]多生常见。又释，前已云心相续，此言意与识。于中不知随境生灭，故生常见，则六识通在其内。[1]

［校注］

① 循环，【原】本作“修还”。

② 通缘，【原】【甲】本无。

［释评］

［1］凡夫依生死涅槃、色心等“法”而起边见。

上来第一明起边见，下对显起见过失。“此妄想见”，牒上所辨断常二见。“于彼义若过若不及”者，正明过失。有人言：“谓于前一苦灭义，断者太过，常者不及。”问：前计我人等以为断常，何关灭事，而于灭事明过与不及？答：理不离事故尔，故起断见，谤无世事。以无事故，不得就之推求取实，名为太过。彼常见者，执取事相，不得舍事以取实义，说为不及。其犹世人，见绳为蛇，弃蛇求绳，此是太过。留蛇取绳，便为不及。此亦如是。有人言：“此断常妄见，于彼理灭定①义，若过不及也。以断见谓诸法一向灭，不知理灭是有，故名太过。以常见谓诸法相续常，不知理灭，离相寂灭静，不可说常，故名不及也。”有人言：“色心皆有过与不及。于色法过者，见阴坏，谓是断，是为若过。不见后续，名为不及。见心相续，谓是常，名为若过。不知刹那相间，名为不及。”有人言：“有为诸法无常，计佛亦无常，故言若过。若不及者，涅槃是真常，乃居金刚心外，向计现五阴无常身，即是涅槃，此去涅槃太远，故言不及。”今依文释，断为太过②者，见诸根灭坏，即谓未来无复续起，故为太过。见心生灭相续，即谓凝然常，不知生灭，名为不及。无常谓常、无断谓断，名为异想分别。[1]

［校注］

① 定，【原】【甲】本作“实”。

② “过”后【原】本有“常为不及断为大过”。

［释评］

［1］二见的错误：“过”与“不及”。

(2) 明“颠倒”

上来第一广明“二见”，“颠倒众生”下，第二，次明“颠倒”。“颠倒众生”者，举倒见人也。“见①于五受阴”，是倒见处，谓是有漏五阴也。“无常常”等，是倒见相。别就常倒中有三：一、“无常”者，是倒所迷法。二、言“常”者，是倒所建立。三、言“想”者，是倒想也。体是真见，通名说想。又无②为有，故名为想。常倒既尔，余三亦然。通而论之，于五阴同起四倒。别则迷色起于净倒，迷受起乐，迷识起常，迷想迷行起于我倒。问：五阴实是无常苦乐等，凡夫何缘计为常等？答：如《杂心》云：“以其相似相续覆故，计之为常。威仪覆故，计以为乐。作业覆故，计以为我。薄皮覆故，计以为净。”问：经中说生死法具有五义：无常、苦、空、无我、不净。今此何故偏说四种，翻为四倒？答：此等离合故尔。若就生死[③]无我法中，分二无我，则有五义，如《成实》说：“众生空者，名之为空法。法体空者，说为无我。”如《维摩》中：“众生空者，说为无我。法体空者，名之为空。”故彼经言：“众生是道场，知无我故。一切法是道场，知诸法空故。”由分此二，故有五义，翻对此五，倒亦应尔。言此今合故，但云四耳。问：凡夫起我倒，是何等我？答：是人我也。今明无我者，人无我也。又问：无我理通染净，今此何故偏说生死，以为无我，翻之为倒？答：然我无我，通局不定，凡有四种：一、就解惑二情相对。生死有我，涅槃无我。以著我故，世间受生，故说有我。离我不生，使证涅槃，故说无我。故《地经》言：“世间受生，皆以著我。若离著我，则无有生。”斯文显矣。二、就法相虚实相对。生死无我，涅槃有我。生死之法，虚诳不实，又不自在，故名无我。涅槃真实，具八自在，故说有我，故经说言：“生死无常，无我乐净。”涅槃之法常乐我净。三、据如理二俱无我。故经言：“凡夫我空，乃至诸佛。生死法空，乃至涅槃”者。四、就假用及实，以论生死涅槃二俱有我。生死我者有其二种：一者，世谛假名之我，谓五阴法和合为人，故经说言："众生佛性不离六法。六法者，所谓五阴及我。"二，实性之我，故经说言："二十五有，有我不耶？佛言有我。我者所谓如来藏性。"生死之中，具斯二我，涅槃亦尔。诸德和合，名之为佛，是其假我。穷其体实，即是性我。我无我义，通局如是。今据第二，故说生死一向无我，翻之宣说取我为倒也。[1]

[校注]

① 见，【原】【甲】本无。

② 无，【原】【甲】本作"无而"。

③ 死，【原】本作"死我"。

[释评]

[1] 颠倒"常乐我净"。

2. 二乘非真

"一切阿罗汉"下，上来明凡夫二见及颠倒，从此下释二乘净智。就文为二：初明二乘不见真实。从"或有众生信佛语"下，第二明有能信之人。"净智"者，对前凡夫"二见"及"颠倒"之垢，故名净智。"于一切智境界"者，一谛理是一切智之境界。"及如来法身"者，是佛界德。二乘虽有净智，本不见此二也。"或有众生"下，第二出能信之人。于中有三：一、明地前以为正见，二、"何以故"下释正见，三、"是真子"下，叹其正见。

初句言“或有众生”者，泛举正见人也。能信者希，故言或有。所谓种性解行众生，亦通发心已上也。“信佛语故”者，正见所由。自未证法，依教生信，名“信佛语”。“起常等想”，是正见心。未有真智，故名为“想”。“非颠倒见”，辨正异邪——异前凡夫所起四倒。“是名正见”下，此结名也。“何以故”下，第二，解释。“何以故”者，问也。前于五阴起常等想，名为颠倒。今亦起常等想，何以故名正？下对释之：“如来法身是常”，举境显心。以法身既常，如常而解，是故非倒。“常波罗蜜”者，良以如来到常住彼岸，故称波罗蜜。[1]

［释评］

［1］二乘因为正信，可以树立正见。

问：佛德无量，何故偏举四耶？答：佛德虽众，盖乃且据一门为言耳。于中略以七义释之：一，简异凡夫于有为中妄谓常乐我净，是故今就佛果德说真常乐我净。故经言：“世间常乐我净有字无义，出世常乐我净有字有义。”二，治患不同。生死法中有四种患，谓无常、苦、无我、不净。翻对彼故，宣说如来常乐我净。三，翻倒不同。声闻闻说生死之法无常苦等，谓佛亦然，起四颠倒。翻对彼故，说佛常等。四，除障不同，故立四种。言四障者，如《宝性论》说：一者缘相，谓无明地，障佛真净。对除彼故，说佛真净。二者因相，谓无漏业，障佛真我。对除彼故，说佛真我。三者生相，谓意生身。以此意生苦阴身故，障佛真乐。对治彼故，说佛真乐。四者坏相，谓变易死，障佛真常。对除彼故，说佛真常。五，对治阐提等四种过故，果德佛说常乐我净。如《宝性论》说："一、阐提谤法，对治彼故，说佛真净。二、外道著我，对治彼故，说佛真我。三、声闻畏苦，对治彼故，说佛真乐。四、辟支舍心，舍诸众生，对治彼故，说佛真常。"六，酬因不同，故立四种。言四因者，如《宝性论》说："一者信心，除阐提谤法，得佛真净。二者波若，除外道著我，得佛真我。三者三昧，以空三昧，除声闻畏苦，得佛真乐。四者大悲常随众生，除辟支舍心，得佛真常。"以斯四义，故立四种也。七，《摄论》云："四种生死：一方便生死，二因缘生死，三有有生死，四无有生死。"方便生死者，即是《宝性论》中缘相也。无明为感生之缘，故名为缘。即此缘是感生死家之方便，果从缘作，名方便生死。对治方便生死，故说于净德。因缘生死者，即《宝性论》中因相也。无漏业因缘，能感变易生死。果从因立名，故云因缘生死。对治彼故，说于我德。有有生死者，有生复有死，故言有有生死。即是《宝性论》中生相。此是当体立名，故言有有生死。对治彼故，说于乐德。问：《宝性论》直言生相，今何故言有生复有死？答：《宝性论》对第四坏相，故说第三为生。《摄论》对第四有死无生，故说第三有生有死。无有生死者，金刚心唯有于死，无复有生，故言无有生死。亦当体立名，即《宝性论》中坏相。坏相即是有死无生。对治此故，说佛真常。通称“波罗蜜”者，谓到彼岸事究竟。无极佛果为彼岸。《智度论》云：“智度是真波罗蜜，菩萨因佛慧而得波罗蜜名。”

问：以何义故，名常乐我净？答：依《宝性论》，“净”有二义：一、本来自性清净，以同相故。言同相者，《法华论》云：“三乘六道，同有真如法身，故云同相。”二、离垢清净，以胜相故。同相即是有垢真如，胜相即无垢真如。同相即《法华论》性净，胜相即方便净。“我”有二义：一、离外道虚妄我执戏论故，二、离声闻无我戏论故。“乐”有二义：一、离一切烦恼习气，证一切法故。二、离一切苦，灭一切意生身故。常有二义：一、不灭一切诸有行，以离断见故。二、不取无为涅槃，常见故也。[1]

[释评]

[1] 为什么要信佛的“常乐我净”四德。

于佛法身，上来举境显心，此明心称境。以佛法身是常等故，于佛法身起常等想，名为正见。问：前言诸行无常是为断见，见涅槃常是为常见，今何故言于佛法身起常等，名为正见？答：前据执著，故是常见。今约信悟，故非常见。又前就正道，实不可说其常与无常。而众生于非常无常，横谓言常见。今明虽非常无常，无名相中强名相说，叹以为常，还如叹信解，故是正见。第三叹中，“正见”牒前，下叹有五：前四行益，后一法资也。行中“真子”一句，是总成人益也。有此正见，定能绍继，故名真子。如《佛性论》言：“以四义释成佛子：一者因，谓是信心。二是缘，谓是波若。三是依止，谓三昧。四者成就，谓大悲。”又彼论云：“信因如父般若母，三昧依止如胞胎，大悲成就如乳母。菩萨由此四义名为佛子。”此“从佛口生”等四种，应是彼四义也。“从佛口生”者，应是信心，从佛口教生信故。“从正法生”者，应是般若，证正法故。“从化生”者，应是三昧，以三昧修生，本无今有故。“得余财”者，应是大悲，以大悲功德财故，得之未尽，故名余财也。后三是起行益也。“从佛口生”，是闻慧也。教出佛口，依之生解，名从佛口生。“从正法生”，是思慧也。思从理起，名正法生。“从法化生”，是修慧也。行德先无，今时忽起，名为化生。“得法余财”，是法宝也。地上得理，是为正财。今得教资，说为余财。又解，得小分解，故言余财。又解，夫世间之财，父存之日所用，名曰正财。父没已后，子之所用，名曰余财。如来在世，自悟正法，傍以化人，名曰正财。佛灭以后，能信解正法，兼传以化人，名曰余财。又以法委寄，故言得法余财。广释“佛子”，如《法华疏》。[1]

[释评]

[1] 树立正见。

一依章第十一

“世尊！彼净智”者，有人言：“此文犹属《一谛章》。”今所明者，从此已去是《一依章》。作二门释之。

一，来意门者，上来对三谛非究竟，明一灭谛究竟。今对昔依非究竟，一依是究竟，具如前辨。又上明一谛究竟，今显此一谛是究竟故，可以依凭，故有此章来也。

二，释名门者，此章名为“常住安隐一依”。非生灭故，名为“常住”。体离危崄，故云“安隐”。至理无二，目之为“一”。可以依凭，故称为“依”。泛论能依所依义，具如《摄论》。①有能依非所依，约本识言之，是烦恼种子；约佛性言之，是生死妄想。二所依非能依，约种子言之，谓本识；约生死妄想言之，谓佛性。三亦能依亦所依，约生死言，即是本识。本识依如来藏，故是能依。复为种子所依，名为所依。四非能依所依即是法身。法身显时，不复名藏，故非是所依。法身无生死，不为生死所依。今此中明一灭谛，为至人所依，故名“一依”。[1]

[校注]

① 此处疑应加“一”字，或“有”字为“一”的误写。

[释评]

[1] 无作灭谛为唯一依。

从《圣谛》至《一依》，凡六章经，言并涉谛，知谛是解行之本，宜以谛为其正宗。虽六章辨谛，有四义不同：初《圣谛章》，明二乘无知圣谛，佛则有之。叹谛甚深，出《二种谛名体章》，一释无作谛虚实。《一依章》，明一灭谛是可依。三处言并涉于谛，而此义不同。下二章，虽言不涉谛，并是论灭谛事。[1]

[释评]

[1] 六章乃至八章经中对灭谛的解说各有侧重。

就文为二：第一明昔四依，第二明今一依。就昔四依为三：一者、举胜说劣，二、明昔说劣意，第三、对劣显胜。言“净智”者，有人言：“牒上地前正见众生，彼于佛身离四颠倒名为净智。‘罗汉辟支智波罗蜜’者，对劣显胜。地前净智，望彼小乘罗汉辟支智，得为究竟智波罗蜜，不名罗汉辟支智为波罗蜜。第二句中，‘此净智’者，牒上地前净智之者，‘虽曰净’下，将胜况劣。地前菩萨，望彼二乘虽名净智，于一苦灭尚非境界，况彼二乘四依之智！”今明不尔，依文释之：“世尊！净智”者，牒净智也。“一切阿罗汉辟支”者，此约人明净智义也。“智波罗蜜”，即二乘满足无漏智。即四智究竟，为智波罗蜜。又利根声闻辟支，名波罗蜜声闻辟支也。又二乘地，度分段彼岸，知苦断集证灭修道事讫，故名波罗蜜。惑障已尽，故云净智。又望凡夫，亦名净智。“此净智”者，牒上二乘无学果智。所以牒者，欲明校量，是故牒也。“虽曰净智，于彼灭谛尚非境界，况四依智”者，正校量也。明二乘无学果智，于一无作苦灭谛尚非境界，何况因中四依智耶！言“四依智”者，有人言：“因中依四谛生智，故云四依智。所以因中称四依智者，至罗汉果唯正观一灭谛，故对果观一灭，故以因中为四依智。”有人言：“即是‘依法不依人’四依智。求法之始，凭理生智，法即四谛之法，了义是四谛之教，义是四谛之义，智四真之解。返于识著，起自外凡，来入内凡，为四依智。今以果况之：极果不知无边之灭，况四依智能知灭耶？”问：二种释“四依”，以何为正？答：依四谛而生智，名为四依，此文无所出，故不用之。又依四谛而生智，名为四依，有滥上果，是故不用。又若用依四谛而生智，为四依智者，此非释初业义。依《毗昙》，前三方便，未作谛观。后四方便，方作谛观。依《成实》，念处亦未作谛观。今文明三乘初业义，云何偏取谛观已上，方为初业？又举罗汉之终果，况罗汉之始因，故不应偏取谛观已上。宜以“依法不依人”四依为正意也[1]。

［释评］

［1］“四依智”的含义：依法不依人、依义不依语、依智不依识、依了义经不依不了义经。

“何以故”，二，释昔说劣意。若极果尚不知灭，况四依而能知耶？如来何故说四依？下释云：四依稚劣，因此得值诸佛菩萨说一乘经，为悟入一乘由渐，故须说之。“三乘初业不愚法”者，江南旻师云：“三乘初业，即是干慧地。尔时即自知作佛，但厌苦情深，且取罗汉，故实有声闻，后方回小入大。”复有人言：“二乘初业，不愚于法，即成菩萨，故无复声闻，但取菩萨为声闻耳，故用无声闻义。”即开善智藏法师，其人初执有声闻，于杨都兴皇寺正导有声闻义。而志公云：“汝课𢱧挭①于都亭头。”法师解此语：昔在会稽灵嘉寺道有声闻义。灵嘉正在都亭头也，因此遂改无声闻。问：今为用有，为用无耶？答：亦有亦无，不同两说。言亦有者，于缘有，随缘有。言无者，就理明无。故《法华论》破无声闻义，明有声闻，不同开善，亦不同庄严。初业已知无声闻，且取罗汉为证。若初业已知无声闻，不应取证。若以取证，则不知无也。[1]

[校注]

① 原注：此三字未详，疑“课犊使”之书误。

[释评]

[1] 说“四依”是为了引导三乘人入一乘。三乘是权巧之说，非有非无。

今总问：《法华经》三周明乘权乘实，辨声闻人未闻《法华》，自保究竟。若闻说《法华》，回心入大，方自知作佛。今此经云：“三乘初业不愚于法者当觉当得”，云何会通？答：有人言：“声闻有二种：一者愚法，二不愚法。不愚法人，谓退菩提心声闻。愚法之人，谓本乘声闻。本乘声闻，自保究竟，闻说一乘，方知作佛。不愚法人，自知作佛。”今须难之。《法华经》云：舍利弗等一切声闻，皆自保究竟，闻说《法华》，方知作佛。云何乃取舍利弗等一切声闻为愚法人耶？此一不可。又舍利弗等，即是退菩提心声闻。何处离此已外，更有不愚法人？此二不可也。江南诸《成实论》师释，有理教。若就道理，三乘人初业，即自知作佛。初业者，从四念处已上，即是三乘初业。此时已自知作佛，罗汉故自能知也。若就教中明义，三乘初业，乃至罗汉，不自知作佛，要待闻《法华》，自方知作佛，故此经据其不愚。《法华》据其教，故明其愚也。理是实说，教是方便说。问：若《胜鬘》是实说，《法华》据教为方便者，则《胜鬘》是了义经，《法华》名不了，讵可然耶？《法华论》云：“此经正明因辨果，因则七处佛性，果则三佛菩提。”岂可言其不了？又若《法华》据教说，则三根之人无有禀教之益，三周之说则有徒劳之弊。汝言《胜鬘》据理说三乘初业乃至罗汉自知作佛者，今捡《胜鬘》始终，及《法华》经论，以定其得失也。《胜鬘》一文云：“罗汉辟支佛观察时，得不受后有。”此是罗汉自谓究竟、自知作佛。若自知作佛，则知更受，不名“不受后有”。汝言初业不愚法自知作佛者，云何复言得不受后有智，而是究竟？次文云：“罗汉辟支佛于四不颠倒境转。”若三乘初业及阿罗汉自知作佛，即知佛常乐我净，云何于法身而起四倒也？问：若引前二文云：“罗汉自保究竟，不知作佛”者，今亦二文。初文云：“彼前所得地，不愚于法，自知有余地，当得菩提。”后文云：“三乘初业不愚于法，当觉当得。”答：前文后文，若未闻《法华》一乘等经，则自保究竟。若闻《法华》等一乘经，则知作佛。是以两文无相违背，故此《胜鬘》与《法华》同也。问：文云：“不由于他，自知作佛”，云何乃言闻《法华》等经，方知作佛？答：此言自知者，要闻他说，而自心证见，故言自知。如《华严》云：“有所闻法，即自开解，不由他悟。”又如舍利弗云：“而今乃自觉，非是实灭度。”身子闻经而称自觉，今亦然也。《佛性论》云：“如来他身为五因缘：一为说无常苦。涅槃寂静。令众生于三有中而生怖畏，二生怖畏已。令入二乘圣道。三入圣道已，生究竟涅槃心，为破如是增上慢心，故说大乘《法华》真实教，令诸众生舍本所执，摄取慈悲波若方便。四摄已于无上乘而成就之。五成就已，授其无上道记。是名化身事。”此五中第三正明二乘未闻《法华》自谓究竟之大证也。若二乘自知作佛者，则化身无五事。此又证《法华经》是化佛说。以化佛有此五事，余二佛无五事。又《法华论》解“开示悟入”中云：“所言悟者，谓不知义。”明一切二乘不知究竟唯一佛乘。又释：“破十种人病中，阿罗汉有三种颠倒信：一者信有三乘，名颠倒信。道理无三种，有于三，名颠倒信。为破此病，明乘平等门，明三乘人同受大菩提记故。”以此推之，当知二乘未闻《法华》，并是愚法。又龙树云：“阿罗汉生三界外净土中，闻《法华经》，方乃作佛。”亦是其证。以经论验之，故知未闻一乘，则自保究竟。若闻一乘，则自知作佛。[1]

[释评]

[1] 阿罗汉听闻一乘，自知作佛。

问：约何位论初业？答：江南诸师云：“虽有二文，并是初业已自知作佛。”今不尔。有二种不愚：一者后业不愚，二者初业不愚。后业不愚，得罗汉果竟，值善友闻一乘经，回心信大，故不愚大法。故前文云："得不受后有智。"彼前所得地不愚于法。二者初业不愚。即四依之人名为初业，闻一乘经回小信大。《法华》亦有二人：一果人不愚，谓身子等闻一乘经自知作佛。二因人不愚，谓发二乘心人闻《法华经》，回心信大。略举始经二种不愚，中间无定。问：小乘初业正据何位？答：谓小乘七方便等。故《杂心》云："初则名始业。"《成实论》以念处为初业。此以小乘为初业。于小乘初业中，于小乘初中值善友，闻大乘经，方知作佛。[1]

[释评]

[1] 声闻人听一乘经的因缘：初业、后业都有可能。以上说明一乘是三乘的指归。

"此四依者是世间法"者，第三，对劣显胜。有人言："彼二乘所依四谛是世间法者也。苦集是分段世间，灭道是变易世间。'一依'已下，简真异伪。言'一依一切依上'者，总以简之。一灭谛真依，过彼小乘有作四依，亦过大乘无作三依，名一切依上。下别简之。'出世间'者，过前世间有作四依，故名为上。复过大乘无作三依，故名上上。无作三依望有作四依，已名为上。一苦灭谛，复上于三依之上，故云上上。"今评定之。此释有二失：一、文烦误。所以然者，前已云"一依者一切依上"，谓出二乘有作四依上，复出大乘无作三依之上，故云一切。而后复云出世间上上，出有作之四、无作之三，故云上上，是为烦也。二、相违失。前云一切依上，后复云上上。同是一灭谛依，不应有此二句。若云上上，前复皆尔。若直云上，初后亦然。今明上辨佛说四依意，今是简彼四依胜劣不同，故有此章来也。“此四依是世间法”者，依法不依人等四依，此是依教寻理。本是凡夫，为世间法。“世尊一依”者，此明二乘果也。《婆沙》中正明小乘一谛。一谛即是一依，故小乘人亦明一谛一依义。小乘以灭谛一依为究竟，普胜一切法，故云“一切依上”。又因中依法不依人等四依，果中无复此四，唯作一灭，故云一依。问：因中四依，既称世间。果中一依，应是出世。何故直云一切依上，而不云是出世间？答：既云“一切依上”，即知是出世间。但为后大乘出世，是故不说。“出世间上上第一义依所谓灭谛”者，上来明小乘依，今对小依，以辨大依。从此文始，正是一依章。小乘一灭谛，已名为上。今大乘过于彼上，故云“上上”。以上上故，名第一义。“所谓灭谛”者，前对小明大，今出依体也。此释无前二失，复得大乘义分明。[1]

[释评]

[1] 一乘的“一谛一依”高于小乘的“一谛一依”。

颠倒真实章第十二

“世尊！生死依如来藏”，江南诸师从此下是《颠倒真实章》。颠倒是生死，真实是一依，明本在因中，能为生死依、作、持、建立，是为颠倒依于真实。今但存略，故云颠倒真实。今谓此章实是《颠倒真实章》，但释“颠倒真实”，与南北义不同。若言生死是颠倒、如来藏是真实，与上“空义隐覆”是复何异？空义隐覆，亦明能覆是虚妄不实，所覆是实。又与下“自性清净心烦恼隐覆”此复何异？今所释者，依如来藏有生死。作此说者，名为善说，是不颠倒。若三种众生、外道、二乘、空乱意菩萨，不依如来藏而有生死，作此说者，名曰颠倒。故真实。问：此章何故不属《一依》？答：《一依章》，对昔小乘依非究竟，明今常住一依究竟。今文乃对三种人不依如来藏有生死是颠倒，依如来藏有生死是不颠倒，故不属《一依章》。[1]

［释评］

［1］依如来藏有生死。

此章为二：一、明真实，二者、明颠倒。真实中为二：初略明真实，次广明真实。各有三句：初三者，一、明依如来藏有生死，二、以如来藏故说生死本际不可知，三、明能如上说当于道理，名不颠倒。问：此与上《一依》何异？答：上是境为智依，今明染净依。又前亦得是显为显依，今亦得是隐为显依。境为智依，一实谛境，能生一实智，故境为智依。问：何以得知境为智依？答：上明二乘四依智，乃至二乘果智，依有量灭谛境，既非究竟，故智亦非究竟。为对彼故，明无作灭谛是究竟，能生究竟智故，故境为智依。又前明显法为依者，灭谛显现为如来所证，故前云一切智境界及如来法身。又前是能生依，以境能生智故，后明依持名依，非佛性能生生死。就前释依，以“依凭”为依。就后释依，以“依持”为依。后以隐法为显依者，如来藏即是隐，能为生死显法作依。[1]

[释评]

[1] 无作灭谛是一乘实智的所依，一乘所说佛性的清净则是一切染法所依。

“生死依如来藏”者，为对外道、小乘人及余大乘人，不依如来藏有生死故，今明依如来藏有生死。外道有二人：一、执邪因，二、执无因。执邪因中，一计人为因，次计法为因。计人为因者有二种：一、计自在天为生死之因，二、计神我为生死因。计法为因，或计世性，或计尘微，为生死因。言无因者，谓自然而有生死。今为对彼邪因、无因，故说生死依如来藏。故如来藏为其本因，二小乘及余大乘人，但知依结业而有生死，此但得末，未穷本。今为对彼故，明依如来藏故有生死。又欲明一切众生有佛性义，故说依如来藏有生死。[1]

[释评]

[1] 如来藏穷理极源，可以破除一切执著。

"以如来藏故说本际不可知"者，此是第二句，释上"依"义。既明由如来藏有生死，如来藏本际无始不可知。依藏有生死，生死亦无始，本际不可知。若不依藏有生死，则不可无始来有生死也。有人言："佛性无始，生死有始。始应可知，但与佛性合用，故云本际不可知。"又释："佛性无始，生死有始，背佛性故有生死，须见佛性，方了生死之始。唯佛能见其始，十地亦不知其始，故云本际不可知。"问：龙树云："生死有始无始，皆是邪见。"今何故偏言生死无始？答：虽二俱邪见，但为破众生有始，故说无始。无始者，欲明其有因义。又《中论》中，佛说无始者，欲明空义。既其无有始，亦无中间，亦无有终。无中无终，故无生死。有言其无始者，欲明无有始，非谓有无始。是故无始辨生死实，不作此解，则是邪见。[1]

[释评]

[1] 如来藏本际不可知。

"世尊！如来藏故说生死，是名善说"者，此第三句。能如是上说信依如来藏有生死，此是当理之言，名为善说，即是真实。若如外道、二乘所说者，名不善说。又举能说是善，显所说不虚。[1]

[释评]

[1] 说"一乘真实"，根据在此。

"世尊！生死生死"者，此第二广辨依相。就文亦三：一明能依所依不二，二明能依所依不一，三明重论不一。初文又二：前叙能依之相，次明能依即是所依。今前辨能依之相。上云"生死依如来藏"，又云"有如来藏故说生死"，故今解释生死之义。有人言："生死生死者，总以标举生死非一，故重言之。"又生死中，其有二种：一、生死生死，凡夫所起；二、涅槃生死，如《涅槃》说："住大涅槃，能建大义，种种示现。"今为简后涅槃生死，偏举初门，是故说言生死生死也。今明释生死中有三：谓标、释、结。初"生死"两字，标生死也。"生死者"，此三字将能解释，故牒之也。"诸受根没"者，释生死也。眼耳等六根生识，领纳六尘，故云诸受。又此六根，能容受识住，故名为受。此六能生识，故名根。“没”者，死也。生分已谢，死分次起，故云次第也。“不受根起”者，虽有根相，不能生识领纳前尘，故云不受根。又不容受六识，故言不受根也。“是名”，结也。问：此句何等为生。何等为死？答：有人言：“诸受根没是死，次第不受根起是生也。”今谓如前释也。诸受根，此叙①生识领纳六尘，故是生。从“没”已下，释其死也。若受根前念灭，次念灭次念受生根②，此犹是生也。今受根灭坏，次念生不受根，故名为死也。问：若其不受，亦应非根，云何言“不受根”起？答：《成实论》文云：“同性不依时，皆名为根。”是就体为言，然其实非根。论又云：“根童子灭，非根童子在，名根。”又一义就五受作之，诸受根者，谓五受根。五受者，忧喜苦乐舍也。若五根后所生受名苦乐，意根后所生受名忧喜，不苦不乐不忧不喜，通从六根后生也。明此诸受能生烦恼，故名受根。五受是根，名诸受根。众生若命未尽，受根常在，随何受念念不住？一一受根，随有几念，或多或少，同类异类，受受相续，不得断绝。四受心强，不得命终。命终之时，要在舍根。一报尽时，舍受灭尽，名“没”也。“次第不定根起”者，应言受根不起，此言无有受根次第续起。此云生者已死，故言“是名生死”也。[1]

［校注］

①“叙”后【原】【甲】本有“生也，以六根”五字。

② 原注："次念灭"三字恐衍，"次念受生"恐当作"次念生受"。

［释评］

［1］解释"生死"。

"世尊！生死者"，上明生死，今辨生死与如来藏不二。"生死者"，牒前生死也。"此二法"者，生死二法也。"是如来藏"者，明生死即是如来藏也。就理而言，若体性者，知生死即是涅槃。《仁王经》云："菩萨未成佛时，以菩提为烦恼。菩萨成佛时，以烦恼为菩提。"故肇法师云："道远乎哉？触事而真。圣远乎哉？体之即神。"《华严》云："心佛及众生，是三无差别。"《中论》云："生死之实际，及以涅槃际，如是二际者，无毫厘差别。"《法华经》云："如来如实知见三界之相。"天亲释云："众生界即涅槃界。"不离众生界有如来藏性也。问：是相云何？答：如人夜中见绳为蛇，蛇是绳欤？亦知迷南为北，北是南也。有人言："'此二法是如来藏'者，此空如来藏耳。前明生死，此明死生也。若生便归死者，众生便成灰灭，谁得成佛？正以生者死、死者生，相续不断，至菩提乃尽，故得修行求于佛果。生死烦恼隐藏法身有成之理，故名如来藏。亦能生如来故名藏。"今谓道理难知，且用前解。[1]

[释评]

[1] 生死与如来藏不二。

“世间言说故有死有生”下，此第二明不一义。亦先明生死，次辨不一。第一义中本来无有生死，何故圣人说有生死？是故今明于颠倒众生故有生死，佛随颠倒故说有生死。龙树云：“于生死人有生死，于不生死人则无生死。”“死者诸根坏”，前牒生死与藏不异，故须辨生死。今欲牒生死与藏不一，故须辨生死。前后有此二意异，故两处生死非生死义异也。又既随颠倒世间说有生死，故今示生死之相。“诸根坏”者，眼等诸根坏，五受中舍受根坏。“生者新诸根起”，由业烦恼力，未来还生，为起。五受根中是喜受根起，四识住中喜润故，亦是十二缘中识支也。“非如来藏有生有死”者，此正明不一义。颠倒故有生死，非如来藏体有生死。《法华经》云：“无有生死若退若出。”天亲云：“如来藏性清净。”故《法华经》两句，还是此经初句，明众生界即涅槃界。此是二不二义。如来藏体性清净无有生死故，是明不二二义。若不见《法华论》，释此二句便不分明。问：何故有不二二，二不二义？答：于佛未始二，六道常法身。于缘未始一，法身常六道。譬如病眼人，于空常见华，是故空成华。如不病眼人，知华常是空。以有此二义，故明二不二、不二二义也。若依前第二师，初明生死二即如来藏，此是空如来藏，今明非如来藏有生死，此明不空如来藏。今且依前释。“离有为相”者，释成不一。以离有为故非死。“常住不变”，释离有为。约凡夫有三不变：一、不为烦恼水渍变，二、不为业风吹变，三、不为生老死火烧变故。菩萨不变有二：一、不为变易阴生所变，二、不为变易阴灭所变。佛不变有四：以常故不生，以悼相故不死，清净故不病，不变故不老也。“是故如来藏是依是持是建立”也，结也。以体是无为常住，故能为众生作依持建立。是所依处，名依。持者，连持，令不断绝。建立者，始终令得成佛。三藏师意，依者即自性住佛性，不从缘有，名为自性体。是常法，故名为住。以是常住，为生死作依也。持者，即引出佛性。由有佛性，故得修行显出本有之法，故名为持。建立者，即至得果性。以有佛性，故成果德，名为建立。[1]

[释评]

[1] 如来藏自性清净，与生死不一，为生死作依。

“世尊！不离不脱”下，第三，重释不一。所以重明不一者，正欲成能依义。就文为二：一、当相明所依，二、“断脱异外”下，对能依辨所依。不离者，体是无为，不可离也。非烦恼系缚之法，不可断。非是有为，不可脱也。千变万化，其体不改，故言不异也。出三乘地行外，故云不可思议。“世尊断脱异外”者，生死是断脱异法也，藏体异之，是故言外。而能为妄本，名“有为法依持建立”。有人言：“断脱异外者，并目生死。断脱异，如上释。外者，生死出在理外，故名为外。”分明不然，如上解也。[1]

［释评］

［1］再次强调如来藏与生死不一。

“世尊！若无如来藏”者，上明真实，今明颠倒。就文亦三：一、破二乘及空乱意二种颠倒，明不颠倒。第二、破外道颠倒，明不颠倒。第三、总结颠倒人，明不知如来藏。初又三：一、破其谓无如来藏，二、破其七法有依持之义，三、对显如来藏为正依。“若无如来藏不得厌苦乐求涅槃”者，此第一破其不立如来藏为依持义。破意云：若不依真，妄不孤立，故无厌苦乐求涅槃。如人睡时，若无报心，则无梦中向河求水。此亦如是。又此文是反解。反解者，以无显有。若无藏不得厌苦求涅槃，当知厌苦乐求涅槃，要由于藏。又《胜鬘》为破小乘等人不知有佛性者，尚无厌苦求涅槃之因，云何有离生死苦得涅槃之果？是故应当信有佛性也。灵味淳师云：“是理知厌苦求乐，故终能反，异于木石，由有佛性故尔。”用此厌苦求乐之心为正因佛性，由之得佛。于时犹有光宅师，以厌苦求乐为正因，但厌苦求乐是功德性，极至金刚心得佛时则无。今谓文意悉不尔。但明有佛性，故得厌苦求乐，无佛性，不得厌苦求乐。不用厌乐以为佛性也。[1]

[释评]

[1] 不依如来藏，故有颠倒。

“何以故”下，第二破其七法自能作依持之义。小乘及余大乘人云：“妄心自能造于善恶，何须依藏？”下对破之。破中有三：一、“此六识及心法智”者，牒小乘人七法。二、“此七法刹那不住”者，第二正破。三、“不能种众苦”下，正明不能起于染净。“于此六识及心法智”者，有人言：“‘六识’者，六是事识，‘及心法智’是第七识，迷时名心；解名法智，第八名藏识，是阿利耶。”此造疏人，不见《摄论》谓第七识名法智。《摄论》第八识名阿陀那，此云无解识，岂得称法智耶？今所明者，“六识”不异旧。“及心法智”①，能厌苦乐求涅槃，何须佛性？“此七法刹那不住”者，第二，破。以念念不住，故不能起于染净也。“不种众苦”者，明六七心不能种有生死苦也。“不厌苦求涅槃”者，明六七心不能厌苦乐求涅槃得解脱也。旧法师多作此释，今谓不尔。所以举此七法者，举六识，明不能起染净及以种苦。举心法智，明不能厌苦乐涅槃。故《楞伽》说“六七不受苦乐，非涅槃因”

也。六七不受苦乐者，犹是不种苦；非涅槃因，犹是不厌苦求涅槃也。待至后释。[1]

［校注］

①“智”后疑有脱文，【原】【甲】本“智”下有：“者。六识既是心王，智是心数法，故言心法智。小乘人云：由六识起烦恼，能种苦由心法智”。

［释评］

［1］六七识不能起染净苦乐，所以要依如来藏。

然经论中释染净缘起，要有四别：一、约缘不约佛性，二、约佛性不约缘，三、亦约缘亦约佛性，四、不约缘不约佛性。一、约缘不约佛性者，只由六七妄缘，不由如来藏。此小乘教及大乘教相中，彰染净缘中因果自招感故有，都不言由藏实而有，如是一切。二、明约佛性不约缘。染净之兴，只由藏实，不言从缘而有。此如《楞伽》说：“六七非受苦乐，非涅槃因。藏识受苦乐，是涅槃因。”如是一切。今此说亦同彼也。三、明亦约缘亦约佛性者，此亦如《楞伽》说：“藏识海常住，境界风所转，种种诸识浪，腾跃而转生。如海水起波浪，非异非不异。”佛性亦尔。心俱和合生，亦非异非不异。如是一切。故知真妄和合，方起染净。海水起波浪非异非不异者，彰不可水外求波，波外求水，故言不异。而波息水静，故言非不异也。佛性亦尔。心俱和合生，非异非不异者，彰佛性与六七妄心和合生时，不可真外求妄，妄外求真，故言不异。而妄尽真显，故言非不异。亦可在缘常静，故言非不异。《法华论》云：“不即众生界，不离众生界，有如来藏性。”故经言：“佛性虽在阴界入中，而不同阴界入也。”四、不约缘不约佛性者，实相之外无缘故，无染净法可起。此如《金刚波若论》说：“平等真法界，佛不度众生。”以无佛为能度，无众生为所度。又如《佛①地论》说：“烦恼妄想中，无一法可灭。清净法中，无一法可增。”泯上三门，归乎一绝。[1]

［校注］

① 佛，【原】本作“十”。

［释评］

［1］详辨染净缘起。

“世尊！如来藏”者，此第三对邪显正，即是对颠倒明真实。举如来藏，明有如来藏故得厌苦乐求涅槃。有三：一、“如来藏”者，举法实体，二、“无前际”下，辨能起染净所以。良由藏体无前际等，故能起染净。无前际，明本有义。以本有故，无始起终灭，能为染净因也。三、“种众苦”下，正明能起染净。问：由佛性故得厌苦乐求涅槃，此事可尔。若由佛法性种众苦者，岂非佛性力故令众生种生死苦？若言不由佛性力种生死苦，亦应不由佛性力乐求涅槃。又若不由佛性力种众苦者，即是七法种苦，云何言七法一念不住不得种众苦耶？答：须解此章大意。此章为破外道二乘人不知有佛性，欲劝一切众生信有佛性，故说由佛性故得厌众苦乐求涅槃。问：劝信之言有余，而释经意不足。若由佛性得种众苦，即是佛性令物受苦，此乃是同于魔性，何名佛性？答：此乃明有佛性众生，故得种众苦，非是佛性令其种苦。亦明佛性众生令其厌苦，非是佛性令其厌苦。如有海水风吹成浪，非是海水令其成浪①者，亦应非佛性种苦及厌苦，但颠倒妄缘种苦及厌苦。则违前文？答：虽因风成浪，终由有海。虽因妄心种苦及厌苦，终由有佛性。故说佛性为本，故说由佛性故种苦厌苦也。[1]

［校注］

①“浪”后【原】【甲】本有：“问：若非海水使成浪，风吹成浪”。

［释评］

［1］佛性为苦与解脱之本。

“如来藏乃至堕身见”下，江南诸师及北土有师，并以此章属前，是明“颠倒真实”。今直简所依之藏不同阴内之我，明藏体绝离众相，故有此章来耳。今明上章，对破小乘及余大乘人不立如来藏境，今第二次破外道。上来辨一切众生有如来藏，为生死作依持。疑者云：若尔，与外道何异？龙树《中论·本住品》云：“众生身中有神我，名为本住。”本住者，神，为诸根之本。苦乐等诸根，依神得住。又我本来已有，体是常法，苦乐等法依之得住，故名本住。若尔，与如来藏异有得何①？今欲简此义，故有此文来也。[1]

［校注］

① 异有得何，【原】【甲】本作“竟有何异”。

［释评］

［1］如来藏体绝离众相，不同外道神我之说。

“如来藏者”，牒真实也。“非我非众生非命非人”者，正破外道也。问：我等四，有何异？答：经论释不同。如经云：“观内无我，外无众生，内外和合无命，毕竟清净无人。”阴非神主，名为无我。离阴亦无，名外无众生。阴与假名众生相续名命。无别命体，故言内外和合无命。诸阴和合宰用名人，无别人体，故名毕竟清净。《智度论》云：“于五阴起我我所心，故名为我。五阴等众法和合生，故名众生。命根成就，故名受者命者。能行人法，故名为人。”《金刚波若论》具释此四，可寻之。今明如来藏并异此四法，故不同外道也。此但明藏体不同人我，佛性正是人体，故须简人。不明是法体，略不辨不同法我也。问："颠倒真实"与"空义隐覆真实"何异？答：前章明佛有二智，知能藏毕竟空，知所藏不空，故能藏覆所藏。此章明所藏之体空无诸相，而众生不了，成三种颠倒众生，故成藏①。然前章明能藏空、所藏有，此章明所藏空、能藏有也②，亦得俱有。解此四句者，是人解如来藏者也。[1]

［校注］

① 藏，【原】【甲】作"能藏"。

② "也"后【原】本有"亦得得空"四字。

［释评］

［1］如来藏无我。

"如来藏者"下，第三明如来藏非三种众生境界。三种众生者，一"堕身见众生"，此是凡夫外道，于五阴身内而见有我，名身见众生。"颠倒众生"者，二乘人也，于法身常乐我净，起无常等四颠倒也。"空乱意众生"者，初学大乘人，多习空观，妨乱真解，名空乱意众生。《涅槃》云："十地菩萨为无我论之所惑乱。"今文无乃非十地，但学大乘人，为空见惑，不知佛性。"非境界"者，总明如来藏非此三种人之境界也。如来藏非我人众生，横计我人众生，不识如来藏。如来藏非是无常无我，计无常无我者，不识如来藏。如来藏非空非有，若计空有者，亦不识如来藏。是故如来藏言亡虑绝，不可思议，岂得言有如来藏一物，为生死作依持建立？若言有如来藏为生死作依持建立者，是有见众生。又若言有能藏所藏作有见解者，皆是能藏无所藏故，有所得众生。生死涅槃皆是真实生死，所得人，众生与佛皆是众生。故《中论》云：“若不受诸法，我当得佛涅槃。当知是人，还为受所缚，故受此无受，无受还成受。”即其证也。有人言：“意散乱失空解众生，明真实法体即是空。”此人不解，而于有解外别求于空，故失空解也。不得禅定，不得一心，名为乱意，故名散乱失空意众生。亦三种众生，出《佛性论》。捡《佛性论·无差别品》为四种人：为身见众生，故论法身。身见众生不了我我所，为对治此，故说法身。二、为对二乘颠倒众生故，说名如来。二乘于常真如中，计无常等四倒，为对此故，说真如常，无有四倒。三、为散动众生，说名真谛。始行菩萨有二种人：一、见诸法，折之故空；二、谓有实法，名之为有。第一人执空，第二人执有。故此二人并迷如来藏中道之法。为对此故，说于真谛。[1]

［释评］

［1］如来藏是一乘法，不是凡夫、二乘、菩萨境界。

自性清净章第十三

“世尊！如来藏者”，第十三，《自性清净隐覆章》，作三门释之。

一，来意门。所以有此一章来者，上《颠倒真实章》，明依如来藏说有生死，是真实说。三种众生不依如来藏说有生死，是颠倒。今次论能依所依染净之义。能依生死，此即是染，所依之藏，此即是净。净不应有染，染不应有净，此事难明，唯佛能了。今欲论此义，有此章来也。又前《如来藏章》中，但云不离烦恼藏是如来藏，未知云何不离。今此中正明如来藏客尘烦恼染，名为不离，故有此章来也。又近从《颠倒章》来。生疑者云：“三种众生有如来藏，何因缘故非其境界？为释此疑，言三种众生虽皆有藏，以诸烦恼覆故，非其境界也。又上《颠倒真实》，明下情不及，今此自性清净难知，是佛境界，显唯上智能知，故次明也。又上释如来藏一名一义，此章明多名多义。所以然者，至此章明如来藏究竟，故至此广辨。又论佛法根本大事，大事谓佛性，佛性即自性清净心。此事应须论辨，故有此章也。[1]

［释评］

［1］这一章显明佛性、自性清净心。

第二，同异门。此经始终明如来藏，凡有六处：一、《如来藏章》明如来藏甚深，非三慧境竟，此明谛处说藏深，以藏深类谛深。二、《空义隐覆章》明佛知能藏是空，所藏非空，佛具空不空二智。此就一灭谛中辨空不空，为成一灭谛义。三、《颠倒真实章》明如来藏为一切染净作依持用义。四、《颠倒真实章》末明如来藏绝一切相，即是明所藏是空义。于缘不了，故成颠倒，即是能藏不空。五、明如来藏有五藏义。六、明如来藏自性清净为烦恼染。此明佛性有六条义乃圆足。[1]

［释评］

［1］本经以六条义理圆满阐释佛性。

第三，释名门。藏体无垢，名自性清净。随缘相染，故云隐覆。问：既有自性清净心，何不立自性清净色？答：色从心变起，以心为本，所以云心。又色是形碍，心法不尔，故不立色也。问：何故经云佛性亦色非色也？又言妙色湛然常安住？答：若色性说色，亦得是色，故《起信论》云："色心不二。"以色性即智，智性即色。但以无形碍，故不名色也。故《起信论》云："色体无形，故说名智。"[1]

［释评］

［1］如来藏清净。

就文为二：一、胜鬘正说，二、如来述成。胜鬘说中有二：第一、总明五藏，二、"从此自性清净"下，别释。第一总明五藏。如《佛性论》中说："一、如来藏，以自性为义。一切诸法不出如来自性，无我为相故。二、法界藏者，彼说正法藏。今言法界者，界即境界，即是因义。圣人四念处等，皆取此性作境故。三、法身藏者，以至得为义。至者证也，一切圣人信乐正性，由此信乐，令诸圣人得如来功德。四、出世间上上者①，三由有倒见，不得圣法。具此三义，名之为世。此法无彼三义故名出世真实也。五、自性清净藏，以秘密为义。若一切法随顺此性，则名为内，是正非邪。若违此理，则名为外，是邪非正。"

［校注］

①"者"下有脱文，【原】本此下有："以真实为义，世者有三失：一对治可灭，二妄心念念灭"。

彼论辨五藏讫，引此经说五藏为证。如来藏自性义者，辨此藏是一切诸法体性也。法界藏以因为义者，辨此藏是圣人行境界，名为因也。法身藏以至得为义者，通辨依此藏能修因至得佛果，故名至得义。出世上上藏真实义者，辨此藏性不因缘相，故名真实也。自性清净藏秘密义者，甚深也，辨此藏无一相可取，而顺之大益，违之极损，故名秘密。如《摄大乘论》中辨五藏相义亦如是也。此等随义别分，非体别有五也。[1]

[释评]

[1] 辨析“五藏”。

“此自性清净”下，第二，解释。就文为三：第一、略释。第二、“何以故”下，广释。第三、“唯佛世尊”下，仰推于佛。初文中，一、牒净心，二、“客尘烦恼”，显随缘隐覆。“此自性清净”者，牒第五，“如来藏”牒第一，但牒始终，余三略。而虽牒第一，为成第五，以第五正明自性清净不染故也。是以文牒第五无藏字，故知以第一成第五也。“而客尘”，凡言“而”者，返前述后之辞也。“客尘烦恼”者，是性成烦恼。望推本性净心之旧，故说之为客。又无始无明自心分别所作，无有真实，故名为“客”，坌污称“尘”。“上烦恼”者，现起烦恼也。净心为此二烦恼所染也。“不思议”者，性净而染，明下情不及也。“如来境界”者，辨唯上智能知也。[1]

[释评]

[1] 自性清净。

“何以故”下，第二，释也。“何以故”者，问也。何以净心而染是不思议佛境界故[1]耶？“刹那善心”下，对问释也。有人言：“‘刹那善心、不善心不为烦恼所染’者，正解‘净’义。刹那是念，念善心体，念恶心体，烦恼俱不能染。不能染故净。‘烦恼不触心心不触烦恼’者，释前‘不染’。烦恼出自妄情，不及真识，故不触心。据真无妄，故不触烦恼。其犹世人见绳为蛇，蛇出妄情，故不触绳。绳体常净，亦不触蛇。‘云何不触法而能得染心者’，责遣染过。”今明经言“刹那善心不为烦恼染”，汝净心无刹那。又正应触善心无染。云何亦举不善心耶？今就文为二：一者、举现近粗法无染而染，以况远细。二、“从自性清净”下，正明细心不染染义。就初又二：第一、明染无所染，二、“从世尊然有烦恼”下，明不染染义。就文又二：一、正明无染，二、从“烦恼不触心”下，举不触释成无染。“刹那善心非烦恼所染”者，此借粗显细也。善心是净，不善心是垢。善心之中无有贪瞋痴，是为净中无垢，无有染义也。“刹那不善心亦非烦恼所染”者，不善心者，即是贪瞋痴心也。当起贪瞋痴时，善心已谢，不善心既[2]即是烦恼，是则唯垢无净。唯能染无所染，亦无染义。前句有净无垢，有所染无能染，不成染义。后句有垢无净，有能染无所染，亦不成染义。如帛与涅合时，可得名染。唯涅无帛，唯帛无涅，并不成染义。若善心与不善心两共合者，如渥帛合，可为染义。而二心未曾共俱，垢时无净，净时无垢，何得有染？故《中论·缚解品》云："若谓五阴是可缚，五阴中余烦恼来缚者，是亦不然。"昙影法师释云："心净时则无物来缚，心垢时则无可缚。"此明心净时有所缚无能缚，心垢时有能缚无所缚。故罗什云："传吾业者，寄在道融、昙影、僧叡乎。"释彼论与此经同。又一意，夫论烦恼染心，心不出二种：一者善心，二者不善心。善心者无贪瞋心也，不善心者贪瞋心也。烦恼并无染此二心义。所以然者，当起善心时无不善心，但有所染无能染，不成染义。不善心即是贪瞋痴，云何有能染所染？不善心既即是贪瞋痴，则唯是能染无有所染。不尔，唯是所染无有能染。若有能所染，便一刹那中有二贪瞋痴心，而实不尔。此亦如《中论·缚解品》。众生谓五阴身是缚，论云"有身则不缚。若身是所缚，则无能缚。若是能缚，则无所缚。若有能缚所缚，便成二身。"[1]

[校注]

① 故，【原】【甲】本无。

② 既，【原】【甲】本无。

[释评]

[1] 如来藏清净而有染污。

"心不触烦恼"者，第二，举"不触"释成"无染"。

善心不善心，通名为心。此二种心并不触烦恼。有善心时则无烦恼。一切无相触，如指端不自触。烦恼不触心者，善心不善心家二种烦恼并不触。有烦恼时无有善心，故烦恼不触善心。烦恼即是不善心。一体之法亦无相触，故烦恼不触不善心也。若就《成[①]论》义，识想受三心未起善[②]，行心中方起善不善。从行心中起不善，染前三心。然行心起不善时，前三心已灭，有能染无所染。当有前三心时，所染无能染，大意同前。“云何不触法而能得染心”者，此结无相染义。善不善心，竟无相触近义，云何得有相染耶？“世尊然有烦恼有烦恼染心”者，上来求烦恼染心义不可得，即是染无所染。而于众生宛然有烦恼烦恼染心，此是不染而染。如《中论·观染染者品》，种种门求染染者不可得，而假名因缘有能染所染。问：云何是不染而染？答：前心是净，后心是垢。垢心起时障于净心，故名为染。“自性清净心而有染者难可了知”，上来举粗，今是况细。三界粗心染义，尚难可了知，自性清净心而为所染，岂易可知！虽本性清净，而于众生成颠倒不净，故名为客尘烦恼所染。虽为客尘烦恼所染，而常本性清净，故实无所染，难可了知。“唯佛世尊”下，此明唯佛能知。“实眼”者，佛有实眼，见此自性清净心为烦恼所染，了了分明，故如眼见。实智照于此理，一切善法皆从佛出，故“为法根本”。佛知一切法，为通达法，为正法依。佛能抦持此法。法由人弘，故为正法依义。[1]

[校注]

① 成，【原】【甲】本作“成实”。

② 善，【原】【甲】本作“善不善”。

[释评]

[1] 染净之相都不可得。

此上来已释第一胜鬘正说，自下第二如来述可。就文有二：一、明胜鬘问佛，二、如来随喜述成。前胜鬘问佛者，明理既深妙，故问佛取审也。佛即随喜者，第二明如来随喜述成。就文为二：一、明随喜，二、明述成。以胜鬘所说合理称机，故佛内心随喜。“如是”已下，发言诚述。初总述胜鬘自性清净心而有烦恼难可了知。“有二法”下，别述成。就文为二：一、明述成二法难可了知，二、从“如此二法”下，明有信受之人。初总明二法，次别明二法。初法中，“自性清净心”，言亡虑绝，故难可了知。第二法，若一向净而无染，若一向染而无净，此易可了知。以虽净而①染虽染常净，故难可了知。“汝及成就大法菩萨”者，种性已上菩萨。馥公云：“是大力之例，胜鬘之与齐位，故知同是法身人也。”有人言登地已上菩萨也。有人言八地已上菩萨也。“诸余声闻能信佛语”者，谓信行菩萨。与教法相应，故言声闻。此在种性已前十信菩萨也。今依经是声闻也。举此等方能听信者，显成难知故也。又上明难可了知，恐其望岸而退，今欲劝物信受，故举此等人来也。馥师云："闻说入禅②，以为听受，言外之旨，非是所窥，名信佛③。"此一章义。[1]

[校注]

①"而"后【原】【甲】本有"常"字。

② 禅，【原】【甲】本作"神"。

③ 佛，【原】【甲】本作"佛语"。

[释评]

[1] 佛陀印证胜鬘所说之义难可了知。

真子章第十四

“若我弟子”下，此是第十四《真子章》，略作三门释之。

一，来意门。前十三章经，明一乘法，今明于法信顺，有大利益，故次论之。又乘有三种：一、乘体，二、乘境，三、御乘人。从初至《一乘章》，谓乘体。《无边圣谛》，谓乘境。今明《真子》，谓御乘人。约《大品》是乘乘人，约信受是行乘人，故有此章来也。又近从上《自性清净章》来。然子本从生为义，若能解行相资，必得成佛，故名真子。然若有能解上十三章经理①若行，悉名真子。但今就自性清净心明真子者，以自性清净心最甚深难解，故偏就此以明真子。[1]

［校注］

① 理，【原】【甲】本作“若理”。

［释评］

［1］以自性清净心为佛子。

二，释名门。于法信顺，堪绍佛业，故名真子。又行解非妄名真，从佛口生，从正法生，故名如来真子。如《法华》舍利弗领解章广说。又《摄论》意，佛子有五义：一、以信心为种子，二、以般若为母，三、以禅为胎，四、以忍为乳，五、以佛为父。又如《无量义经》，以诸佛为父，方等经为母，生菩萨子。又如《华严经》第五十卷初广释，三定人门。此章佛自说，余皆胜鬘说。所以然者，信解深法，要须佛明，故须佛说。又胜鬘问佛，佛即随喜，因明能信之人，是故佛说。又胜鬘亲①信人，自彰信益，义②中不便，是故佛说也。[1]

［校注］

①“亲”后【原】【甲】本有“是”字。

②义，【原】【甲】本作“仪”。

［释评］

[1] 说明“真子”的“真”。

就文有三：一、明信利益，二、“于我灭”下，叹行功德，三、“信如来有如是”下，结信利益。“若我弟子”者，泛举能信之人也。此中凡有四信①，就文为二：第一、明四位为真子，二、“随顺法智”者下，偏释第三观解相。前四为二位，初二辨信位，次两明解位。如龙树云：“佛法大海，信为能入，智为能度。”即其事也。初中信位有二：

言“随信”者，是十信位。随教生信，故名随信。又此信心，随顺种性已上增上之信，故名随信。又随所有事皆信，叹信广也。如维摩云：“所未闻，闻不疑。”“信增上”者，十解菩萨，得证法明，信根坚固，名为增上。又上叹信广，今叹信深。如维摩云：“深信坚固，犹若金刚。”故名增上。“依明信已，随顺法智”，上来明二种信，此下明二种解。此是解行地所成益也。名前上信以为明信，依彼信已，起解行中观解方便。此观顺于初地已上，成就法智，名随法智。第四名为究竟。今第三仰顺彼法智而观，故名随顺法智也。又顺法成智，名随顺法智。“而得究竟”，谓初地已上无生忍也。然初地未究竟，但望前三种，故说为究竟耳。于解中开二者，地前为顺忍，登地以为无生忍。有人言：但有三位：初二种信，为十信位。“依明信已”，第二，在种性解行地。“而得究竟”，第三，在初地已上。若随行以分，于一切位中，初信，次解，后行，即为三②。若以四位者，信中开二，解中开二，如上释也。[1]

［校注］

① 信，【原】【甲】本作“位”。

② 三，【原】【甲】本作“三种”。

［释评］

［1］从法上谈“信”和“解”。

“随顺法智”者，第二，偏释第三随顺法智。江南诸师有多释。一云：“此中明二忍：一信忍，二顺忍。初信及增上，为信忍。‘随顺法智’下明顺忍。”依《十地》四忍明义，初三地为信忍，四五六地为顺忍。于初地为真乘之始，既会二乘以入大乘，故齐六地方进七地乃至十地，故略举二忍。文云“而得究竟”者，四地至六地。顺忍位极此，故云而得究竟。上随顺法智之言难解，故重牒而解释也。

又将入初地，舍凡登圣，必须多修观解，方能趣入，故须重辨。就文为二：前别，后结。别中有五。言五者，一、观十八界，二、观业报，三、观罗汉眠，四、观禅定，五、观神通。十八界观名，江南琮师、旻师所说。此间有同者，初二观深[①]，后三观净。观深中，初一观十八界。“观察施设根”者，根谓六根。根无定性，因缘故有，名为“施设”。如《华严》云：“观眼无生无自性，说空寂灭无所有。”《大集经》云：“若有说言眼见色，乃至意能知诸法，是人转轮生死中，无量亿劫受诸苦。”故知根无定性。“意解境界”者，“意解”者，观察中间六识。“境界”者，观察外六尘。此十八界，皆是因缘和合故有，无生故空。取上施设之言，通贯十八界也。有人言：“此正作唯识观义，实无六尘境界，但是自心妄见有耳，故言意解境界。”有人言：“观察施设，此显所观分齐。意解境界，显能观心分齐。但想观相应，未能正证，故名意解境界。”馥师云：“信等五根为根，是立行之本，施设为用。谓三乘立行施用，五根不同，为难知境界。解是禅定门，谓非青见青等。信解诸观，逐意回转，假想无定，亦为难知境界。”“观察业报”者，观因果也。诸法虽空，而不失因果。如《华严》云：“智慧分别无业相，善解因缘非无业。”《维摩》云：“无我无造无受者，善恶之业亦不败亡。”故言观察业报也。古疏释，观有漏业为观，观无漏业得变易之报。此皆难知之理。《无量寿经》云“行业果报不可思议。”《成论》云：“业力甚深。”此通明因果难知之义也。[1]

[校注]

① 深，【原】【甲】本作“染”。下同。

[释评]

[1] 随顺法智：观十八界、观业报。

“观察阿罗汉眠”下，上来观察深①，今是观净。又上观凡夫，今此观圣②中，前观二乘。罗汉入无余时③寂灭际，犹如醉人酒未消时，如眠不异，后出寂灭际，目之为觉。问：其人何时觉耶？答：其人内有佛性，外值诸佛说《法华经》，得回小入大，此时名觉。有人言：“罗汉有二种：一、有眠，二、无眠。依电光定得罗汉，此是慧解脱人。未得四禅，不得发通，不得上界四大，是故有眠。若依四禅得罗汉者，得上界四大，是故无眠。今观察此事，故言观阿罗汉眠。”有人言：“此语倒耳，未得罗汉果有眠，得罗汉果无眠。”有人言：“阿罗汉无明住地烦恼在故，所以名眠。”馥师云：“罗汉四住已尽，犹[4]如觉。余无明住地不了，名眠。此眠若觉，便成大觉，是故观之。”有外国僧字法智云：“依梵本，此文不正。应言‘阿罗汉明’，谓三明也。”今此经本不同，有经本云“阿罗汉眠[5]”，有经本“阿罗汉眼”也。“观察心自在乐”者，上观罗汉眠，是净果。此之二句，观净法因也。心禅乐，是其定也。心乐谓定果，神通称意，名心自在禅乐，此是定体。有人言：“观察心自在乐者，总显也。禅乐者，重以简别，谓前心是禅。心自在乐，非余心也。所以作此释者，以后第五观别有自在通，故此中但明禅乐也。”有人言：“心乐禅乐者，此是定慧乐。”实慧怡神，为心自在乐。《智度论》云：“纳衣行乞食，动止心常一。一切诸法中，皆以等观入，斯乐非定乐。”禅乐者诸禅妙受以为禅乐，精妙故须观察。“观察罗汉辟支乃至圣自在通”者，上一观定，今观慧也。“圣智自在”，通解诸法，名圣自在通。又解，神通转变，名圣自在。问：何故但明大力菩萨？答：从大力已上类然，但据初为言耳。“此五种”下，总结也。此五观皆能离相，故名巧方便观。第三人既作此观，当知初后亦然。[1]

[校注]

① 深，【甲】本作“染”。

②“圣”后【原】本有“观圣”二字。

③“时”后【原】【甲】本有“住”字。

④ 犹，【原】【甲】本作“于法”。

⑤ 眠，【原】【甲】本作“明”。

[释评]

[1] 随顺法智：观罗汉眠，观禅定，观神通。

自下第二，叹信益中，初牒前四，后就叹益。“于我灭后未来随信”，牒上门①。当佛在时，多善众集，非直能信，亦堪入证。未来恶时，信之者难，是故偏举。“信增上”者，牒前第二。“依明信已随顺法智”，牒上第三。“自性清净心乃至而得究竟”，牒上第四。问：牒第四中，何故牒自性清净心为烦恼所染？答：显所究竟法，对之以彰人究竟也。馥师云：“以五观尽烦恼显净心之故，云‘而得究竟’。”此②明叹益。“是究竟者入大乘道因”者，此名佛果为大乘道。彼究竟者能入彼乘，名入大乘。与佛作因，名大乘因。非但第四入大乘因，前三亦尔，但据后为言耳。“信如来”者，是第三，结信利益。既言信如来，亦信胜鬘。但佛述胜鬘，故言③如来耳。“不谤深义”者，既信佛所说，离阐提障，故不谤深义。[1]

[校注]

① 门，【原】本作“初门”。

② 此，【原】【甲】本作“此下”。

③ 言，【原】【甲】本作“言信”。

[释评]

[1] 信解是入一乘之因，有大利益。

胜鬘章第十五

“尔时胜鬘”下，第十五，《胜鬘师子吼章》，二门释之。

一，来意门。所以有此章来者，上十四章明说法，今明护法。又《真子章》末云“有大利益，不谤深法”，此章明谤者有大衰损，无大利益故。今明救摄谤者是大利益。故《涅槃》云：“虽能如是种种说法，然不能作师子吼，不能降伏非法恶人。”今日始能，故名师子吼。又通论之，说前十四章，大判而言，明自行。自行既成，得堪化益，故次论之。又胜鬘既见如来述成所说，显信者损益，故即发誓愿：若有不信之者，摧伏令信！故次论也。[1]

［释评］

［1］本章解说护法、利他。

二，释名门。“胜鬘”者，举能说之人也。“师子吼”者，美其所说也。问：何故此章偏题胜鬘？答：以此外化之益在人，故偏举之。问：何故此章名“师子吼”？

答：如师子吼，有所摧伏。胜鬘如是外化之德，能摧恶人，是故就喻名师子吼。如经中说，世间师子哮吼之时，为十一事：一、为破坏实非师子诈师子，二、自试身力，三、自净住处，四、令诸子知其处所，五、令群辈无怖畏心，六、眠者得悟，七、为一切放逸诸兽使不放逸，八、令诸兽咸来依附，九、为调伏大香象等，十、为诸子，十一、庄严诸眷属故。诸佛菩萨为师子吼，事亦同然：一、为摧魔军，二、示众十力，三、开佛行处，四、为邪见作归依处，五、为安抚怖畏众生，六、觉悟无明睡眠众生，七、恶①法者为作悔心，八、开示邪见令诸众生知六师等不②正师子，九、为破坏富兰那等，十、令二乘生反悔心，十一、为令五住菩萨生大力心。习种性种合为一，住解行为二，净心为三，二地已上行迹为四，八地已上决定为五，胜鬘今日为师子吼，齐应具此。但今文中说降恶人为师子吼，即是向前十一事中，第一、第四、第五、第八、第九事。[1]

［校注］

① 恶，【原】【甲】本作“行恶”。

② 不，【原】【甲】本作“非”。

［释评］

［1］狮子吼。

此章有五：一、胜鬘承力请说，二、如来听许，三、胜鬘正说，四、胜鬘说竟礼佛，五、如来述赞。“胜鬘白佛更有余益我承佛威复说斯义”，是初段。对前自利，名后化他，以为余益。又对前佛说信者利益，今更摧不信者令信，故言更有余利益。又上佛明四位利益，今辨三善男子解法离谤，故是大益。既承佛威，将说契理，前显自利，今论利他，故云“复说”。“佛言便说”，是第二段。化德须陈，故言“便说”。“胜鬘白”下，是第三段。于中有二：一、简取善人，二、“诸余”下，偏就恶人以明化益。前中初言“男子女人于甚深义等”者，总举善人。前《真子》中有四，此合为三。初二为一，后二各各一，故有三种。三中初一，于义不谤，名“离毁伤”。第二，能出生正道，名“生功德”。第三，能入诸佛果德，名“入大乘”。江南有人言：“前《真子》章明信顺二忍，今章辨三忍：‘离自毁伤’，即信忍，谓三地。‘生大功德’，谓前五种巧便，为顺忍，四地至六地。‘入大乘道’，谓无生忍，七地至十地。又总明三人具此三义。此之三人，一者离过，二、生诸功德，已离过生德，故入大乘道也。‘何等’已下，别列善人。从上至下，次第列之。前明四人，从劣至胜，谓修行次第也。”今明说门次第，故从胜至劣者，行相邻次。摧恶人故，从胜向劣也。又佛说《真子》，从始至终。胜鬘所说，从终至始。此是相成之道，互文现意也。“男子女人成深法智”，是初地上究竟成也。“随顺法智”，是解行地随顺法智。"于诸深法不自了"下，是解行前随信信增。"除此"已下，总以简之，下对恶人明化益中，"除此者"除上三善人也。[1]

［释评］

［1］护法的三忍：信忍、顺忍、无生忍。

"诸余众生"，明三善人外总举恶人。"于诸深"下，别列恶人。"于诸深法坚著妄说"者，坚著，心邪也。妄说，谓口邪，违背正法。上明起邪，今明违正。"习诸外道"下，然恶人有二：一、于佛法中起过，二、于外道法中起过。上明佛法中起有所得过，今明于外道中起诸过失。既能损正增邪，不堪绍继，"如腐种子"也。"当以王力"者，降邪有二法：一、以说法，二、以威势力。说法力有二：一、用濡语，二、以苦言。威势力有二：一、以显力，谓王力等，二、以幽力，谓天龙力等。然降内邪，多用说力。降伏外邪，多以威力。今此恶人，难以理从，宜以威伏也。[1]

［释评］

［1］调服恶人。

"尔时胜鬘"下，第四胜鬘致敬。所以须致敬者，一、欲请佛述成，是故致敬。二、上明用威伏物似非善，故须请述令他学之。又此经始末，胜鬘凡有三礼：初请佛应，佛遂应之，以见佛欢喜，是故致礼敬。次请佛摄受，欲明师资道成，是故致礼。今说经竟，致如来印可，欲报佛恩，是故顶礼。[1]

[释评]

[1] 说经完毕，顶礼佛陀。

“佛言善哉”下，第五赞述。就文为二：一、叹现德，“汝已亲近”下，美其往因。现益①德为二：初叹护正。“降伏”已下，叹其摧邪。护正摧邪，合理称机，故云“善得其义”。[1]

[校注]

① 益，【原】【甲】本无。

[释评]

[1] 佛称赞胜鬘。

“尔时世尊”下，第三大段，次明流通。就文为四：一、明如来为化既周，还归舍卫。二、“时胜鬘”下，明胜鬘瞻睹起恋仰心。三、“还入城”下，胜鬘以法传化流通。四“入祇洹”下，如来以法付属流通。又合四以为二：初一胜鬘流通，次佛流通也。胜鬘流通一国，佛流通十方。

初中，“世尊放光普照大众”者，一示将别相故放光。又初放光明令胜鬘正说，今放光明使其流通。“身升虚空”者，初应从空而来，今说经竟还乘空而去。乘空而来，盖不来而来，来无所来。乘空而去，此是不去而去，去无所去也。“去地七多罗树”者，彰去分齐。前说经时，佛虽在空，去地不远，欲使空地交接，得申礼叹。今示说经既竟，将欲回还，故升空转高。多罗树，此无别翻，余处或翻为“肘”，从肘尽中指。七多罗树，则七十肘，亦言四十九尺。又言一多罗树，去地七仞。一仞七尺，一树合有四十九尺，七树合有三百四十三尺。林公云：“从肘尽中指，名毗陀私多，此方无名字翻，处处多翻为肘。”“足步虚空还舍卫”者，现胜神力，令物敬也。[1]

［释评］

［1］佛放光离去。

“时胜鬘”下，第二段。初标列敬人。“合掌”已下，明三业虔仰。初明身业，“合掌”者，敬也。“观无厌足”者，爱也。俗云：“于君敬，于母爱，兼之者父也。”今佛是慈父，故具二也。“过眼境已，欢喜各叹如来功德”，是口业。庆已遭遇，故云欢喜。次口嗟盛德，目为称叹也。“具足念佛”，是意业也。佛色身及诸功德皆念在心，故云具足。[1]

［释评］

［1］礼敬。

第三段中，“还入城”传化方便。胜鬘住宫，与王别城。今欲化王，须诣王所，故入城中。又解，胜鬘出城送佛，今送佛竟，还归入城。“向友称叹大乘”者，王为地主，一为化易，二为化广，故云以上化下如风靡草，故前化王也。“王及夫人各化男女”者，各化同类也。而言“化七岁男女”者，此土八岁入礼，外国多以七为数，故云化七岁已上人也，如前高七多罗树等。天竺七岁许为沙弥。七是一数之满。[1]

[释评]

[1] 胜鬘流通此经。

“尔时世尊”下，第四段。就文有四：一、佛入祇洹，告念所付。二、“时天帝”下，所付皆至。三、“向天帝”下，佛为说经。以法付属次天帝阿难及大会下，四、明大众闻法喜行。初段中，如来前身入祇洹，次口言告命阿难，次心念帝释，即是三业。帝是主也，释是能也，能为天主，故名帝释。第二段中，“时天帝忽然至”者，圣心相鉴，故佛念时，天帝即至。阿难先在佛所，故不说之。第三段中，前为说经，“说已告”下，以法付属。前为说经者，为天帝、阿难广说此经，令二人闻已，各于天上人间流通此法也。“说已告天帝”下，第二、付属流通。前为说令其解，今付属使其化他。又前说令其然灯，今付属令其传灯。又前为说生其智慧，今付属生其功德。又前为说明佛是善知识，今显菩萨是善知识也。

就文有二：一、劝发流通，二、“帝释白佛”下，立经名字。持经之方，谓付属流通。初中，前付天帝，次付阿难。付阿难令人间化，付帝释令天上化。又付阿难付出家人，付帝释付在家人。付帝释中有三：“汝当受持读诵此经”者，直劝持也。“男子女人于恒沙”下，叹益劝持。“是故”已下，结劝受持。[1]

[释评]

[1] 佛陀流通此经。

叹益劝中，“憍尸迦”者，告命所付。此憍尸迦，帝释别称。如龙树说，过去时波罗奈国，有波罗门姓憍尸迦，聪明多智。与其同类三十三人，共修学福业。命终，憍尸迦得为天主，余三十二皆为辅臣。佛知此事，从本以呼，名憍尸迦。三十三天者，《浮荼不多罗经》云：“须弥楼山，山有九级，皆四面，帝释居之。自下八级，级皆四面，并有四八三十二处，一处有一臣居之。三十二臣通天主合数三十三。”更有余经云：“有一龙王，名曰善住。若帝释行时，即便化出三十三头。当中帝释在上，前后两箱皆有两行，合有八行。行有四头，并有四八三十二臣，各在一头。天主并臣有三十三。即以此数名第二天，亦名三十三天。言为三十三天说者，第二天处一切诸天。”劝帝释王普为广说，理实通劝诸天说也。此言三十三天者，中国音言悉怛梨余悉卫陵。此中唯取怛梨二字，为忉利天也。怛梨、刀利，彼国音不同耳，此翻为三十三天也。

“于恒沙劫修菩提行行六波罗蜜”，举劣显胜。“若复听受，乃至执经，福多彼”者，辨胜过劣。谓于三乘中大乘取相修行六波罗蜜，不如于此显实一乘教中听受读诵乃至执经。以此经中显彰一乘开示藏性，故少听受读诵执持，福多于彼。执持者，于经深爱，欲披求理。如此执持，福多于彼，非是泛尔。“何况为人”，以劣显胜。自此①尚多，况为他说！“是故”已下，结初②受持。有人言：“‘于恒沙劫行六波罗蜜’者，此是小乘教中说菩萨三阿僧祇劫行有漏六波罗蜜，今标小劫，故言恒沙劫耳。”今谓若小乘中六波罗蜜，及执三乘中别异大乘有所得六波罗蜜，并不及此经也。如《涅槃》云：“虽修一切契经诸定，未闻《涅槃》，咸言一切悉是无常。闻此经已，虽有烦恼，如无烦恼，能多利益，晓了己身有于佛性，名之为常。一切诸定，似是中多劫修六度也。”下付阿难，相显可知。[1]

[校注]

① 此，【原】【甲】本作“持”。

② 初，【原】【甲】本作“劝”。

[释评]

[1] 佛劝帝释、阿难流通。

第二，列名教持之中，就文有五：初、帝释请“当何名经”，问经名字。“云何奉持”，问持之仪式。二、“佛告”下，叹经胜德，诫听许说。三、帝释阿难受教。四、“此经叹如来”下，题列经名，劝持付属。五、“帝释白佛”下，顶受尊教。第二章有三：一、叹教，二、许说，三、诫听。叹教中文别有二：初言“此经成就无量德，声闻缘觉不能究竟观察知见”者，彰此法广，名不能穷，二、“憍尸迦”下，显此法深，名不能尽。“我今当”下，许说。“谛听”下，三，诫听也。“佛言”已下，列名劝持，又二：初列别名劝持，二、“复次憍尸迦”下，列总名以付属。一一章中，皆初列名，对上初问，后教受持，对上后问。“此教叹如来真实德”者，是前如来妙色身等。“如是持”者，依止[①]名字，愠守不失，即名受持。后余类尔。“不思议大受”，是前恭敬等、十受等。“一切愿摄”，是胜鬘复于佛前发三愿等。“不思议摄受”，是前承佛说调伏等。“说入一乘”，是上佛告“汝今更说诸佛所说摄受正法”[②]。“无边圣谛”，是前文中初观谛等。“如来藏”，是前文中如来藏不离烦恼藏等。“说法身”者，是前“若过恒河沙”等。“空义隐覆”，是前文中“如来藏智是空智”等。“说一谛”者，是上此四三是无常一是常等。

“说一依”者，是前文“出世间上上依”。“颠倒真实”，是前文中生死依如来藏等。“自性清净隐覆”，是前文中“如来藏者，是法界藏”等。“说真子”者，是前随信信增上等。“胜鬘夫人师子吼”者，是前文中“更有余益复说”斯等。[1]

[校注]

① 止，【原】【甲】作“此”。

② 法，【原】【甲】本作“法等”。

[释评]

[1] 解说经名。

自下第二，别付帝释。良以帝释在家俗人，虑不在心，故别付之。又以帝释住寿多时，传其末法，故佛别付。先叹经胜，次以付嘱，乃至法住者，出其时分。释迦正法有五百岁，像法千载，末法万年。于此时中，汝当读诵，为人广说。“帝释白”下，奉教传持。第四，大众闻法喜行，相显可知。